◆ 本书获湘潭大学学术著作出版资助
◆ 本书获中国优秀博士论文文库出版资助
◆ 项目研究成果
➤ 国家社科基金重点项目"地方政府应对重大自然灾害的对策研究"(项目批号 08ASH004)
➤ 国家社科基金一般项目"重大突发公共事件的政府应急信息公开研究"(项目批号 11BTQ033)
➤ 湖南省软科学研究计划项目"和谐社会背景下地方政府应急管理机制研究——以长株潭为例"
(项目批号：2009ZK4036)
➤ 湖南省社科基金一般项目"政府应急信息管理机制研究——以 2008 年湖南雪灾为例"(项目批
号：09YBB380)

电子政务环境下
政府应急管理机制研究

向立文　著

世界图书出版公司

上海·西安·北京·广州

图书在版编目(CIP)数据

电子政务环境下政府应急管理机制研究 / 向立文著.
— 上海：上海世界图书出版公司，2012.8
ISBN 978-7-5100-4720-6

Ⅰ．①电… Ⅱ．①向… Ⅲ．①电子政务—研究②突发
事件—公共管理—研究 Ⅳ．①D035.1-39②D035

中国版本图书馆 CIP 数据核字(2012)第 092400 号

责任编辑：应长天
装帧设计：车皓楠
责任校对：石佳达

电子政务环境下政府应急管理机制研究

向立文　著

上海世界图书出版公司出版发行
上海市广中路 88 号
邮政编码 200083
南京展望文化发展有限公司排版
上海市印刷七厂有限公司印刷
如发现印刷质量问题，请与印刷厂联系
（质检科电话：021-59110729）
各地新华书店经销

开本：787×1092　1/16　印张：15.25　字数：280 000
2012 年 8 月第 1 版　2012 年 8 月第 1 次印刷
ISBN 978-7-5100-4720-6/G·315
定价：38.00 元
http://www.wpcsh.com.cn
http://www.wpcsh.com

序

当今世界已经进入全球风险社会时代。各种突发事件此起彼伏,层出不穷,给社会发展和公民生命财产安全带来严重影响,对政府执政能力提出了严峻挑战。如何科学防范和及时、妥善处置突发事件,提高政府应急管理能力和水平,已经成为世界各国政府必须面对的一项重大课题。

我国历来高度重视突发事件的预防和处置工作,特别是自"非典"以来,我国党和政府进一步加强政府应急管理工作,相继出台了《国务院关于全面加强应急管理工作的意见》、《国家突发公共事件总体应急预案》、《中华人民共和国突发事件应对法》等一系列有关政府应急管理工作的法律法规,以"一案三制"为核心的政府应急管理体系建设全面推进。

在这一现实背景下,学界掀起了研究政府应急管理的热潮,众多学者基于政治学、管理学、法学、社会学、新闻传播学等不同视角对政府应急管理问题展开探讨,涌现出不少学术研究成果。向立文的博士学位论文《电子政务环境下政府应急管理机制研究》便是其中之一,本书就是作者在其博士论文的基础上经过修改、充实而成,是他近年来在政府应急管理方面研究的结晶。

本书具有以下三个方面的特色:

首先,作者开创了一个全新的研究视角。作者基于电子政务视角,探讨了电子政务为什么要在政府应急管理中应用、怎样应用等问题,并分析了电子政务环境下政府应急管理的发展变化、成因及规律。

其次,采用了多种方法进行研究。譬如,运用文献调查和实地调查相结合的方法,搜集和掌握了大量相关研究文献及第一手资料;采用比较研究方法,分析了国外政府应急管理机制建设的成功经验以及我国政府应急管理机制建设存在的主要问题;使用系统分析法构建起电子政务环境下政府应急管理机制的理论模型,并阐述了各构成要素之间的逻辑关系。

最后,作者运用危机管理理论、权变管理理论、新公共管理理论、信息生命周期理论等基本理论知识,从政府应急管理机制的组织、运行与保障三个维度,对政府应急管理机制的构成及其运作等问题进行深入研究,系统构建起电子政务环境下政府应急管理机制的理论体系。

本书的价值在于:它总结的政府应急管理经验和规律,构建的政府应急管理机制理论模型及内容体系,对于电子政务的应用与发展具有一定的参考作用,对于政府应急管理工作的有效开展具有重要的借鉴作用,对于应急管理学科理论体系的丰富与发展具有积极的促进作用。

当然,政府应急管理是一项复杂的系统工程,涉及面广,关乎利益多,面临问题复杂。向立文博士的这部著作肯定还存在不少缺陷与不足,作为他的导师,我衷心希望他以此作为开端,在该领域的研究中不断开拓和深入,取得更多更好的成果。

是为序。

杨　健

中国人民大学公共管理学院教授、博士生导师

中国人民大学金融信息中心主任

2012 年 5 月于北京

目　录

图 表 目 录

1 导　　论

1.1　选题背景与意义

1.1.1　选题背景

1.1.1.1　危机四伏的社会环境给政府应急管理带来严峻挑战

伴随着人类社会的发展和文明的进步,各种突发事件此起彼伏,无处不在,无时不有,如"9·11"事件、SARS[①]、印度洋海啸、松花江水污染事件、"5·12"汶川特大地震、甲型 H1N1 流感等。世界各国除了遭受地震、洪水、台风、火灾、疫情和社会犯罪等传统灾害外,新的突发事件种类不断增多,特别是技术性事故、化学品泄漏、恐怖主义事件的威胁日益突出,给经济社会发展及人民群众生命财产安全带来严重危害。伊恩·I·米特若夫(I. I. Mitroff)指出:"危机不再是今日社会异常的、罕见的、任意的或者外围的特征,危机植根于今日社会的经纬之中。"[②]

根据国际灾难数据库(International Disasters Database)的最新统计,1975—2008 年,全球共发生各类灾害 8 866 起,导致 2 283 767 人死亡,所造成的经济损失高达 15 276 亿美元。其中 23 次巨灾引起的灾难就导致 1 786 084 人死亡(大多数在发展中国家),并造成近 40% 的损失(大部分在发达国家)。[③]

国际著名的瑞士再保险公司 2009 年第二期的 *Sigma* 研究报告显示,2008 年的自然灾害与人为灾难造成 240 500 人死亡并导致 2 690 亿美元的经济损失。

---

① SARS:Severe Acute Respiratory Syndrome,即"严重急性呼吸道综合征",我国称为"非典型性肺炎",简称"非典"。

② 见伊恩·I·米特若夫所著《危机:防范与对策》,燕清联合传媒管理咨询中心译,电子工业出版社 2004 年出版,第 3 页。

③ 见张成福、谢一帆《风险社会及其有效治理的战略》,《中国人民大学学报》2009 年第 5 期,第 26 页。

财产保险公司的损失为525亿美元,这使得2008年成为历史上遭受巨灾损失最严重的年份之一。[①]

就我国而言,2008年是一个极不平凡的年份,1月中旬至2月初,我国南方大部分地区遭受了历史罕见的低温雨雪冰冻灾害。根据国务院统计,这次灾害中,受灾省份达到19个,受灾人数在1亿人以上,直接经济损失在500亿元以上。南方冰冻雪灾刚刚过去,2008年5月12日14时28分,我国发生了震惊世界的四川汶川特大地震灾害,受灾地区的人民生命财产和社会发展蒙受了巨大损失。四川汶川特大地震是新中国成立以后破坏性最强、涉及范围最广、救灾难度最大的一次地震,震级达里氏8.0级,最大烈度达11度,余震3万多次,涉及四川、甘肃、陕西、重庆等10个省、区、市、417个县(市、区)、4 667个乡(镇)、48 810个村庄。灾区总面积约50万平方公里,受灾群众4 625万多人,其中极重灾区、重灾区面积13万平方公里,造成69 227人遇难,17 923人失踪,374 643人受伤,需要紧急转移安置受灾群众1510万人,房屋大量倒塌损坏,基础设施大面积损毁,工农业生产遭受重大损失,生态环境遭到严重破坏,直接经济损失8 451亿多元。同时,汶川特大地震引发的崩塌、滑坡、泥石流、堰塞湖等次生灾害举世罕见。[②]

世界发展进程的一般规律表明,在国家和地区的人均GDP处于500～3 000美元的发展阶段,往往对应着人口、资源、环境、效率、公平等社会矛盾的瓶颈约束最为严重的时期,也是"经济容易失调、社会容易失序、心理容易失衡、社会伦理需要调整重建"的关键时期。[③]

据国际货币基金组织统计,2007年我国人均国内生产总值为2 461美元,在181个国家和地区中位居第106位,仍为中下收入国家。[④] 根据世界发展进程的一般规律,我国当前正处于一个"非稳定状态"的各种突发事件频发阶段。近年来,我国各类自然灾害、事故灾难、突发公共卫生事件和社会安全事件频繁发生,造成了极大的经济损失。譬如,2003年我国各类突发事件造成的经济损失达6 500亿元,约占当年我国GDP的6％;2004年各类突发事件造成的直接经济损失也超过了4 550亿元;而2005年各种自然灾害、安全生产事故和公共卫生事故发生频率以及造成的经济损失均高于往年,全年仅因自然灾害带来的直接经济损失就高达2 042.1亿元,为5年来的最高值。根据2006年1月23日在北京召

---

① Dr. Brian Rogers《2008年的自然灾害与人为灾难:北美和亚洲严重受灾》,《sigma》2009年第2期,第3页。

② 见宋英华所著《突发事件应急管理导论》,中国经济出版社2009年出版,第1-3页。

③ 见陈锐、牛文元《建立社会稳定预警机制 完善政府应急管理体系》,《科学对社会的影响》2006年第2期,第30页。

④ 见国务院新闻办公室《中国应对气候变化的政策与行动》2008年发布。

开的全国安全生产工作会议发布的数据,2005 年全国发生各类安全生产事故 717 938 起,死亡人数 127 089 人;全年发生一次死亡 10 人以上的特大事故 134 起,比上年多 3 起;死亡 3 049 人,比上年多 443 人。①

这些触目惊心的数字背后折射出一个严峻的现实,即各种突发事件的频繁发生,不仅给人民群众的生命财产和社会经济发展带来严重损失,而且日益威胁着公共安全和社会秩序,给政府应急管理带来严峻挑战。加强政府应急管理,维护公共安全、社会稳定和人民利益,预防和应对突发事件,已经成为每个国家不可回避的义务,已经成为各国政府不可推卸的责任。“维护秩序和……安全……看来已几乎成为政治组织和政治活动的普遍目标,它无疑是政治体系和政治活动所提供的主要价值之一。”②马基雅弗利(N. Machiavelli)从人性论的角度阐述了国家起源。他认为国家的产生不是出于宗教、神的缘故,而是人造的,是出于人性本身的需要。人们为了生命、财产和安全而联合起来,选举领袖,颁布法律,建立起保障生命财产安全的国家,他们要求这个国家能够以这种共同力量来防御和保护每个参加者的人身和财富,并且还要像以往一样地自由。③ 因此,国家的一切行动都应以公民利益为考量,它必须要做到“保障每个成员自由地使用财产,保障人民的安全,调解社会矛盾,为民众谋福利”。④ 卢梭(J. J. Rousseau)的人民主权思想也构成了政府要对公共事务进行管理的原因之一。卢梭认为国家的产生往往是人民签订社会契约转让权利的结果。人民是主权者,人民把管理公共事务的权力委托给政府,但要求这个国家“能够以全部共同力量来防御和保护每个参加者的人身和财富”。卢梭的《社会契约论》认为:“国家主权属于人民,人民是国家唯一的真正主人,政府官员只是人民的雇员,因此政府官员就要服从人民的利益,为人民谋福利,当人民的利益受到伤害时,国家负有不可推卸的责任。”⑤

国家对社会负有责任有着深刻的理论渊源,并且国家对社会的责任大都以政府承担对社会管理的职责为主要表现形式,要求政府必须承担起管理包括应对各种突发事件在内的各种公共事务的责任。当前,各种突发事件在全世界范围内频繁发生,给政府执政能力提出了严峻挑战,突发事件应急管理已经成为各国政府面临的一项重要课题。

---

① 见张涛《2005 年全国突发公共事件数据分析》,《领导决策信息》2006 年第 7 期,第 28 - 29 页。

② 见加布里埃尔・A・阿尔蒙德所著《比较政治学:体系、过程和政策》,曹沛霖译,上海译文出版社 1987 年出版,第 459 页。

③ 见马基雅弗利所著《君主论》,潘汉典译,商务印书馆 1985 年出版,第 70 - 75 页。

④ 见唐兴霖所著《公共行政学:历史与思想》,中山大学出版社 2000 年出版,第 59 - 60 页。

⑤ 见卢梭所著《社会契约论》,何兆武译,商务印书馆 1980 年出版,第 76 页。

1.1.1.2 政府应急管理的有效开展亟待加强机制建设

政府作为公共服务的提供者、公共政策的制定者、公共事务的管理者以及公共权力的行使者,同时也是政府应急管理的领导者,在政府应急管理过程中起着主导作用。

我国政府历来十分重视突发事件的预防和处置工作。1992 年联合国环境与发展大会后,我国政府率先组织制订了《中国 21 世纪议程——中国 21 世纪人口、环境与发展白皮书》,将其作为指导我国国民经济和社会发展的纲领性文件,开始了我国可持续发展的进程。为了全面推动可持续发展战略的实施,明确 21 世纪初我国实施可持续发展战略的目标、基本原则、重点领域及保障措施,保证我国国民经济和社会发展第三步战略目标的顺利实现,在总结以往成就和经验的基础上,根据新的形势和可持续发展的新要求,由国家发展和改革委员会会同科技部、外交部、教育部、民政部等有关部门制订了《中国 21 世纪初可持续发展行动纲要》(以下简称《纲要》)。《纲要》中明确提出要建立健全灾害监测预报、应急救助体系,全面提高防灾减灾能力;提高对突发事件、紧急疫情的迅速反应和处理能力,加强对重大疾病的预防与有效控制;进一步完善灾害管理法律法规,增强全民防灾减灾意识;制订防灾减灾规划和应急方案;建立和完善主要自然灾害以及重大事故的监测、预报预警系统,全面提升和整合信息处理能力,提高预报的时效性和准确性;加强部门协作与配合,建立完善的灾害处理应急指挥系统和减灾救灾综合协调机制,加强防灾减灾工程建设、救援物资和设备储备,形成一支快速反应的救灾力量,提高紧急救援能力,减少灾害造成的人员伤亡和经济损失;推进经常性社会捐助工作网络建设和制度建设,逐步形成良好的社会化灾害救助机制。①

2003 年 SARS 疫情爆发,使得人们普遍关注政府应急管理。2003 年,可以说是我国政府应急管理工作的分水岭,是我国全面加强应急管理工作的起步之年。2003 年 11 月,国务院办公厅应急预案工作小组正式成立,以制订、修订应急预案和建立健全应急体制、机制、法制(简称一案三制)为核心的中国应急管理体系建设全面起步。2004 年,中共十六届四中全会进一步明确提出:"建立健全社会预警体系,形成统一指挥、功能齐全、反应灵敏、运转高效的应急机制,提高保障公共安全和处置突发事件的能力。"2005 年,我国政府组织制订了《国家突发公共事件总体应急预案》(简称《总体预案》),以及应对自然灾害、事故灾难、公共

---

① 《中国 21 世纪初可持续发展行动纲要》,http://www.sdinfo.net.cn/zdsj/xdgy.html(检索日期 2006 年 6 月 10 日)。

卫生和社会安全等方面 105 个专项和部门应急预案,各省区市也完成了省级总体应急预案的编制工作。同年 7 月,全国应急管理工作第一次会议召开,"一案三制"工作全面推进。2006 年,国务院应急管理办公室和各省区市政府应急管理机构相继成立,应急管理工作首次被列入国家经济社会发展规划。随着《"十一五"期间国家突发事件应急体系建设规划》、《国家综合减灾"十一五"规划》等一系列规划相继出台,应急管理工作不断向纵深推进。2007 年,《中华人民共和国突发事件应对法》(简称《突发事件应对法》)正式实施,标志着应急管理工作在规范化、制度化和法制化的道路上迈出了重大步伐。同年,党的"十七大"召开,提出要进一步树立忧患意识,完善突发事件应急管理机制。2008 年,成功夺取抗击年初南方低温雨雪冰冻灾害和"5·12"汶川特大地震抗震救灾斗争重大胜利,及时有效地处置了发生在西藏拉萨的"3·14"严重暴力犯罪事件和新疆"7·5"事件,成功举办了北京奥运会、残奥会,积极应对全球金融危机带来的负面影响,我国应急管理工作经受住了严峻考验并取得了重大胜利。在党中央、国务院统一领导下,分类管理、分级负责、条块结合、属地管理为主的应急管理体制基本确立,统一指挥、功能齐全、反应灵敏、运转高效的应急机制初步形成。

笔者认为,尽管我国政府应急管理机制已经初步建立,但同时也应当看到,目前我国政府应急管理机制建设还存在着诸多问题,譬如部门分割、条块分割、资源分散、信息不共享、应急法制不够健全、社会公众危机意识比较薄弱、社会自救互救能力比较欠缺、应急预警反应和处置能力有待进一步提高等等。2003 年7 月 28 日,胡锦涛总书记在全国防治非典工作会议上指出:"通过抗击非典斗争,我们比过去更加深刻地认识到,我国的经济发展和社会发展、城市发展和农村发展还不够协调;公共卫生事业发展滞后,公共卫生体系存在缺陷;突发事件应急机制不健全,处理和管理危机能力不强;一些地方和部门缺乏应对突发事件的准备和能力。我们要高度重视存在的问题,采取切实措施加以解决,真正使这次防治非典斗争成为我们改进工作、更好地推动事业发展的一个重要契机。"[①]

温家宝总理在《2005 年政府工作报告》中明确指出:"建立健全社会矛盾纠纷调处机制,完善社会稳定的预警体系和应急处理机制,积极预防和妥善处置群体性事件。提高保障公共安全和处置突发事件的能力,减少自然灾害、事故灾难等突发事件造成的损失。"[②]

---

① 《胡锦涛在全国防治非典工作会议上发表重要讲话》,http://www.gov.cn/ztzl/content_355315.htm(检索日期 2006 年 8 月 21 日)。

② 《2005 年政府工作报告》,http://www.gov.cn/test/2006-02/16/content_201218.htm(检索日期 2006 年 8 月 21 日)。

可见,突发事件应急管理过程中诸多问题的存在客观上要求加强政府应急管理,而政府应急管理工作的有效开展亟待加强机制建设。政府应急管理机制为政府应急管理工作的顺利开展提供了制度保障,是增强政府应急管理工作科学性与有效性的重要保证。只有建立健全政府应急管理机制,切实提高政府应急管理能力和水平,才能有效应对各种突发事件。

1.1.1.3 政府应急管理机制的高效运行离不开电子政务的发展与应用

"电子政务"是由"E-government"意译而来。"E-government"这一概念最早由美国前总统克林顿(Bill Clinton)于 1993 年提出。他之所以提出这一概念,一是为了适应网络经济发展的需要,政府必须改变其职能和运作方式;二是为了实现建立以公众为中心的政府改革目标,希望通过实施电子政务减少"橡皮图章",加速政府对公众需要的回应,让美国公民能更快捷、更方便地了解政府和扩大参与的机会。[①]

迄今为止,人们对"E-government"没有形成一个统一的译名,有的译为"电子政府",有的译为"电子政务",并且对电子政务的定义也没有达成一个统一的认识。美国公共管理协会(ASPA)和联合国公共经济与公共管理组织(UNDPEPA)给电子政务的定义是:"利用因特网和万维网向公众提供政府信息和服务。"[②]汪玉凯、赵国俊两位教授认为,电子政务是指公共管理组织在政务活动中,全面应用现代信息技术、网络技术以及办公自动化技术等进行办公、管理和为社会提供各种公共服务的一种治理方式。[③]

从上述定义可以看出,政府实施电子政务的根本目的在于通过信息技术、计算机技术、网络技术等高新技术的应用,对政府业务流程进行再造,提高政府管理效能,为公众提供更好的服务。

继美国政府提出电子政务概念并大力倡导电子政务之后,英国、加拿大、法国等西方发达国家都十分积极推进电子政务建设,并且发展电子政务的热潮也迅速传播到众多发展中国家。根据联合国教科文组织的调查,89%的国家都不同程度地着手推动电子政务的发展,并将其列为国家级的重要事项。[④] 电子政务已经成为各国政府在信息化领域里发展的热点与重点,成为国际公共行政管理

① The White House Office of the Press Secretary, President Clinton and Vice President Gore: Major New E-government Initiatives. [2006 - 08 - 23]http: //clinton3. nara. gov/WH/New/html/e-government. html.
② UN and ASPA(2001), Benchmarking E-government: A Global Perspective—Assessing the UN Member States. [2006 - 09 - 01]http: //www. unpan. org/egovenment2. asp.
③ 见汪玉凯、赵国俊所著《电子政务基础》,北京中软电子出版社 2002 年出版,第 4 页。
④ 见徐晓日所著《电子政务概论》,天津大学出版社 2006 年出版,第 1 页。

改革和衡量国家竞争力的显著标志之一。

我国从 1999 年正式启动了"政府上网工程",《中华人民共和国国民经济和社会发展第十个五年计划纲要》(2001 年 3 月 15 日第九届全国人民代表大会第四次会议批准)中明确了"以信息化带动工业化"的主张,并在部分城市开始电子政务示范工程。2001 年 8 月,党中央重新组建了国家信息化领导小组,成立了国务院信息化工作办公室。国家信息化工作领导小组第一次会议强调,中央各部门和各级政府要高度重视电子政务建设工作;领导干部要加强信息化知识的学习,充分利用信息化手段加强政府有效管理,促进政府职能转变,提高政府办事效率和管理水平,促进政务公开和廉政建设。2002 年,国务院信息化领导小组第二次会议审议通过了《关于我国电子政务建设的指导意见》,明确了"十五"期间我国电子政务建设的目标、原则和主要任务,为加快推进电子政务指明了发展方向,确定了战略重点。①

中共十六届五中全会通过的"十一五"规划建议在对信息化发展进行全面描述的同时,也对电子政务进行了论述,即"深化机构改革,优化组织结构,减少行政层级,理顺职责分工,推进电子政务,提高行政效率,降低行政成本"。2005 年国家信息化领导小组第五次会议原则通过的《2006—2020 年国家信息化发展战略》,明确了未来一个较长时期内我国信息化发展的指导思想和七个方面的主要任务,提出要"紧紧围绕提高治国理政能力推行电子政务"。②

近年来,我国电子政务发展迅速,取得了显著成效。国务院信息化工作办公室编发的《中国信息化发展报告 2006》指出:"国家电子政务总体框架初步形成,政府网站建设和应用取得明显进展,中央政府门户网站正式开通,各级地方政府网站功能日益完善,政府网站日益成为政府面向社会提供管理和服务的重要窗口。海关、税务、审计、财务、公共安全、社会劳动保障的信息化建设和应用成效显著,在增强政府行政监管能力、提高执法水平和公共服务能力等方面发挥了重要作用。"③

突发事件应急管理的快速反应要求决定了信息化时代的政府必须借助电子政务平台开展突发事件应急管理。电子政务是一个综合的信息系统,它是在实现政府内部办公自动化的基础上将服务的对象从政府机关内部扩展到其他机关、企业和社会公众(即信息发布和动态交互式信息服务)。其服务对象既包括政府机关内部,也包括其他政府机关、企业和社会公众;既有信息的发布和接收,

---

① 见王长胜所著《中国电子政务发展报告 No.3》,社会科学文献出版社 2006 年出版,第 1 页。
② 同上,第 2 页。
③ 见国务院信息化工作办公室《中国信息化发展报告 2006》,电子工业出版社 2006 年出版,第 6 页。

也有交互式的处理;既有简单的业务管理和信息服务,更有复杂的、宏观的空间辅助决策分析服务。电子政务建设搭建了一个由政府到企业以及到社会公众的公共信息服务体系,加强了政府对各级政府和民众的领导,也扩大了地方各级意见反映和沟通的渠道。电子政务的这种信息决策和服务的模式非常适合于突发事件的应急处理。利用电子政务平台已建立起来的计算机网络系统,通过完善的政令传播及信息交流体系,建立起同电子政务突发事件管理体制相适应的突发事件应急管理系统,可以切实有效地对突发事件的预防和治理全过程进行高效的管理和控制。①

可见电子政务在政府应急管理中的应用是极其有效或有用的,那么,电子政务在政府应急管理中究竟有怎样的功能? 我们应该如何充分利用电子政务来加强政府应急管理? 如何促使电子政务与政府应急管理有机结合? 如何将电子政务具体应用于政府应急管理工作中去? 如何构建一套适应电子政务环境要求的、科学有效的政府应急管理机制? 如此等等问题,不仅是各级政府刻不容缓的重任,也是学界亟待研究的重要课题,同时也正是本书研究的根本出发点所在。

1.1.2　研究意义

第一,有利于丰富政府应急管理理论体系。政府应急管理是一门新兴科学,基础理论比较薄弱。目前关于这一课题的理论研究还处于起步阶段,大多停留在提出原则和指导思想、介绍国外经验等层面上,比较深入的系统研究少。笔者基于电子政务视角,对电子政务环境下政府应急管理机制进行系统研究,目的在于探讨一套能够指导政府应急管理机制建设的思路和方法,因此,研究过程中所提出的政府应急管理机制理论模型及其框架体系具有一定的理论价值,有利于丰富政府应急管理理论体系。

第二,是对现代管理科学理论的深化和发展。在研究过程中,笔者综合运用了危机管理理论、社会冲突理论、权变管理理论等现代管理科学的基本理论,对电子政务环境下政府应急管理机制进行深入研究,研究所得出的成果不仅丰富了政府应急管理理论体系,也是对现代管理科学理论的深化和发展。

第三,有利于提高政府应急管理能力和水平。温家宝总理指出:"加强应急管理,提高预防和处置突发公共事件的能力,是全面履行行政职能,进一步提高行政能力的重要方面。在社会主义市场经济条件下,社会管理和公共服务是政

①　见吴庄莹《构建基于电子政务平台的应急管理系统》,《电子政务》2009 年第 1 期,第 95 - 96 页。

府的重要职能。特别是贯彻落实科学发展观和建设社会主义和谐社会,更需要把应急管理作为政府十分重要的任务。应急管理是社会管理和公共服务的重要内容。"①

可见,加强政府应急管理,维护社会安全与稳定,是政府应有的职能之一。政府治理能力的表现,不仅体现在社会生活的正常情况下,更体现在社会出现危机之际。研究电子政务环境下的政府应急管理机制,探讨电子政务在政府应急管理中的应用,探索适合电子政务环境的政府应急管理方法及运行模式,研究所取得的成果可以为我国政府应急管理实践提供理论依据和智力支持,从而有利于提高政府应急管理的能力和水平。

第四,可以促进我国电子政务建设的可持续发展。苟仲文指出:"目前,国内各城市的应急处理政务系统尚处于建设时期,已建成的系统应用水平也处于起步阶段。各政府部门的应急系统缺乏横向的社会联动。今后应通过推进电子政务,利用信息技术,重点建设和建立快捷的信息沟通渠道,提升政府对突发事件和重大公共事件的反应和处理能力。"②

客观地说,政府应急管理建设为我国电子政务发展提供了一个极好的机会,这个契机有助于冲破一些长期困扰电子政务建设的难题,从而推动电子政务可持续发展。在这方面,利用政府应急管理体系的建设,实现政府之间、政府与社会之间的信息和资源的互通、共享,具有重要的价值和意义。因此,应当把政府应急管理体系的建设当成电子政务进一步发展的重要机会,实现以电子政务支撑政府应急管理建设,以政府应急管理建设带动电子政务突破禁区、难点的建设格局。③

电子政务建设是一项复杂的系统工程,其建设不仅要考虑常规状态下的管理和服务,也要考虑非常规状态下的应急管理和服务,二者缺一不可。通过研究电子政务为什么要在政府应急管理中应用以及如何在政府应急管理中应用,所取得的研究成果也可以为我国电子政务建设提供有益的参考和借鉴,有助于完善电子政务的应急管理和服务功能,促进电子政务可持续发展。

第五,是贯彻落实科学发展观、构建和谐社会的客观需要。奥古斯特·孔德认为,社会是一种有规律的结构;社会是人类生活的有机整体,即社会有机体;这种整体结构同它的部分与要素之间具有一种"普遍的和谐",这种普遍的和谐的

①　见温家宝《加强应急管理 提高预防和处置突发公共事件的能力》,《中国应急管理》2007年第1期,第5页。
②　见苟仲文《推进电子政务 增强执政能力》,《信息化建设》2004年第4期,第6-7页。
③　见杨凤春《政府应急管理的理念与建设策略》,《电子政务》2006年第Z1期,第107页。

根基在于人性;社会整体的和谐性表现为社会秩序,不和谐则表现为社会冲突,因此,社会秩序是社会最基本的整体性特征。[①]

社会秩序的维护需要加强社会预警体系和应急管理机制建设,以防范社会冲突的发生和有效处理各种形式的社会冲突。中共十六届六中全会通过的《中共中央关于构建社会主义和谐社会若干重大问题的决定》明确指出:"完善应急管理体制机制,有效应对各种风险。建立健全分类管理、分级负责、条块结合、属地为主的应急管理体制,形成统一指挥、反应灵敏、协调有序、运转高效的应急管理机制,有效应对自然灾害、事故灾难、突发公共卫生事件、社会安全事件,提高危机管理和抗风险能力。"[②]

政府应急管理机制建设是构建和谐社会的一个重要内容,落实科学发展观,全面建设小康社会,构建社会主义和谐社会,必须以社会稳定和公共安全为保障。而建立健全政府应急管理机制,加强政府应急管理,则是保障社会稳定和公共安全的重要内容和重要基础。和谐社会应该是能够及时发现不和谐因素并及时予以协调的社会。只有加强政府应急管理研究,建立健全政府应急管理机制,防范并及时有效地应对自然灾害、事故灾难、突发公共卫生事件以及社会安全事件等各类突发事件,才能保障人民群众的根本利益,维护社会稳定和公共安全,为构建和谐社会构筑起一道强有力的安全屏障。

1.2   文献综述

本节主要通过广泛阅读与政府应急管理机制建设相关的文献,了解该领域的基本状况与最新发展,同时,通过归纳总结学者们的研究成果,明确需要进一步拓展的空间,为后续各章节的具体展开寻求恰当的切入点。

1.2.1   政府应急管理机制的研究

笔者拟从构建政府应急管理机制的必要性、构建政府应急管理机制的基本思路、政府应急管理机制的基本内容三个方面对学界的研究成果进行归纳梳理。

1.2.1.1   构建政府应急管理机制的必要性

关于构建政府应急管理机制的必要性,学者们的观点是一致的,都认为政府应急管理工作的顺利开展,需要构建起有效的政府应急管理机制。构建政府应急管理机制是提高政府应急管理能力的关键,在应对各种突发事件中起着非常

---

① 见唐铁汉《强化政府社会管理职能的思路与对策》,《国家行政学院学报》2005 年第 6 期,第 16 页。
② 《中共中央关于构建和谐社会若干重大问题的决定》,http://news3. xinhuanet. com/politics/2006 - 10/18/content_5218639. htm(检索日期 2006 年 10 月 20 日)。

重要的作用。曹丽指出："由于危机事件现实的或潜在的突发性和危害性,政府必须将危机管理纳入日常的管理和运作中,使之成为政府日常管理的重要组成部分,而不能仅仅当做是临时性的应急任务。而要实现上述目标,政府必须建立危机事件的预警机制和快速反应机制。"①

米特若夫(I. I. Mitroff)等人认为:"危机管理研究的另一个发现点是,在重大危机事前、事中、事后的计划和控制过程中,设置恰当数量的危机管理机制确实很重要。事实上,正是这些在事前、事中、事后的危机管理中大显才能的机制的存在,显示了为什么有效的危机管理不仅仅是在重大危机发生后的一种反应措施。设置各种危机管理机制是为了有效地预防危机的发生,对危机作出感应,采取行动,从危机中吸取经验教训,总结并重新设计组织处理重大危机的程序。"②

冯惠玲教授指出:"政府危机管理涉及多方面问题,诸如如何形成对全社会有效覆盖和全面管理的体系;如何建立科学、准确的公共危机预警系统和灾害预备系统;如何建立高效的危机决策机构,完善重大危机决策的规则和程序;如何打破各种分割壁垒,有效调配抗灾资源;如何保证信息的准确、畅通和公民知情权,以及积极的舆论引导;如何动员群众,构建抵御危机冲击的群防群控体系等。为此,需要建立高效、灵活的社会管理机制,包括信息沟通、反馈和解读机制,社会动员机制,紧急救治机制,资源调配机制,公民权利依法有效保护和行政权力依法有效行使的机制,社会心理作用机制等。我们不仅要逐一研究每一种社会管理机制的特点和生成条件,还要研究各种社会管理机制之间的配合与衔接。"③

1.2.1.2　构建政府应急管理机制的基本思路

学界就如何构建政府应急管理机制的研究。有的从宏观视角进行把握。譬如,2003 年 8 月中国行政管理学会成立了由学会及分会负责人任组长,由政府部门和科研机构的五十多名专家学者参加的"政府应急管理课题组",对我国政府如何应对突发事件进行了专题研究,对国内外中央政府应急管理机制进行了分析,并就我国中央政府应急机制建设提出了相关设想和建议。④ 经济合作与发展组织 2003 年发表了《21 世纪面临的新风险:行动议程》,提出了一系列构建危机

---

① 见曹丽《危机管理应急机制问题探讨》,《商业时代》2006 年第 11 期,第 53 页。
② 见伊恩·I·米特若夫所著《危机:防范与对策》,燕清联合传媒管理咨询中心译,电子工业出版社 2004 年出版,第 31 - 32 页。
③ 见冯惠玲《构建公共危机应急系统的非技术支撑体系》,《中国人民大学学报》2003 年第 6 期,第 4 页。
④ 见中国行政管理学会课题组《政府应急管理机制研究》,《中国行政管理》2005 年第 1 期,第 20 - 21 页。

管理机制的新观点：① 以国际先进水平去评估、预防、应对传统的和新型的危机或危险；② 加强应急反应，不仅在灾害或危机发生之前，而且在发生过程中、发生之后都应立即采取行动；③ 采取综合、协调的方式，把政府、志愿者、民间机构团结和互动在一起，做好应急计划、组织和安排；④ 利用新兴技术，进行有效监测和监视，落实紧急状态应急计划，做好协调工作，对媒体宣传进行合适的管理，控制成灾范围，在紧急行动上加强国际协调；⑤ 加强预防体系，明确风险预防、监督的责任和补偿，增加透明度等。①

有的从法律视角进行切入。譬如肖来青等人强调政府应急机制必须走向法制化，主要包括政府应急机制运作方式法制化、启动程序法制化、责任法制化、保障措施法制化、查究权威法制化等方面。②

还有些学者基于公民视角对政府应急管理机制的构建进行了研究。譬如杨复兴等人认为建立应急机制和政府危机管理体系，应对以下几个理论问题进行深入研究：危机产生的诱因及应急机制的平时预防与战时措施的关系问题；政府应急机制中防止公权的滥用和公民权的保护问题；社会恐慌心理、非理性行为产生和信息公开制度建设问题。③

此外，部分学者对国外政府应急管理机制建设进行了一定程度的研究。如张永刚④、宋欣涛⑤、顾林生⑥等人分别对以色列、美国、日本等国的政府应急管理机制进行了专门研究。

1.2.1.3　政府应急管理机制的基本内容

通过分析政府应急管理机制的研究成果，可以看出，政府应急管理机制的内容包括很多方面，如预测预警机制、决策指挥机制、应急响应机制、信息报告机制、信息披露机制、紧急动员机制、善后评估、恢复机制等等。笔者从政府应急管理机制的组织、运行、保障三个层面进行归纳梳理。

学界对政府应急管理组织机制的研究，主要体现在以下两个方面：

第一，研究政府应急管理的组织结构。学者们对这一问题的研究，主要针对

---

① 《当前世界各国应急管理工作的一些基本情况》，http：//www.jsswst.gov.cn/gb/jsswst/xxjb/node406/userobject1ai14211.html（检索日期2006年7月9日）。

② 见肖来青、王潇《政府应急机制必须走向法制化》，《怀化学院学报》2003年第6期，第13-16页。

③ 见杨复兴、胡江天《建立和完善政府应急机制需要研究的若干问题》，《云南行政学院学报》2004年第3期，第63-65页。

④ 见张永刚《以色列危机事件处理机制对我国的启示》，《郑州航空工业管理学院学报》（社会科学版）2006年第2期，第49-50页。

⑤ 见宋欣涛《美国应急管理机制》，外交学院2004年论文。

⑥ 见顾林生、小林佳子《日本海啸应急管理机制与经验教训》，《城市减灾》2005年第2期，第19-22页。

传统政府组织在应急管理中的不适应性,提出要对政府的组织结构进行创新,探讨适应政府应急管理需要的组织结构。譬如,陈烈等人指出:"传统的官僚行政组织体制在危机环境中表现出了日益明显的适应性危机。但是,危机中的'危险'与'机遇'并存的二元结构性特征对组织变革创新提出挑战的同时,也为之提供了契机。我们应抓住这个契机,积极推进行政组织体制创新,加快行政组织变革,以适应新的行政环境。"①

向良云等人指出:"传统的政府组织仅仅局限于从'事件层次'来被动地应对危机,而事实上,这种被动的应对往往并不能有效地解决危机。传统的政府组织由此在'内适应'和'外适应'方面均出现了困境而成为政府危机管理的掣肘。抓住危机的契机进行组织结构创新也就由此成为政府组织的必然选择。"②

第二,研究政府应急管理中的非政府组织。在政府应急管理的组织体系中,非政府组织是一支不可忽视的力量,在政府应急管理中起着不可替代的作用。如何发挥非政府组织在政府应急管理中的作用已经成为学界研究的一个热点问题。譬如沈荣华③、宋咏梅④、童林⑤、安建增⑥、唐俭⑦、石奎⑧、卢汉桥⑨、陈文江⑩等人对非政府组织在政府应急管理中的作用及其发挥等问题进行了比较全面的探讨。

学者对政府应急管理运行机制的研究,笔者从应急预警、应急响应、应急善后三个角度进行归纳总结。

第一,关于应急预警的研究。学者们对应急预警的研究主要体现在应急预案(计划)、突发公共卫生事件应急预警和应急预警系统三个方面。

一是对应急预案(计划)的研究。一方面,学者们强调应急预案(计划)的重

① 见陈烈《危机环境中行政组织变革研究》,《重庆工学院学报》2006 年第 3 期,第 52 页。
② 见向良云《危机管理中的政府组织结构创新》,《理论与改革》2004 年第 2 期,第 100－102 页。
③ 见沈荣华《非政府组织在应急管理中的作用》,《新视野》2005 年第 5 期,第 42－44 页。
④ 见宋咏梅《非政府组织在危机管理中的作用》,《黑龙江生态工程职业学院学报》2006 年第 2 期,第 34－35 页。
⑤ 见童林《民间组织在公共安全危机中的作用及法律支持》,《兰州学刊》2005 年第 2 期,第 131－132 页。
⑥ 见安建增《非政府组织在应对公共危机时作用的探析》,《西安电子科技大学学报》(社会科学版)2004 年第 4 期,第 58－62 页。
⑦ 见唐俭《非政府组织:应对公共危机的重要力量》,《四川行政学院学报》2006 年第 5 期,第 65－66 页。
⑧ 见石奎《危机管理中非政府组织的作用》,《桂林电子工业学院学报》2004 年第 1 期,第 73－76 页。
⑨ 见卢汉桥《非营利组织参与危机管理的途径和影响分析》,《广州大学学报》(社会科学版)2004 年第 12 期,第 54－58 页。
⑩ 见陈文江《突发性事件中非政府组织的地位和作用》,《兰州大学学报》(社会科学版)2003 年第 4 期,第 54－58 页。

要性。譬如,Joseph L. Brockington 等人认为,对危机做出反应,成功的关键在于一个设计完美的、协调一致的、经过演习的、机动灵活的反应计划。如果使用应急计划的人没有练习它或者没有经常在不同的领导者和监督者的管理下进行练习,光有一个应急反应计划也是没有用的。在执行应急方案的过程中以及应急反应结束的时候,一定要立即修订这个计划,不要搁置半年或一年,等到需要的时候再去修改它。要修改这个计划以适应新的变化了的情况,以使得这个计划能循环使用。①

R. Ryan Dupont 等人指出:"突发事件必将出现,这是迟早的事,当突发事件发生时,恰当实施一个适当的紧急反应计划,可以减少损失,保护人、财产和环境。减少由突发事件造成的损失,要求处理程序事先被计划好,明确责任,由权威部门设计,能被接受,并且加强演练,使人们变得有经验。如果等到突发事件来再临时去制订计划,那就太迟了,缺乏事前的计划会导致突发事件演变成为更严重的灾难。"②

另一方面,学者们关注应急预案(计划)的建设。国际灾难恢复协会董事会主席兼首席执行官 John 指出,必须制订翔实的灾难恢复预案,而且要越详细越好,而且要对预案进行反复测试,并模拟灾难发生时可能出现的各种情况。③ 在研究应急预案(计划)的制订这一问题上,闪淳昌④、吕振⑤、唐济武⑥、钟开斌⑦、李红臣⑧等人也对应急预案体系的建设进行了比较系统的研究,内容包括应急预案的制订、修订、演练等方面。

二是对突发公共卫生事件应急预警的研究。刘丽群⑨、刘清伟⑩、张少伟⑪等

---

①　Joseph L. Brockington, Effective Crisis Management, International educator, Vol 15, No 4, 2006, pp. 47 - 52.

②　Dupont R. Ryan, Joseph Reynolds, Louis Theodore, Accident and emergency management: problems and solutions, New York: VCH, 1991, pp. 56.

③　见张杰《应急预案越详细越好——国际灾难恢复协会董事会主席兼首席执行官 John》,《中国计算机用户》2006 年第 29 期,第 32 页。

④　见闪淳昌《切实加强应急预案体系的建设》,《城市与减灾》2006 年第 5 期,第 6 - 9 页。

⑤　见吕振《加强应急事件管理 建立完善的应急预案体系》,《电力安全技术》2006 年第 2 期,第 1 - 2 页。

⑥　见唐济武《建设应急预案体系》,《中国减灾》2006 年第 6 期,第 28 - 29 页。

⑦　见钟开斌《论应急预案的编制与管理》,《甘肃社会科学》2006 年第 3 期,第 240 - 243 页。

⑧　见李红臣《应急预案的形式化描述》,《中国安全生产科学技术》2006 年第 4 期,第 29 - 34 页。

⑨　见刘丽群《我国突发公共卫生事件应急预警体系的现状》,《中国血吸虫病防治杂志》2006 年第 3 期,第 211 页。

⑩　见刘清伟《黑龙江省医疗机构突发事件监测能力的影响因素分析》,《中国医院管理》2005 年第 12 期,第 39 页。

⑪　见张少伟、陈景武《公共卫生事件预警及应急处理机制问题探讨》,《国际医药卫生导报》2004 年第 9 期,第 27 页。

人就建立突发公共卫生事件预警、应急处理机制的紧迫性以及如何建立该机制等问题进行了比较深入的探讨。世界动物卫生组织主要着重于疾病检测、监测、预防、减轻和应对以及在发生使用化学武器和可疑的疾病突发情况时的援助。2006年4月,世界动物卫生组织公布了关于公共卫生服务对源于动物的生物灾难的作用及防备问题的科学和技术审查报告,其内容包括设计有效的流行病监测系统等方面。[1]

三是对应急预警系统的研究。应急预警系统在政府应急管理中的重要性是不言而喻的。应急预警系统通过对突发事件风险源、事前征兆进行监测,从而在各种征兆显示突发事件来临时及时地向有关部门或个人发出警报,提醒有关部门或个人对即将到来的突发事件做好各项准备工作,最大限度地减少损失。从当前应急管理的国际趋势来看,各国政府都十分重视突发事件的预警工作,应急预警系统的建设投入力度很大,并且对应急预警系统的研究已经成为一个全世界共同关心的话题。联合国于2005年1月18日至22日在日本兵库县神户市召开了减少灾害问题世界会议,会议通过的《减少灾害问题世界会议报告》[2]指出,应从以下几个方面加强灾害风险应急预警系统的建设:

——发展以人为本的预警系统,特别是报警及时、面临风险者易懂的系统,其中应考虑目标受众的人口结构、性别、文化和生计特点,包括在警报时如何行动的指导,同时又能支持灾害管理者和其他决策者的有效工作。

——作为预警系统的一部分,建立、定期审查并维持信息系统,以确保发生警报/紧急情况时采取迅速和协调的行动。

——建立体制能力,确保将预警系统纳入国家和地方各级政府的政策和决策进程以及应急管理系统,并作经常性的系统测试和性能评估。

——落实2003年在德国波恩举行的第二次预警问题国际会议的成果,包括通过加强所有有关部门和行为者在预警链中的协调与合作,使预警系统充分有效。

——落实旨在进一步实施《小岛屿发展中国家可持续发展的巴巴多斯行动纲领》的《毛里求斯战略》的成果,包括建立和加强有效的预警系统以及其他缓解和应对措施。

就应急预警系统的研究内容来看,学界对应急预警系统的研究,基本上是按

---

① Biological Disasters of Animal Origin The Role and Preparedness of Veterinary and Public Health Services. [2006 - 09 - 12]http://www.oie.int/eng/publicat/rt/A_RT25_1.htm.
② 《减少灾害问题世界会议报告》,http://www.unisdr.org/eng/hfa/docs/final-report-wcdr-chinese.pdf:13(检索日期2006年9月13日)。

自然灾害、事故灾难、突发公共卫生事件、社会安全事件四大类展开，其中，对自然灾害预警系统的研究比较多，包括气象灾害预警系统①、山洪灾害预警系统②、地质灾害预警系统③、地震预警系统、海啸预警系统等方面。其中，地震预警系统和海啸预警系统的研究尤为突出，如李山有④、阮文斌⑤、朱煌武⑥、夏玉胜⑦、王满顺⑧、陈运平⑨、高永生⑩、杨马陵⑪等人对地震预警系统的建设进行了比较深入的研究。于福江⑫、郭太本⑬、温瑞智⑭等人对海啸预警系统进行了比较深入的研究。对于事故灾难预警系统的研究，学者们研究的焦点集中在环境污染事故预警系统的研究上，譬如潘莹⑮、李宇斌⑯、冯文钊⑰、谢红霞⑱、彭祺⑲、何进朝⑳等人对各类突发性环境污染事故预警系统的设计、开发与应用等问题展开研究；突发

---

① 见任健《建设重大气象灾害监测预警与应急服务体系的新理念》，《现代测绘》2005 年第 S1 期，第 17 - 22 页。

② 见李良《基于 GIS 的山洪灾害预警系统的设计与实现》，《科学技术与工程》2006 年第 6 卷，第 17 期，第 2712 - 2715 页。

③ 见张红兵《云南省地质灾害预报预警系统》，《云南地质》2006 年第 25 卷，第 3 期，第 297 - 302 页。

④ 见李山有《地震预警系统与智能应急控制系统研究》，《世界地震工程》2004 年第 20 卷，第 4 期，第 21 - 26 页。

⑤ 见阮文斌《地震灾害预测与应急决策系统集成方法研究》，武汉大学 2005 年论文。

⑥ 见朱煌武《突发性地震灾害危机的预警和应急管理机制》，《灾害学》2004 年第 19 卷，第 1 期，第 76 -80 页。

⑦ 见夏玉胜《地震预警（报）系统及减灾效益研究》，《西北地震学报》2000 年第 22 卷，第 4 期，第 452 - 457 页。

⑧ 见王满顺《谈建立地震灾害预警系统》，《山西地震》2005 年第 1 期，第 40 页。

⑨ 见陈运平《海南省南海地震监测和海啸预警服务》，《华南地震》2006 年第 26 卷，第 1 期，第 61 - 66 页。

⑩ 见高永生《对包头市构建地震预警系统的探讨》，《决策咨询通讯》2006 年第 17 卷，第 4 期，第 74 - 78 页。

⑪ 见杨马陵《广东省地震海啸危险分析与监测预警系统构想》，《华南地震》2005 年第 25 卷，第 4 期，第 25 - 33 页。

⑫ 见于福江《全球海啸预警系统展望》，《中国科技奖励》2005 年第 2 期，第 90 - 91 页。

⑬ 见郭太本《海啸及其预警系统》，《黑龙江水专学报》2006 年第 33 卷，第 1 期，第 2 - 4 页。

⑭ 见温瑞智《海啸预警系统及我国海啸减灾任务》，《自然灾害学报》2006 年第 15 卷，第 3 期，第 1 - 7 页。

⑮ 见潘莹《Web Service/ WebGIS 在突发性环境污染事故应急预警系统中的应用》，《计算机应用研究》2004 年第 11 期，第 184 - 200 页。

⑯ 见李宇斌《基于 3S 技术的危险废物污染事故预警系统》，《安全与环境学报》2006 年第 6 卷，第 4 期，第 55 -58 页。

⑰ 见冯文钊《突发性环境污染事故应急预警网络系统的设计与开发》，《城市环境与城市生态》2004 年第 17 卷，第 1 期，第 9 - 11 页。

⑱ 见谢红霞《突发性环境污染事故应急预警系统发展探讨》，《环境污染与防治》2004 年第 26 卷，第 1 期，第 44 -69 页。

⑲ 见彭祺《突发性水污染事故预警应急系统的建立》，《环境科学与技术》2006 年第 29 卷，第 11 期，第 58 - 61 页。

⑳ 见何进朝《突发性水污染事故预警应急系统构思》，《水利水电技术》2005 年第 36 卷，第 10 期，第 90 - 96 页。

公共卫生事件预警系统的研究还没有形成一个热点,只有杜鹏①、常春雨②等为数不多的学者对其进行了初步探讨;对于社会安全事件预警系统的研究,学者们主要集中在社会稳定预警系统的研究上,譬如牛文元③、阎耀军④、李若菊⑤、杨多贵⑥等人对社会稳定预警系统的构建进行了专门研究。

第二,关于应急响应的研究。学者们对应急响应的研究,一方面集中在对各类突发事件的应急响应,包括核事故、地震、突发公共卫生事件等方面。其中对核事故应急响应的研究比较多,如陈晓秋⑦、刘祖森⑧、马明强⑨、李祥明⑩、王醒宇⑪等人对核事故的应急响应进行了机理分析。

另一方面,比较关注应急管理中的合作问题。譬如,William L. Waugh Jr 等人认为合作网络是各种应急响应的一个基本组成部分,在一次严重灾害期间,任何个人或组织能处理所有的安抚和恢复工作的假设是错误的。⑫ William L. Waugh Jr 等人也指出:"应急管理是所有人的责任。应急管理包括警察、消防人员和国家紧急情况服务人员、医生、工程师、教师、社会工作者、公共卫生雇员和土地使用计划者。"⑬

第三,关于应急善后的研究。应急善后主要包括善后处置、调查与评估、恢复重建、总结学习等方面的工作。应急善后工作是政府应急管理的重要组成部分,一个完整的政府应急管理过程必须有应急善后这一环节。池宏等人指出:

① 见杜鹏《公共卫生事件监测与预警系统》,《计算机应用研究》2005 年第 6 期,第 165‐178 页。
② 见常春雨《国境卫生检疫风险预警信息系统设计概述》,《口岸卫生控制》2004 年第 9 卷,第 4 期,第 1‐3 页。
③ 见牛文元《全面构建中国社会稳定预警系统》,《中国发展》2003 年第 4 期,第 1‐4 页。
④ 见阎耀军《社会稳定的计量及预警预控管理系统的构建》,《社会学研究》2004 年第 3 期,第 1‐10 页。
⑤ 见李若菊《社会政治稳定预警系统建设初探》,《吉林公安高等专科学校学报》2002 年第 1 期,第 56‐58 页。
⑥ 见杨多贵《中国社会稳定与安全预警系统的理论设计》,《系统辩证学学报》2003 年第 11 卷,第 4 期,第 82‐87 页。
⑦ 见陈晓秋《核事故应急响应行动对数值天气预报的需求》,《辐射防护通讯》2002 年第 22 卷,第 4 期,第 27 页。
⑧ 见刘祖森《核电事故场外应急辐射卫生防护响应程序探讨》,《中国辐射卫生》2000 年第 9 卷,第 1 期,第 13 页。
⑨ 见马明强《核事故医学应急准备与响应工作的探讨》,《中国公共卫生管理》2003 年第 19 卷,第 6 期,第 506‐507 页。
⑩ 见李祥明《对核事故与辐射事故应急响应的探讨》,《山东环境》2002 年第 6 期,第 30‐32 页。
⑪ 见王醒宇《我国核应急决策支持系统研究现状及其与 RODOS 的比较》,《核科学与工程》2003 年第 23 卷,第 2 期,第 184‐192 页。
⑫ William L. Waugh Jr,Collaboration and Leadership for Effective Emergency Management,Public Administration Review,66(s1),2006,pp. 131‐140.
⑬ Dudley McArdle,Education and Training in Emergencymanagement in Australian Schools.〔2006‐10‐11〕http://www.oecd.org/dataoecd/37/63/34739310.pdf.

"突发事件除了在爆发时的社会危害性之外,在其消亡之后的一段时期内,仍然会对社会存在负面影响。因此,应急管理的善后恢复工作同样重要,其主要目的是恢复正常秩序,消除负面影响,为将来类似的突发事件总结经验。"[①]

从文献检索的结果来看,学界对应急善后问题进行专门研究的文献不多,且集中于地震灾害的灾害评估等方面,如王晓青[②]、P. W. O'Brien[③]、袁正明[④]、刘红桂[⑤]等少数学者对地震灾害损失的应急善后工作进行了比较系统的研究。

应急保障是政府应急管理的基础性工作,是政府应急管理有效开展的支撑条件。学者们对政府应急管理保障机制的研究主要集中在以下几个方面:

第一,应急法制保障。对应急法制建设的研究,学者们在揭示我国应急法制建设问题的基础上,提出了具体的解决对策。如莫于川认为:"SARS疫情等公共危机暴露出我国应急法制的薄弱环节。虽然说我国在构建突发事件应急法律体系方面具有一定基础,但缺少突发事件应急处理基本法律作为'龙头',一些领域的应急法律规范仍不健全,许多突发事件应急处理立法的可操作性不强,已有的应急法律规范执行不到位,公共应急法制的实施环境有待改善。"[⑥]

韩大元指出:"如何在紧急状态下保护公民的基本权利是现代宪法学理论中需要研究的重大问题。按照基本权利保护性质与国家利益的价值,当国家处于紧急状态时可以对宪法规定的基本权利进行限制,但任何形式的限制都应在合理的限度内进行,在客观上保持个体利益与国家利益的平衡。"[⑦]

第二,应急物资保障。学者们对应急物资保障的理论研究比较多,主要从应急物资保障的管理入手,研究应急物资的采购、储备、调配、整合等问题。譬如,朱会田等人对军队物资应急进口采购问题进行了研究;[⑧]陶源等人对军队物资应急采购的特点、基本要求、机构建设、程序和方法等问题进行了比较深入的研究。[⑨] 苏星等人结合印度洋海啸紧急救灾物资采购工作特点,从应急采购的组织体系、工

① 见池宏《城市突发公共事件应急管理体系研究》,《中国公共安全》2005年第3期,第42-51页。
② 见王晓青《地震速报参数不确定性的应急灾害损失快速评估模型》,《地震工程与工程振动》2003年第23卷,第6期,第198-201页。
③ P. W. O'Brien,D. S. Mileti《防震减灾、应急准备和反应及恢复重建的社会学问题》,《世界地震译丛》2004年第2期,第1-14页。
④ 见袁正明《开震害评估之先河 创应急救灾之经验——谈山西大同—阳高地震的震害评估与应急救灾》,《山西地震》2005年第4期,第1-4页。
⑤ 见刘红桂《基于GIS的江苏省地震应急基础数据库与震害快速评估技术》,《现代测绘》2005年第S1期,第10-12页。
⑥ 见莫于川《公共危机管理与应急法制建设》,《临沂师范学院学报》2005年第27卷,第2期,第119-124页。
⑦ 见韩大元《论紧急状态下公民基本权利的限制与保障》,《学习与探索》2005年第4期,第80页。
⑧ 见朱会田《探讨军队物资应急进口采购》,《中国政府采购》2005年第8期,第14页。
⑨ 见陶源《军队通用物资应急采购问题的思考》,《中国物流与采购》2005年第3期,第72-73页。

作流程、任务等级划分、实施方式、法规制度及信息系统建设等六个方面探讨了我军应急物资采购机制的构建问题。① 向海峡等人对应急物资筹措的方式以及如何提高应急物资筹措效益等问题进行了探讨。②

此外，学者们也比较关注应急物资保障决策支持系统的建设。譬如，张建芳等人对仓库物资应急保障决策支持系统进行了研究③；曹钰等人对应急物资保障决策支持系统的数据库系统、模型库系统、方法库系统和人机交互界面的设计进行了探讨。④

第三，应急资金保障。应对突发事件是公共财政的重要职能。各种突发事件的频繁发生给财政工作带来了新的挑战，迅速建立起一套合理、合规、行之有效的财政应急机制，对于社会趋利避害，保障社会经济发展和人民生活财产安全及身体健康具有十分重要的意义。王维舟⑤、周旭霞⑥、董斌⑦、张俊⑧等人对公共财政应急机制构建的影响因素、基本策略等问题进行了研究。

第四，应急通信保障。应急通信保障机制的构建，对于提高应急指挥能力和应急处置能力，保证应急通信指挥调度工作迅速、高效、有序进行，满足紧急状态下通信保障和通信恢复工作的需要，确保通信的安全畅通等都具有十分重要的意义。聂晶⑨、夏随云⑩、董守聪⑪、唐娅⑫、吴海民⑬等人对应急通信保障的重要性及其在突发事件中如何实施等问题进行了探究。

第五，应急宣传教育。应急宣传教育是安全教育的重要组成部分，也是政府应急管理的基础性工作。学者们对应急宣传教育的研究主要集中在学校应急教育和突发公共卫生事件应急宣传教育两个方面。

---

① 见苏星《印度洋海啸紧急救灾采购对建立完善我军物资应急采购机制的启示》，《中国政府采购》2005 年第 8 期，第 11 页。
② 见向海峡《应急物资的筹措》，《中国物流与采购》2003 年第 23 期，第 27 页。
③ 见张建芳《仓库物资应急保障决策支持系统》，《兵工自动化》2003 年第 5 期，第 33 页。
④ 见曹钰《应急物资保障决策支持系统研究与设计》，《计算机应用》2003 年第 2 期，第 34 页。
⑤ 见王维舟《突发事件与公共财政》，《理论与现代化》2004 年第 2 期，第 20 - 23 页。
⑥ 见周旭霞《构建公共财政应急机制》，《中共杭州市委党校学报》2003 年第 5 期，第 51 页。
⑦ 见董斌《浅析建立财政应急机制的制约性因素》，《山西财税》2003 年第 12 期，第 4 页。
⑧ 见张俊《试论政府公共财政应急反应机制》，《河南社会科学》2005 年第 S1 期，第 1 页。
⑨ 见聂晶《突发事件应急通信保障机制探讨》，《江西公安专科学校学报》2006 年第 5 期，第 103 - 106 页。
⑩ 见夏随云《谈加强无线电管理在应急通信中的保障作用》，《中国无线电》2004 年第 1 期，第 27 - 29 页。
⑪ 见董守聪《浅谈通信业应急通信体系的保障方案》，《城市管理与科技》2006 年第 8 卷，第 5 期，第 223 - 224 页。
⑫ 见唐娅《基于 GIS 的通信光缆故障定位及保障系统》，重庆大学 2004 年论文。
⑬ 见吴海民《从 SARS 看网络安全预警与应急保障体系》，《信息安全与通信保障》2003 年第 9 期，第 13 - 15 页。

　　关于学校的应急教育。如屈海波提出要加强对学生的应急教育；①陈丹丹认为防灾应急教育应从小抓起；②黄景春从青少年健康成长的角度出发，提出普及青少年应急教育的新思路；③戚业国对教育系统在突发公共事件中的应急机制进行了探讨。④

　　关于突发公共卫生事件的应急教育。如李剑美对剑川县传染性非典型肺炎应急健康教育活动的开展进行了总结；⑤王征桦对卫生传单在非典应急性健康教育中的应用进行了探讨；⑥曹承建等人对农村肠道传染病预防控制应急健康教育的效果进行了评价；⑦朱建平等人对 SARS 防治应急健康教育传播材料的制作进行了研究。⑧

1.2.2　电子政务在政府应急管理中应用的研究

1.2.2.1　电子政务技术在政府应急管理中的应用

　　政府应急管理的高效运行离不开电子政务的发展与应用，电子政务是政府应急管理高效运行的加速器。对该领域问题的研究，姚国章较早提出"应急电子政务"这一概念并主张积极推进应急电子政务研究。姚国章指出："以互联网为核心的现代信息技术在应急管理中的应用使得应急电子政务应运而生，并将逐步成为应急管理的重要基础设施和基本的作业模式。应急电子政务综合应用 Internet 技术、集群无线网、GIS 技术、卫星通信技术、GSM 无线通讯、快速网间数据交换技术等，全面整合多部门、多行业、多层次的已有系统和信息资源，实现对突发公共事件的实时响应和调度指挥，并为公众提供相应的紧急救援服务。"⑨

　　学者们探讨电子政务技术在政府应急管理中的应用这一问题，主要集中在两个方面：

　　首先，电子政务技术在政府应急管理中应用的重要性。万军指出，利用信息

　　①　见屈海波《加强对学生的应急教育》,《中小学管理》2006 年第 7 期,第 41 页。
　　②　见陈丹丹《防灾应急教育应从小抓起》,《安全与健康》2006 年第 8 期,第 45 页。
　　③　见黄景春《普及青少年应急教育初探》,《浙江青年专修学院学报》2006 年第 3 期,第 17 页。
　　④　见戚业国《突发公共事件与教育的应急机制》,《教育发展研究》2003 年第 10 期,第 40 页。
　　⑤　见李剑美《传染性非典型肺炎应急健康教育活动的几点体会》,《中国农村卫生事业管理》2004 年第 24 卷,第 2 期,第 54 页。
　　⑥　见王征桦《卫生传单在非典应急性健康教育中的应用与评价》,《安徽预防医学杂志》2004 年第 10 卷,第 3 期,第 185 页。
　　⑦　见曹承建《农村肠道传染病预防控制应急健康教育效果评价》,《中国农村卫生事业管理》2004 年第 24 卷,第 1 期,第 31 页。
　　⑧　见朱建平《SARS 防治应急健康教育传播材料制作实践》,《中国预防医学杂志》2004 年第 5 卷,第 6 期,第 505 页。
　　⑨　见姚国章《推进应急系统建设 提升政府应急能力》,《信息化建设》2005 年第 8 期,第 20 页。

技术,打造"电子政府",是西方上世纪末开始的政府管理领域的重大变革。目前我国各级政府已经积极行动起来,把各种高新技术手段运用到应急管理工作中去。[①]

其次,在政府应急管理中有哪些电子政务技术可以运用。Nezih Altay 等人认为,在应急管理者需要执行的任务和商业上相应的技术之间还存在着距离。由先进的数据获取、定位和通讯技术来支撑的有效的传感算法可以更准确地理解灾难管理中的状态,当然,高效的传感技术在一个实时动态资源调度决策中也起着特别重要的作用。[②] 冯波对韶关市警用无线通信的现状进行了分析,并对在交通、通信不发达的边远山区应用应急无线通信的必要性及其措施进行了研究。[③] 巴顿指出,"在过去 25 年里,人类对特定自然灾害的预报技术取得了显著进步。利用全球卫星定位(Global Positioning Satellite,GPS)系统,政府部门现在能够有效地预测到什么时候特定风暴将袭击某个地区。"[④]Ka-Ping Yee 对利用网络技术提供应急信息服务进行了研究。Ka-Ping Yee 认为,在应对各种空难过程中,可以充分利用网络技术提供应急信息服务,通过建立信息中心,及时发布公众需要的信息,提供的信息要保证真实可信。[⑤]

1.2.2.2 各类应急系统的构建

在政府应急管理工作中,加强各类应急系统的构建有助于增强应急管理的效率和能力。学者们对应急系统的研究,基本上可以分为各种应急管理系统的研究和应急管理系统的支持系统的研究两大类。

其一,各种应急管理系统的研究。学者们主要对应急管理系统的构成及功能等问题进行了探讨。陈永安认为:"应急管理系统由硬件系统和软件系统组成。硬件系统包括应急管理的组织机构如决策中枢机构、咨询参谋机构、应急处置和执行机构,以及应急管理所需要动员的各种物质资源,如财政拨款、自动化信息管理系统等;软件系统则是由各种应急管理计划、项目等组成。"[⑥]

凌永生等人对国内外有关核应急管理信息系统方面的进展和研究进行了系

---

① 见万军《新时期我国政府应急管理建设指导原则初探》,《理论前沿》2004 年第 6 期,第 30 页。

② Nezih Altay,OR/MS research in disaster operations management,European Journal of Operational Research,2006(175),p. 485.

③ 见冯波《350 兆无线对讲机在警务活动应急通信保障中的应用》,《广东公安科技》2004 年第 1 期,第 57 页。

④ 见劳伦斯·巴顿所著《组织危机管理》,符彩霞译,清华大学出版社 2002 年出版,第 250 页。

⑤ Ka-Ping Yee,Operating an Emergency Information Service Using the Internet to help cope with disaster,Communications of The ACM December,Vol. 44,No. 12,2001,pp. 25 - 28.

⑥ 见陈永安《当前政府建立应对突发事件应急管理系统的思考》,《云南行政学院学报》2003 年第 4 期,第 21 页。

统介绍,并提出了广东省核应急管理信息系统的初步设计构想,认为其开发目的在于完成一个基于网络的、指挥及响应信息通畅的计算机软件系统,能在事故期间接受、贮存、分析、处理和发布来自核电厂场内外的各种信息,为应急管理及指挥决策提供技术支持,提高应急管理和指挥决策的科学性及技术含量,以保护公众、保护环境。①

Katzer 等人分析、评价了应急信息系统(EIS)和个人计算机 ARC/INFO 系统,以确定哪个系统能更好地支持紧急管理的缓和、准备、反应和补救等各个阶段。②

其二,应急管理系统的支持系统的研究。主要包括专家系统、地理信息系统等。早在 1985 年,由美国应急管理机构资助的关于专家系统的理论及其在应急管理中应用的首届论坛在美国商务部举行。论坛通过把专家系统、人工智能、应急管理的研究者们聚集在一起,探讨专家系统及应急管理存在的问题,旨在探讨当美国政府面对紧急情况时,应用什么样的专家系统可以用来增强美国政府紧急管理的能力。③

Mitchell④、Isaac Brewer⑤等人认为地理信息系统是提高公共机构处理紧急状态速度的重要工具,在应急管理中起着重要的作用。

1.2.3 研究述评

1.2.3.1 研究起步较晚但发展迅速

纵观世界范围内的研究成果,学界对政府应急管理机制问题的专门研究,起步比较晚,到目前为止,应急管理理论和实践的研究只不过几十年的时间,仍处于初级发展阶段。笔者通过检索 EBSCO 数据库,发现最早研究应急管理问题的文献,是 HOERR SO⑥ 在 1950 年 7 月发表的一篇关于如何对胃出血进行应急管理的文章。

---

① 见凌永生《广东省核应急管理与指挥决策支持系统的初步设计》,《环境保护》2003 年第 9 期,第 3 页。

② Katzer, Comparing Digital Spatial Database Systems for Local Government Emergency Management,State University of New York College of Environmental Science and Forestry,1994,p. 61.

③ SI. Gass, RE. Chapman, Theory and Application of Expert Systems in Emergency Management Operations：Proceedings of a Symposium held at the Department of Commerce,Washington, DC,1986,p. 266.

④ A. Mitchell,Zeroing in：Geographic Information Systems at Work in the Community,Esri Press；1 edition,1998.

⑤ Isaac Brewer, Understanding Work with Geospatial Information in Emergency Management：A Cognitive Systems Engineering Approach in Giscience,The Pennsylvania State University,2005.

⑥ HOERR SO ，The Emergency Management of Acute, Massive Upper Gastrointestinal Hemorrhage. Ohio Medicine：Journal Of The Ohio State Medical Association,Vol. 46(7) ,1950,pp. 652 - 654.

新西兰惠灵顿应急管理部的尼尔·布立登认为,国际社会传统应急管理方式发端于二战和 20 世纪 50 年代的朝鲜战争,主要以灾害反应的民防指挥与控制为主。20 世纪中叶,随着技术经济的发展、组织环境的变化,各种组织越来越多地受到各种紧急事件的挑战,以应对紧急事件为目的的应急管理的作用日益显露。20 世纪 60 年代初,应急管理理论开始作为一门独立学科在国际领域出现。20 世纪 70 年代,政府应急管理模式向全面综合应急方式,即一体化新型应急管理系统转变,这种应急方式把注意力集中于灾害分析、能力评估、应急规划、应急反应、应急保障和恢复要求等方面。① 后来,随着影响范围超过单一组织的紧急事件不断发生,应急管理被引进各行各业,包括政治领域,并且受到各国政府的普遍重视,西方学术界和政界对此有比较深入的研究,将应急管理理论广泛应用于解决各种紧急事件中,如古巴导弹危机、菲律宾人质事件、"9·11"事件等等,并结合社会学中的社会冲突理论,心理学中的认知失调理论,经济学中的发展经济学、制度经济学等不同角度进行了深入分析,为以后的应急管理提供理论指导。

随着全球化的深入,全球社会各种矛盾和突发事件此起彼伏。现实中存在的问题推动着理论研究的发展。就国内而言,处于经济转轨和社会转型期的中国也迎来了一个各种突发事件频繁发生的时期,尤其是始于中国 2003 年春的 SARS 事件更成为中国政府应急管理的分水岭,学界对此问题的研究如雨后春笋。笔者于 2006 年 5 月 28 日以"应急管理"为关键词在中国期刊全文数据库中进行检索,共检索到 375 篇文献。国内最早对政府应急管理进行系统阐述的学术著作,当属许文惠和张成福两位教授于 1997 年主编的《危机状态下的政府管理》,填补了我国在政府应急管理研究方面的空白。近年来,随着各种突发事件在全球范围内频繁发生,研究应急管理问题的著作也日益增多,如郭济②、万军③、王绍玉等人④对政府应急管理机制、体制等问题进行了比较深入的研究。

1.2.3.2 研究重心向应急预警倾斜

学界在研究政府应急管理问题时,比较关注突发事件的全过程管理。譬如,Tufekci 和 Wallace 认为应急反应有两个阶段组成:事前反应和事后反应。事前反应的工作包括预测和分析潜在的危险,并为缓解危机建立必要的行动计划。

---

① 见寻寰中、王德《构筑我国政府应急管理后勤保障体系》,《中国行政管理》2004 年第 1 期,第 21 页。

② 见郭济所著《中央和大城市政府应急机制建设》,中国人民大学出版社 2005 年出版。

③ 见万军所著《面向 21 世纪的政府应急管理》,党建读物出版社 2004 年出版。

④ 见王绍玉、冯百侠所著《地方政府应急体制建设理论与实务》,哈尔滨出版社 2005 年出版。

事后反应在灾难仍在持续的时候就应该开始,在这个阶段会涉及资源的选址、调度、调整和管理等问题。一个有效的应急反应计划应该使两个阶段有机地成为一个整体,因为,两个阶段分离可能会无法达到解决整个问题的最优而只能得到次优方案。[①] 以美国为例,综合的应急管理一般描述为四个阶段过程:缓解、准备、响应和恢复。这四个阶段不应该被看成是线性的,而是彼此相连、紧密配合,形成一个有机的循环过程。[②]

近年来,随着应急管理研究的深入和发展,各国的学者和政府逐渐意识到,事前干预可以降低风险,远比事后采取的应对措施更能有效地减轻突发事件对社会造成的危害。因此,应急管理研究和实践的重心均开始从事后的回应和恢复工作向事前的预防和舒缓工作转移,尤其关注突发事件的风险管理。

1.2.3.3 研究视角呈多学科性发展趋势

应急管理是一个涉及哲学、政治学、社会学、心理学、经济学、运筹学、管理学、伦理学等领域的跨学科的研究课题,学者们基于不同学科视角,对政府应急管理展开研究,取得了丰硕的研究成果。20世纪60—80年代初,应急管理理论在政治学和国际关系领域出现突破,研究领域比较齐全,研究的焦点主要集中在国际危机研究、灾难研究、决策研究、冲突研究、危机中的个人、团体与组织关系研究等领域。

Nezih Altay 等人认为灾难事件是非常难以进行应对的,对灾难的管理情况可以检验一个国家和社会保护人员和基础设施、降低生命和财产损失以及快速恢复的能力。灾难事件造成影响的广泛性、灾难发生的随意性等特点以及灾难事件的特殊性决定了管理者应该使用动态、实时、有效和实用的解决方案,因此这类问题很适合采用运筹学/管理科学(OR/MS)的理论、方法和技术来进行研究。[③]

Corbett 和 Van Wassenhove 指出,应用管理工程的方法研究灾难管理是滞后的,目前这种情况仍在延续,至少是在灾难管理的 OR/MS 研究方面是这样。怎样改进现有的行车路线,选址和调度模型,以便适合灾难和大规模的应急管理之需? 根据响应情况,究竟应该怎样调节缓解和准备计划? 灾难响应和日常的

---

① Tufekci & Wallace, The Emerging Area of Emergency Management and Engineering, IEEE Transactions on Engineering Management. Vol. 45, Iss. 2, 1998, pp. 103 - 105.

② Walter G. Green, Four Phases of Emergency Management. The Electronic Encyclopaedia of Civil Defense and Emergency Management. [2006 - 10 - 11] http: //www. richmond. edu/wgreen/encyclopedia. htm.

③ Nezih Altay, OR/MS Research in Disaster Operations Management, European Journal of Operational Research, 2006(175), p. 475.

应急响应有什么本质的不同?①

　　Hughes 认为目前许多的灾难管理研究涉及了社会科学学科。这类研究的重点主要在灾难结果的影响,包括对团体的社会影响、对生还者和救援队伍的心理影响,以及组织构建和交通问题上。②

　　1.2.3.4　研究力量的多元化

　　不同性质的组织包括各种国际性组织和非政府的民间组织,积极参与政府应急管理问题的研究,其中,以联合国为代表的国际性组织在政府应急管理问题的研究中发挥着举足轻重的作用。联合国所属的不同职能机构积极开展与自己的职能相关的应急管理研究,取得了丰硕的研究成果。

　　联合国经济和社会理事会(简称经社理事会)在制定危险货物,包括感染性生物制剂和毒素的运输准则方面发挥重要作用。经社理事会有一个危险货物运输和全球化学品统一分类和标签制度问题专家委员会。危险货物运输问题小组委员会自从 2002 年第五次审查会议结束以来举行了六次会议。它的职责有: 修订两个关键文本——《联合国关于危险货物运输的建议书》(其中载有联合国规章版本)和《联合国试验和标准手册》。③

　　联合国开发计划署(开发署)在开发署内设有联合国灾难管理培训方案,并在建立国际疫苗研究所方面发挥了重要作用。④

　　世界卫生大会 2005 年 5 月通过了一项更新《国际卫生条例》的决议,经修订的《国际卫生条例》将于 2007 年 6 月生效。《国际卫生条例》的修订是为了确保有效的预防,防止、控制在公共卫生方面应对疾病的国际传播,并采取与公共卫生风险相称,严格局限于公共卫生风险,并避免国际交通和贸易受到不必要干扰的方式。⑤

　　通过召开会议,集体讨论制订有关应急管理问题的文件或报告,也是联合国组织关于应急管理问题研究的一大特色。如《一个更加安全的世界:我们的共同责任》(2004 年)是由威胁、挑战和改革问题高级别小组汇编。作为高级别小组审议集体安全和防止扩散的挑战的一部分,它既研究恐怖主义的问题,也研究大规

---

① Corbett, Van Wassenhove, The Natural Drift: What Happened to Operations Research? Operations Research,41(4), pp. 625 - 640. 转引自: Nezih Altay, Walter G. Green, OR/MS Research in Disaster Operations Management,European Journal of Operational Research,2006(175), p. 486.

② http: //www. geo. umass. edu/courses/geo510/index. htm. 转引自: Nezih Altay, Walter G. Green III. OR/MS Research in Disaster Operations Managemen, European Journal of Operational Research,2006(175), p. 476.

③ http: //www. unece. org/trans/danger/danger. htm(检索日期 2006 年 11 月 12 日)。

④ http: //www. undp. org/(检索日期 2006 年 11 月 12 日)。

⑤ http: //www. who. int/csr/ihr/en/(检索日期 2006 年 11 月 12 日)。

模毁灭性武器的问题。①

《大自由：实现人人享有发展、安全和人权》(2005 年)，是落实千年首脑会议成果的一部分，它有一个关于免于恐惧的自由问题的章节，部分论述灾难恐怖主义和大规模毁灭性武器。报告建议加强公共卫生，作为对生物恐怖主义的主要防卫。②

《团结反恐：全球反恐战略建议》(2006 年)是落实千年首脑会议成果的又一项报告，它就大规模毁灭性武器和恐怖主义以及使不同利害攸关方参与确保不误用生物技术并对它们的努力作协调的必要性提出了一些建议。③

《减少灾害问题世界会议报告》指出，2005—2015 年十年期间的行动纲领主要体现在以下五个方面：① 治理：组织、法律和政策框架；② 风险确定、评估、监测和预警；③ 知识管理和教育；④ 减少所涉风险因素；⑤ 做好有效应对和恢复的准备。④

成立于 1993 年的国际应急管理协会(IAEM)是一个非营利组织，致力于研究在紧急状态下挽救生命、保护财产和减少灾害。其发展目标是国际应急管理协会应当作为国际公认的应急管理专业组织。其使命是为其成员提供信息、网络和业务机会并推动应急管理职业。⑤

此外，在行政管理和公共关系领域，各国纷纷成立专门的研究机构，对突发事件进行研究总结，如美国的行政管理协会的应急管理分会、澳大利亚的应急管理学院、瑞典的应急管理研究和培训中心、中国应急管理专业委员会、中国人民大学危机管理研究中心、中国人民大学危机传播管理研究中心、清华大学公共管理学院危机管理研究中心、武汉理工大学危机与灾害研究中心等。

1.2.3.5 加大政府应急管理机制研究的力度

笔者于 2006 年 5 月 28 日查询了中国期刊全文数据库，以"应急管理"为篇名进行检索，共检索出有关应急管理研究的文献 451 篇，而以"政府应急管理"为篇名进一步检索，只检索出 50 篇，因此，粗略地从研究成果的数量来看，存在"一多一少"的现象，即学界对应急管理问题的研究比较多，而对政府应急管理问题的研究相对比较少，对政府应急管理机制的研究还没有形成一个研究热潮，还处于起步阶段。这种现象与政府应急管理在各种应急管理中的主体地位是不相称的，因为在众多应急管理类型中，政府应急管理是最主要的一种，政府应急管理

---

① http：//www. un. org/secureworld/(检索日期 2006 年 11 月 12 日)。

② http：//www. un. org/largerfreedom/(检索日期 2006 年 11 月 12 日)。

③ http：//www. un. org/unitingagainstterrorism/(检索日期 2006 年 11 月 12 日)。

④ 《减少灾害问题世界会议报告》，http：//www. unisdr. org/eng/hfa/docs/final-report-wcdr-chinese. pdf：7 - 8(检索日期 2006 年 9 月 13 日)。

⑤ http：//www. iaem. com/(检索日期 2006 年 11 月 12 日)。

的主体地位决定了政府应急管理研究的重要性。因此,笔者选择政府应急管理机制为主题,希望通过加强政府应急管理机制的研究,为我国政府应急管理实践提供可行性借鉴,丰富政府应急管理理论知识。

1.2.3.6 积极开展电子政务在政府应急管理中应用的研究

尽管有部分学者已经扛起了研究"应急电子政务"的大旗,开始关注应急电子政务的功能及其建设等问题。但是,不可否认的是,学界对于电子政务和政府应急管理机制的研究,"各自为政"的现象还比较普遍。一方面,学界对电子政务的研究主要集中于日常管理领域,而关注政府应急管理领域的比较少;另一方面,学界对政府应急管理机制的研究,涉及"电子政务在应急管理中的应用"这一主题的研究还比较少,对于电子政务为什么要在应急管理中应用、如何应用、应用后有什么效果等问题研究不多。概括起来说,基于电子政务视角研究政府应急管理机制问题还处于一个起步状态。基于此,笔者的选题正是为了弥补这一研究的不足,从电子政务视角出发,实现电子政务与政府应急管理有机结合,致力于构建一套能适合电子政务发展要求的政府应急管理机制。

1.2.3.7 拓宽政府应急管理机制研究的领域

学者们尽管对电子政务在政府应急管理中的应用进行了一定程度的探究,但从涉及"电子政务在应急管理中应用"这一主题的文献内容看,其研究存在"重技术、轻管理"的现象,片面注重对各种应急系统的研究,过分强调现代信息技术的作用,而忽视电子政务的管理功能。电子政务环境下的政府应急管理,不仅仅是应急系统的开发,也不能简单理解为信息技术在应急管理中的应用,而是需要各种技术力量与非技术力量的整合、各级管理机构的协调配合,需要形成一系列准确、高效而规范的应急管理机制,这样才能切实提高政府应急管理的能力和水平。因此,笔者不仅研究电子政务技术在政府应急管理机制中的应用,而且也将关注电子政务在政府应急管理活动中的管理功能,拓宽政府应急管理机制研究的领域。

1.3 主要研究方法

工欲善其事,必先利其器。政府应急管理是一项复杂的系统工程,笔者对该课题的研究主要综合采用以下几种研究方法。

1.3.1 调查法

一是文献调查。全面收集国内外有关政府应急管理的研究文献,不断跟踪学术研究前沿,了解最新动态,在把握相关研究进展的基础之上,提出需要进一步拓展的研究空间。

　　二是实地调查。政府应急管理问题的研究具有很强的现实性与复杂性,研究难度大,资料搜集与处理的难度大,需要开展实地调查研究,通过调查问卷、实地调研、深度访谈等方式,在全国范围内选择一定数量的政府部门进行抽样调查和实地考察,了解我国政府应急管理工作的基本现状。笔者于 2006 年 8 月至 2007 年 3 月先后到卫生部卫生应急办公室、北京市通州区政府应急指挥中心、北京市朝阳区政府应急指挥中心、北京市公安局交通管理局石景山交通支队、湖南省人民政府应急管理办公室、广西壮族自治区疾病预防控制中心等单位进行了实地调研,积累了第一手案例材料和数据资料。

1.3.2　系统方法

　　系统方法,就是从系统观点出发,着眼于整体与部分、整体与环境的相关联系和相互作用综合地考察对象,求得整体的最佳功能的科学方法。在研究中,不仅要运用系统方法对政府应急管理机制的研究现状进行总体把握,还要基于突发事件的生命周期,构建电子政务环境下政府应急管理机制的理论模型,并对其构成要素进行整体、系统研究。

1.3.3　比较研究法

　　运用比较研究方法,可以对相同事物的不同方面或同一性质事物的不同种类进行比较,找出它们的共同点或差异点,从而达到深入认识事物本质的目的。在本书中,比较方法的运用主要体现在两个方面:一是政府应急管理在两种不同环境下发展的纵向比较;二是对国内外政府应急管理机制的横向比较。基于纵横两方面的比较,分析国外政府应急管理机制建设的成功经验及我国政府应急管理机制建设存在的主要问题,把握电子政务环境下政府应急管理的发展变化规律,为电子政务环境下政府应急管理机制的构建提供理论依据。

1.3.4　跨学科移植法

　　综合运用政治学、社会学、信息学、灾害学、法学、计算机科学、公共管理学等多学科、跨学科移植研究法,对电子政务环境下政府应急管理机制建设相关问题进行全方位、多角度、深层次的认识和评价。

1.4　研究思路与逻辑架构

1.4.1　基本研究思路

著作共分为七章。

第 1 章：导论。简要介绍著作的选题背景、研究意义、文献综述、研究方法及创新之处等内容。

第 2 章：政府应急管理机理分析。首先分析政府应急管理对象及政府应急管理理论依据；其次探讨电子政务在政府应急管理中的基本功能；最后，研究电子政务环境下政府应急管理的发展变化、成因、规律。

第 3 章：政府应急管理机制现状研究。首先，介绍北京市通州区政府应急管理机制和卫生部突发公共卫生事件应急管理机制建设概况。其次，介绍美、英、日三国的政府应急管理机制建设概况。在对国内外政府应急管理机制建设进行比较分析的基础上，展望了我国政府应急管理机制建设需要进一步加强的领域。

第 4 章：电子政务环境下政府应急管理机制理论模型。首先，分析电子政务环境下政府应急管理机制的价值目标；其次，对政府应急管理机制的理论模型进行构建，包括总体模型、组织机制理论模型、运行机制理论模型、保障机制理论模型；最后，分析政府应急管理组织机制、运行机制、保障机制的要素构成及内涵。

第 5 章：政府应急管理组织机制。政府应急管理组织机制是实现政府应急长效管理的前提和基础。在本章，笔者在分析电子政务环境下政府应急管理组织变革缘由的基础上，提出政府应急管理组织变革思路、组织体系构建基本要求，最后分析了电子政务环境下政府应急管理组织体系呈现出的基本特征。

第 6 章：政府应急管理运行机制。基于突发事件的生命周期以及政府应急管理的一般业务流程，笔者将政府应急管理的运行机制分为预测预警机制、应急响应机制、善后处理机制三个基本部分，并对机制的构成、运作流程等内容进行深入研究。

第 7 章：政府应急管理保障机制。应急管理保障机制是政府应急管理顺利进行的必要条件。为了保证政府应急管理顺利进行，笔者从应急预案、应急法制、应急物资、应急资金、应急技术、应急通信、应急队伍、应急医疗卫生、应急交通运输、应急培训教育等十大基本方面对政府应急管理的保障工作进行探讨。

1.4.2　著作的逻辑架构

从内在逻辑结构来看，全书分为三个层次：

第一层次（第 1 章）：提出问题。这部分的主要意义在于提出问题，即明确为什么要基于电子政务视角研究政府应急管理机制建设这个主题。

第二层次（第 2、3 章）：分析问题。这部分包括理论分析与现状研究两个基本内容。理论分析方面，在对政府应急管理机制研究现状进行综述的基础上，对政府应急管理机制进行机理分析,为电子政务环境下政府应急管理机制的构建奠定理论基础;现状研究方面,通过对国内政府应急管理机制建设的实地调研和对国外政府应急管理机制建设的个案分析,归纳总结出国外政府应急管理机制建设的成功经验及对我国政府应急管理机制建设的启示,为电子政务环境下政府应急管理机制的理论研究提供实践基础。

第三层次(第4、5、6、7章):解决问题。在这部分,笔者首先构建出政府应急管理机制理论模型。以此为基础,分别对电子政务环境下政府应急管理的组织机制、运行机制、保障机制等核心问题进行系统研究。

全文的逻辑架构具体如图1-1。

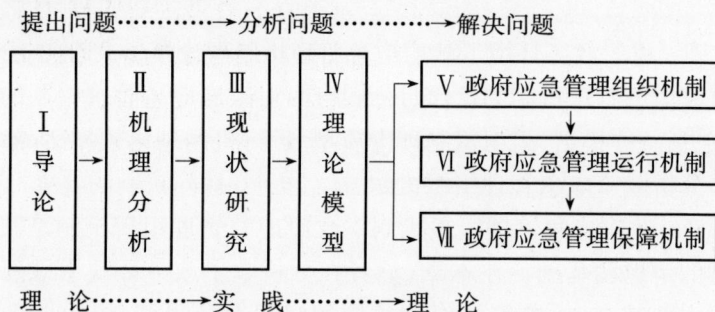

图 1-1   本书逻辑架构

1.5   主要创新点

第一,拓展了一个全新的研究视角。本书基于电子政务视角,系统研究电子政务为什么要在政府应急管理中应用以及怎样应用等问题,把电子政务与政府应急管理有机结合起来,寻找研究热点中的薄弱环节——电子政务环境下的政府应急管理机制。

第二,探讨了电子政务环境下政府应急管理的变化、成因及其发展规律。与传统环境下的政府应急管理相比,电子政务环境下的政府应急管理有什么发展变化?变化的原因是什么?呈现出什么发展规律?对这些问题的研究,既是实践领域的需要,也是理论研究的创新。

第三,分析了国外政府应急管理机制建设的成功经验以及我国政府应急管理机制建设存在的主要问题。笔者主要通过调查研究法,实地调研了北京市通州区政府应急指挥中心、卫生部卫生应急办公室等单位,深入剖析了我国政府应急管理的现状,尤其是不足;而且,笔者选择美国、英国、日本三个国家作为参照对象,进行个案分析。在此基础上,归纳总结了国外政府应急管理机制建设带来的启示。

第四,构建了电子政务环境下政府应急管理机制的理论模型,并从政府应急管理机制的组织、运行与保障三个层面,对政府应急管理机制的理论构建进行系统研究,所提出的观点不仅丰富了公共管理的理论体系,而且为我国政府应急管理机制的实践模式提供了可供操作的理论借鉴。

2 政府应急管理机理分析

政府应急管理机理分析是其体系构建的基础性工作。在本章,笔者首先对突发事件、政府应急管理、政府应急管理机制等基本概念予以界定;其次,分析政府应急管理的对象——突发事件、政府应急管理的理论依据以及电子政务在政府应急管理中的基本功能;最后,分析电子政务环境下政府应急管理的发展变化及其规律。

2.1　概念界定

学者们在研究政府应急管理的过程中,所使用的术语有很多,譬如"突发事件"、"突发公共事件"、"紧急状态"、"灾难"、"危机"、"风险"、"风险管理"、"危机管理"、"应急管理"、"政府应急管理"、"政府应急管理机制"等等。在本书中,笔者把突发事件、政府应急管理以及政府应急管理机制作为通用的术语。为了与其他术语区别开来,笔者在阐述问题之前对"突发事件"、"政府应急管理"及"政府应急管理机制"三个基本概念予以界定。

2.1.1　突发事件

对"对象"的界定与分析是科学研究的前提和基础。在《辞海》中,"对象"即"观察和思考的客体"。[①] 突发事件是政府应急管理的对象,对政府应急管理的研究离不开对突发事件本身的分析与界定。目前,关于突发事件的定义,国际上具有代表性的定义主要有欧洲人权法院对"公共紧急状态"(public emergency)的解释,即"一种特别的、迫在眉睫的危机或危险局势,影响全体公民,并对整个社会的日常生活构成威胁"。[②]

---

① 辞海编辑委员会《辞海(缩印本)》,上海辞书出版社 1999 年出版,第 600 页。
② 见祁明亮《突发公共事件应急管理研究现状与展望》,《管理评论》2006 年第 4 期,第 35 页。

美国国土安全部为"突发事件"进行了专门的定义,即"一种自然发生的或人为原因引起的需要紧急事态应对以保护生命或财产的事或事件"。它可以包括重大灾难、紧急事态、恐怖主义袭击、荒野和城区火灾、洪水、危险物质泄漏、核事故、空难、地震、飓风、龙卷风、热带风暴、战争相关灾难、公共卫生与医疗紧急事态,以及其他发生的需要作为紧急事态应对的事件。①

在国内,学者们也对这个概念进行了专门研究。陈安等人指出:"从狭义上来讲,突发事件是指在一定区域内,突然发生的规模较大,对社会产生广泛负面影响的,对生命和财产构成严重威胁的事件和灾难。从广义上来说,突发事件是指在组织或者个人原定计划之外或者在其认识范围之外突然发生的,对其利益具有损伤性或潜在危害性的一切事件。"②

此外,突发事件的界定也常出现在应急管理法律或应急预案中。譬如《突发事件应对法》规定:"本法所称突发事件,是指突然发生,造成或者可能造成严重社会危害,需要采取应急处置措施予以应对的自然灾害、事故灾难、公共卫生事件和社会安全事件。"③

综合对突发事件的不同理解,笔者对突发事件的概念界定如下:突发事件是指突然发生、对社会造成严重危害、需要紧急处理的事件。需要说明的是,在《突发事件应对法》颁布之前,我国对突发事件的称谓大多是"突发公共事件",强调突发事件的公共性以及影响范围的广泛性。《突发事件应对法》出台之后,学界以及实践部门通常使用的"突发事件"一词,主要指那些具有公共性质的突发事件,这已经成为一种约定俗成的说法。

2.1.2 政府应急管理

在我国,最早公开使用"应急管理"这一概念,是 1989 年 5 月 27 日的《人民日报》。在此之前,尽管没有"政府应急管理"这样的专门概念,但是从政府对于重大自然灾害和社会动乱的处理和应对中,我们都可以看到政府应急管理的举措。④

关于政府应急管理的认识,郭济先生认为,政府应急管理,就是指政府为了应对突发事件而进行的一系列有计划有组织的管理过程,主要任务是如何有效

---

① 见夏保成《西方应急管理学科内涵初探》,《中国应急管理》2009 年第 10 期,第 16 页。

② 见陈安所著《现代应急管理理论与方法》,科学出版社 2009 年出版,第 2 - 3 页。

③ 《中华人民共和国突发事件应对法》,http://www.gov.cn/ziliao/flfg/2007 - 08 - 30/content_732593.htm(检索日期 2008 年 4 月 16 日)。

④ 《中国应急管理体系的发展》,http://www.wenjiang.gov.cn/EventTemplate/EventDetail.asp? EventClassID=022001&ID=39848(检索日期 2006 年 8 月 11 日)。

地预防和处置各种突发事件,最大限度地减少突发事件的负面影响。[①]

万军认为,政府应急管理就是政府针对突发公共危机事件的管理,是指政府在危机意识或危机观念的指导下,对可能发生或已经发生的危机事件进行信息收集、信息分析、问题决策、计划制订、控制协调、经验总结的系统过程。政府应急管理的目的是通过提高政府对公共危机发生前的预见能力和发生后的救治能力,及时有效地处理危机,保障政府系统的正常运转,迅速恢复社会稳定,恢复公众对政府的信任,将突发危机事件带来的危害尽量降到最低程度。[②]

胡象明、张智新指出,政府应急管理是政府以突发性危机事件为目标,对突发性危机事件及其关联事务的管理活动,其目的是通过提高政府危机发生前的预见能力、危机发生时的反应与控制能力、危机发生后的救治能力,及时、有效处理危机,恢复正常的社会政治经济秩序。[③]

笔者认为,政府应急管理就是政府为防范和应对突发事件而采取的措施及行动过程,其管理的对象就是各种不同类型、不同级别的突发事件,其目标是:事前,尽可能防范各种突发事件发生;事中,采取一切必要措施尽快对突发事件进行处理与控制,将其造成的损失降低到最低程度;事后,尽快恢复正常状态,以保持社会秩序,保障社会安全,维护社会稳定,促进社会发展。

2.1.3 政府应急管理机制

"机制"一词是从英语"mechanism"意译而来。1989 年版的《辞海》对"机制"一词的解释是:"机制原指机器的构造和动作原理,生物学和医学通过类比借用此词,并逐渐过渡到政治学、社会学等领域的研究中。生物学和医学在研究一种生物的功能(例如光合作用或肌肉收缩)时,常说分析它的机制,这就是说要了解它的内在工作方式,包括有关生物结构组成部分的相互关系,以及其间发生的各种变化过程的物理、化学性质和相互联系。阐明一种生物功能的机制,意味着对它的认识从现象的描述讲到本质的说明。"[④]

《中国大百科全书·政治学》指出:"19 世纪的一些生物学家在生物学分析中率先引入了'机制'的概念,用以指生命有机体的内部结构及其活动规则。后来,

---

① 见郭济所著《政府应急管理实务》,中共中央党校出版社 2004 年出版,第 27 - 28 页。
② 见万军所著《面向 21 世纪的政府应急管理》,党建读物出版社 2004 年出版,第 10 页。
③ 见胡象明、张智新《应急管理研究:理论探讨与政策创新的统一——"应急管理与政策创新"学术研讨会综述》,《理论探讨》2007 年第 1 期,第 111 页。
④ 见辞海编辑委员会《辞海(1989 年版)》,上海辞书出版社 1990 年出版,第 1408 页。

人类学家、社会学家和经济学家在各自研究中,借用了这一概念,泛指事物的内部结构及其运行规律。"①

根据"机制"概念在政府应急管理中的运用,加上对政府应急管理的理解,再经过抽象概括,笔者认为,政府应急管理机制是指以政府为主导的应急主体在应急管理过程中采取的各种管理措施及其相互联系和相互作用的方式和方法。政府应急管理机制是一个综合性的概念,从政府应急管理的对象看,政府应急管理机制涵盖突发事件的整个生命周期,包括事前、事中、事后所采取的措施及方法;从政府应急管理的业务流程看,政府应急管理机制涉及预警、响应、善后等各个不同的应急管理阶段;从政府应急管理的内容来看,包括政府应急管理的组织、运行、保障等多个方面的内容。

2.2 突发事件概述

突发事件是政府应急管理的对象,研究突发事件是构建政府应急管理机制的前提和基础。在政府应急管理工作中,需要了解突发事件的特点,并且还需要对突发事件进行分类、分级以及分期管理。

2.2.1 突发事件的特点

突发事件是指突然发生、对社会造成不同程度危害的、需要紧急处理的事件。突发事件通常具有以下几个基本特征:

第一,突发性。所谓突发性,是指事件发生十分突然,出乎人的意料,这是突发事件最基本的特点。1941 年 12 月 7 日清晨,日本海军的航空母舰舰载飞机和微型潜艇突然袭击美国海军太平洋舰队在夏威夷基地珍珠港以及美国陆军和海军在欧胡岛上的飞机场,日本政府制造了一起震惊世界的偷袭美国军事基地的事件——珍珠港事件。

对于任何突发事件而言,其爆发是一个从量变到质变的过程,只是由于突发事件在量变过程中,没有引起人们的足够重视和注意,其爆发的起因、时间、地点以及影响的程度常常是人们始料未及的,当其发生时,事物原有的发展格局突然被打乱,使人感觉非常突然。同时,事件的发生不仅给人们带来生命财产的损失,也给人们心理上造成许多不良影响,使得人们不愿面对一个全新的、混乱的环境,强烈渴望恢复到事件发生前的状态,这种心态正是由于事件发生的突然性

---

① 见中国大百科全书总编辑委员会《教育》编辑委员会、中国大百科全书出版社编辑部《中国大百科全书·政治学》,中国大百科全书出版社 1992 年出版,第 492 页。

造成的。因此,突发性不仅是指突发事件本身的客观特性,更是指事件给人的一种感觉,是由于事件的突然发生,从而让人们感觉十分突然。

第二,危害性。危害性也是突发事件的一个基本特点,也可以称之为破坏性或威胁性等。这说明突发事件是一种有负面或不良影响的事件。没有危害性的事件一般不能称之为突发事件,不管什么类型的突发事件,一旦爆发,总会给国家的经济社会发展、人民群众生命财产安全、生态环境、社会秩序或公共安全等造成不同程度的损害或威胁,或多或少地带来各种有形或无形的损失。

以四川汶川特大地震为例,胡锦涛总书记在全国抗震救灾总结表彰大会上讲话中指出:"四川汶川特大地震是新中国成立以来破坏性最强、波及范围最广、救灾难度最大的一次地震,震级达里氏 8.0 级,最大烈度达 11 度,余震 3 万多次,涉及四川、甘肃、陕西、重庆等 10 个省区市 417 个县(市、区)、4 667 个乡(镇)、48 810 个村庄。灾区总面积约 50 万平方公里、受灾群众 4 625 万人,其中极重灾区、重灾区面积 13 万平方公里,造成 69 227 名同胞遇难、17 923 名同胞失踪,需要紧急转移安置受灾群众 1 510 万人,房屋大量倒塌损坏,基础设施大面积损毁,工农业生产遭受重大损失,生态环境遭到严重破坏,直接经济损失 8 451 亿多元,引发的崩塌、滑坡、泥石流、堰塞湖等次生灾害举世罕见。"①

第三,紧迫性。突发事件一旦发生,其发展也非常迅速。随着事态的发展,它所造成的损失可能会越来越严重,如果处理不当,会引发"多米诺骨牌"效应。从程度上看,一般性突发事件可以演变成重特大突发事件;从范围上看,局部性突发事件可能会演变成为地区性、国家性乃至世界性突发事件。因此,突发事件一旦爆发,有关部门必须在时间非常紧迫、非常有限的情况下做出反应,进行决策,并采取有力措施进行处理,否则会引发一系列不利影响。政府部门的反应、决策以及处理的时间非常紧迫,对时间把握的及时性很大程度上决定了应急管理的有效性。

美国的达奇·里昂纳德等人指出:"突发事件应急管理的结果取决于我们采取什么行动,然而我们无法确切知道究竟什么是最佳行动。这意味着处理突发事件的人始终是在高度紧张的状态下运行。"②可见,突发事件的这种紧迫性给应急管理者以及整个应急管理活动带来了严峻考验。

第四,公共性。一般来说,"公共"的内涵包括七个方面:一是公共权力;二是

---

① 见胡锦涛《胡锦涛在全国抗震救灾总结表彰大会上的讲话》,《中国应急管理》2008 年第 10 期,第 6 页。

② 见达奇·里昂纳德《应对严重危机——应急准备与响应的更高要求》,《中国应急管理》2007 年第 1 期,第 34 页。

公共需要与公共利益；三是社会资源；四是公共服务与公共产品；五是公共事务；六是公共责任；七是公平、公正、公开与公民参与。突发事件具有公共性，其一旦爆发，会对公共安全、公共秩序以及公众的生命、财产等构成不同程度的破坏或威胁，影响到了公共利益，同时也影响到了公众的正常生活，社会正常的秩序被打乱，在突发事件应急管理中，需要足够的公共资源、广泛的公众力量参与才能有效应对。

　　四川汶川特大地震的爆发，一方面给中国人民带来严重损失，另一方面，也充分展现了全国各族人民伟大的抗震救灾精神。正如胡锦涛总书记所说："面对特大地震灾害，全国人民心系灾区、情系灾区、形成了齐心协力抗击灾害的磅礴力量。在抗震抢险的日日夜夜里，全国各族人民忧心如焚、戮力同心、生死与共……抗震救灾斗争重大胜利，展现了全心全意为人民服务的中国共产党和中国社会主义国家政权的伟大力量，展现了人民军队的伟大力量，展现了 13 亿中国人民的伟大力量，展现了改革开放的伟大力量，展现了中国特色社会主义的伟大力量。"①

　　第五，不确定性。正如俄国作家托尔斯泰所说"幸福的家庭都一样，不幸的家庭各有各的不幸"。突发事件的类型、成因等均具有不确定性。这种不确定性一方面是指事件的发生具有不确定性，因为突发事件类型多样，异常复杂，事件发生的原因也错综复杂，相互交织在一起，使得突发事件发生的时间、地点、规模及其造成的后果等均具有不确定性；另一方面是指由于环境的不确定性、人类的"有限理性"②以及信息不对称性③等因素，人们对事件是否发生、发生的原因、发展的状态等很难做出理性的认识和正确的判断。SARS 事件发生以后，SARS 到底是细菌还是病毒，它有什么样的传播途径，传染性怎么样等，这些问题不能明确回答反映了突发事件具有高度不确定性。

---

　　① 见胡锦涛《胡锦涛在全国抗震救灾总结表彰大会上的讲话》，《中国应急管理》2008 年第 10 期，第 7 页。
　　② 赫伯特·西蒙在试图阐述影响决策的因素时提出了有限理性理论。他指出，决策者必须应付以下困难：对问题和解决方法了解不够、缺乏时间和财力去收集更加全面的信息，没有能力牢记大量的信息，另外，他们的智力本身也有局限性。资料来源：詹姆斯·斯通纳所著《管理学教程》，刘学译，华夏出版社 2001 年出版，第 203 - 204 页。
　　③ 信息不对称理论产生于 1972 年，经济学家乔·阿克尔洛夫在哈佛大学的经济学期刊发表的论文《次品问题》从分析旧车市场入手，开始触及经济行为中的信息不对称问题（不对称信息指的是某些参与人拥有但另一些参与人不拥有的信息）。他认为："在旧车交易中，卖者显然比买者对车辆拥有更多信息。信息不对称使得买者难以完全信任卖者提供的信息，只好通过压低价格来弥补信息上的损失。由于买者出价过低，卖者又不愿意贱卖，于是较好的车退出市场，次货开始泛滥。而对次货，买者同样不拥有完备信息，只好继续压低价格。卖者当然还是不愿意接受，次货卖不出手，结果再次退出市场。这个所谓'逆向选择'的过程，最终导致旧车市场的萎缩。"阿克尔洛夫就此得出结论：市场放开并不能解决所有问题，信息是有价值的，由于信息的不对称总是存在，这些摩擦和冲突已经构成经济活动，甚至其他社会活动的普遍特征。

突发事件的不确定性要求提高预测和处理技术能力,在电子政务环境下,只有积极加强电子政务建设,促进电子政务在政府应急管理中的应用,才能做到在有限理性的情况下最大限度地发挥电子政务的应急功能,有效应对各种突发事件的发生。

第六,扩散性。由于突发事件的产生、发展是一个动态的过程,一个突发事件在其发展过程中往往会引起一连串的相关反应。这种相关反应,一些学者把它称之为"涟漪反应"或"连锁反应"。所谓"涟漪反应",就像一粒石子投进水里引起阵阵涟漪那样,冲击波层层向外推出,产生葡萄串式的连带反应。譬如,"9·11"恐怖事件发生以后,美国航空业受到严重打击,民航客机上座率大幅度下降。到了圣诞节和新年前后,美国政府大力号召国民乘坐飞机出行,以解救濒临破产的航空业,振兴国内经济,但是上座率仍然不足 50%。

第七,信息不充分性。突发事件发生时,事发所在地原有的信息渠道有可能会遭到破坏,从而造成与事件有关的信息传递不充分,由于信息传递不充分,就会造成信息享有的不充分。譬如,在一次特别严重的地震中,该地区大部分的有线通讯设施和无线通讯工具遭到严重破坏,受灾地区内部的信息交流、灾区与外部的信息沟通无法有效进行,人们就很难了解受灾的准确情况。造成突发事件信息不充分的原因很多,不仅有客观上的原因,也有主观上的原因。譬如,在频繁发生的矿难等重大突发事件中,有不少重要信息被故意隐瞒,从而给政府应急管理带来诸多不便,不利于政府应急管理的有效开展,并且当信息不充分时,往往会流言四起,也不利于突发事件的处理。

第八,资源严重缺乏性。一旦突发事件爆发,用于解决事件的资源非常有限。首先,事发所在地的资源遭到破坏,而用于事件反应的备用资源,或者遭受破坏,或者离事故现场很远,"远水解不了近渴"。其次,事件发生后,对资源的需求量非常大,而且资源的使用消耗速度非常快,即使资源充足,如果没有快捷的交通运输保障也难以满足事件反应和恢复的需要。最后,事件中的人力资源也是紧缺的,那些未受过训练的人在事件中往往会惊慌失措,无法冷静地参与事件的应急管理,而训练有素的专业人员十分有限,事件的规模如果很大,就会显得力不从心。

汶川特大地震发生后,当地物资供应一度非常紧张,由于停水、停电,缺少紧急医疗资源,伤患多,资源缺,给救援工作带来严峻考验。因此,在政府应急管理过程中,需要在平时加强资源保障机制建设,做好各种资源准备工作,有备才能无患。

2.2.2　突发事件的分类

突发事件的分类是根据事件的特征,把各种突发事件划分为不同的类别。对事件的分类是应急管理工作的基础,只有首先确定事件的类别,才能更快地找到处理问题的应对方案。[①] 突发事件分类是研究和构建政府应急管理机制的基础,不同类型的突发事件有不同的应急处置方案。突发事件类型多样,纷繁复杂,根据不同的分类角度或标准,可以分成不同的种类。在国外早期的危机研究中,Jacqueline Ross 将危机分为两类:一类是基于危机影响的领域,如全球危机、政治危机、生态危机等;另一类是基于危机参与者态度的领域,强调心理行为的影响。[②] Stallings 从危机情境中的主体的态度角度而将危机划分成一致性和冲突性两类。一致性是指在危机中的利益主体具有相同的要求,如全民救灾;而冲突性,则是指状态中存在着两个或两个以上的不同利益主体,如战争、革命等。罗森塔尔按危机发生和终结的速度将危机分为龙卷风型危机、腹泻型危机、长投影型危机、文火型危机。

在我国,也有不少学者对突发事件的分类进行探讨,譬如薛澜、钟开斌指出:"结合国内外先进的应急管理经验,根据突发事件的发生过程、性质和机理,可以将它划分为自然灾害、事故灾难、突发公共卫生事件、突发社会安全事件以及经济危机等五大类。"[③]姜卉、黄钧以不确定性和罕见性为分类维度将突发事件分成Ⅰ类突发事件、Ⅱ类突发事件、Ⅲ类突发事件、Ⅳ类突发事件四类。Ⅰ类突发事件不确定性和罕见性程度均高,Ⅱ类突发事件不确定性程度高、罕见性程度低,Ⅲ类突发事件罕见性程度高、不确定性程度低,Ⅳ类突发事件罕见性程度和不确定性程度均低。[④]

《总体预案》根据突发事件的发生过程、性质和机理,将其分为以下四类[⑤]:

一是自然灾害。主要包括水旱灾害、气象灾害、地震灾害、地质灾害、海洋灾害、生物灾害和森林草原火灾等。

二是事故灾难。主要包括工矿商贸等企业的各类安全事故、交通运输事故、公共设施和设备事故、环境污染和生态破坏事件等。

三是公共卫生事件。主要包括传染病疫情、群体性不明原因疾病、食品安全和职业危害、动物疫情以及其他严重影响公众健康和生命安全的事件。

四是社会安全事件。主要包括恐怖袭击事件、经济安全事件和涉外突发事件等。

---

① 见计雷、池宏、陈安等《突发事件应急管理》,高等教育出版社 2006 年出版,第 70 页。

② Jacqueline Ross, looming public health crisis: the nursing shortage of today, Journal of PeriAnesthesia Nursing,2002,17(5) ,pp. 337—340.

③ 见薛澜、钟开斌《突发公共事件的分类、分级与分期:应急体制的管理基础》,《中国行政管理》2005年第 2 期,第 103 页。

④ 见姜卉、黄钧《突发事件分类与应急处置范式研究》,《中国应急管理》2009 年第 7 期,第 25 页。

⑤ 《国家突发公共事件总体应急预案》,http://www.gov.cn/yjgl/2005-08/07/content_21048.htm(检索日期 2006 年 4 月 16 日)。

这是目前我国普遍认可、应用广泛的一种分类方式,但这种分类的科学性还有待进一步探讨。

笔者认为,除了上述分类角度以外,还可以从以下几个角度对突发事件进行分类。如表 2-1 所示。

表 2-1 突发事件的分类

分 类 标 准	突发事件种类
事件的成因	自然性突发事件
	人为性突发事件
事件的可预测性与否	可预测的突发事件
	不可预测的突发事件
事件的发展阶段	潜伏期的突发事件
	爆发期的突发事件
	持续期的突发事件
	解决期的突发事件

2.2.2.1 根据事件的成因分类

根据突发事件的基本动因的不同,突发事件主要可以分为自然性突发事件与人为性突发事件两大类。

第一,自然性突发事件。自然性突发事件其实就是各种自然灾害,也就是通常所说的"天灾"。主要包括:旱灾、洪涝、台风、冻害、雹灾、沙尘暴等气象灾害;地震、泥石流、山体滑坡等地震地质灾害;海啸、赤潮、风暴潮等海洋灾害;森林草原火灾;农林病虫害等生物灾害。中国是世界上自然灾害发生最为严重的少数国家之一,灾害种类多,发生频率高,分布地域广,造成损失大。各种自然灾害的频繁发生,给经济社会发展和人民群众生命财产安全带来严峻挑战。

第二,人为性突发事件。人为性突发事件是由于人的直接或间接原因造成的,也就是通常所说的"人祸"。根据其性质不同,人为性突发事件又可以分为人为失误因素造成的突发事件和人为故意破坏因素造成的突发事件两大类。人为失误因素造成的突发事件,主要是指由于管理疏忽、操作不当、责任心不强等因素导致事故的发生,从而造成损失的突发事件。以"4·28"胶济铁路特别重大交通事故为例,时任国家安监总局局长、国务院"4·28"胶济铁路特别重大交通事故调查组组长的王君说,从掌握的情况看,事发列车严重超速,在限速每小时 80 公里的路段,实际时速居然达到了每小时 131 公里。这充分暴露了一些铁路运营企业安全生产认识不到位、领导不到位、责任不到位、隐患排查治理不到位和监督管理不到位的严重问题;反映了基层安全意识薄弱,现场管理存在严重漏洞。事故调查组认为,济南铁路局在此次事故中暴露出两个突出问题:一是用文件代替限速调度命令,二是漏发临时限速命令。①

人为故意破坏因素造成的突发事件主要指蓄意破坏某事物或环境,以获得某种利益及达到某种目的而引发损失的紧急性事件。如美国"9·11"事件,这次事件是继第二次世界大战期间珍珠港事件后,历史上第二次对美国造成重大伤亡的袭击。这次事件也是人类历史上迄今为止最严重的恐怖袭击事件。

其中也有特殊情况,有一些突发事件的发生是由自然原因和人为原因共同引起的,如一些传染病疫情刚开始发生时是由自然因素引起,由于人的管理疏忽,没有很好地控制,结果演变成为突发公共卫生事件,非典危机就是属于此类情况。又以地震、海啸为例,2011年3月11日13时46分,日本近海发生9.0级地震,随之导致的海啸和核泄漏危机使这个国家陷入了前所未有的灾难之中。地震、海啸纯属天灾无法避免,然而核泄漏危机却可以说是真正的人祸。②

2.2.2.2 根据事件的可预测性与否分类

根据突发事件的可预测性与否,可以将其分为两类:可预测的突发事件和不可预测的突发事件。

第一,可预测的突发事件。可预测的突发事件是指那些在发生前可以通过某种手段或方式预测其有可能发生的突发事件。如气象灾害、地震灾害等。

第二,不可预测的突发事件。不可预测的突发事件是指事前不能或很难预料到将会发生的突发事件。如泥石流、山体滑坡、山洪暴发、火山爆发等灾害性事件以及恐怖袭击事件等。

2.2.2.3 根据事件的发展阶段分类

根据突发事件发生发展阶段的不同,可以将其分为四类:潜伏期的突发事件、爆发期的突发事件、持续期的突发事件、解决期的突发事件。

第一,处于潜伏期的突发事件。这一阶段的突发事件还处于量变积累的过程,还没有达到质变,但在量变过程中,或多或少地表现出一些事前征兆。譬如,在2008年5月12日汶川特大地震爆发之前,5月10日绵竹市西南镇檀木村出现了大规模的蟾蜍迁徙,可以说是地震前的一些征兆之一。

---

① 《胶济铁路列车脱轨案6人受审》,http://news.163.com/09/0508/01/58ON0UJQ000120GR.html(检索日期2011年4月27日)。

② 《日本核泄漏事件盘点 虽系天灾诱发但纯属人祸》,http://www.sxtvs.com·content/2011-03/17/content_4284769.htm(检索日期2011年4月27日)。

第二,处于爆发期的突发事件。这一阶段的突发事件已经由潜在变成现实,已经发生质变,突然爆发出来,造成了各种直接或间接的损失。2008年5月12日14时28分,震惊世界的"5·12"汶川特大地震爆发,直接经济损失达8451亿多元。

第三,处于持续期的突发事件。这一阶段的突发事件,由于事态过于严重或应对措施有限等因素的影响,有些突发事件发生后会持续一段时间,如果不积极采取措施加强控制,事态会有可能进一步扩大。仍以"5·12"汶川特大地震为例,从"5·12"汶川特大地震的爆发至2008年8月1日,在此期间,四川共发生余震3万多次,持续时间相当长。在这次抗震救灾过程中,我国应急管理工作开展的速度之快,动员范围之广,投入力量之大,均创下了历史纪录。

第四,处于解决期的突发事件。这一阶段的突发事件已经得到控制或平息,但事件的调查评估、恢复重建、总结学习等工作需要及时展开。"5·12"汶川特大地震的紧急救援告一段落后,党和政府通过资金拨付、物资供应、政策扶持、科学评估和规划等工作的开展,依法有序地实施灾后恢复重建工作。

2.2.3　突发事件的分级

突发事件的类型多样,复杂多变,造成的危害程度也各不相同。对突发事件进行分级,目的是为了区分突发事件的严重程度、可控性或影响范围等,以便对不同级别的突发事件采取相应的应对措施。一般来说,突发事件的分级有两种基本类型:一是根据突发事件的危害程度分级;二是根据突发事件的类型分级。

2.2.3.1　根据突发事件的危害程度分级

根据突发事件的危害程度分级,这是最基本的分级方法,也是各国政府应急管理的基本经验,只是由于国情不同,各国对突发事件的等级划分不尽相同,所采用的颜色表示也各有所异。例如,我国的《总体预案》规定:"预警级别依据突发事件可能造成的危害程度、紧急程度和发展势态,一般划分为四级:Ⅰ级(特别严重)、Ⅱ级(严重)、Ⅲ级(较重)和Ⅳ级(一般),依次用红色、橙色、黄色和蓝色表示。"[①]《突发事件应对法》第3条第二款规定:"按照社会危害程度、影响范围等因素,自然灾害、事故灾难、公共卫生事件分为特别重大、重大、较大和一般四级。法律、行政法规或者国务院另有规定的,从其规定。"[②]

在美国,"9·11"事件后,美国核管理委员会(NRC)提出一种新的"威胁预警

---

① 《国家突发公共事件总体应急预案》,http://www.gov.cn/yjgl/2005-08/07/content_21048.htm(检索日期2006年4月16日)。

② 《中华人民共和国突发事件应对法》,http://www.gov.cn/ziliao/flfg/2007-08/30/content_732593.htm(检索日期2007年9月20日)。

系统"(Threat Advisory System),取代 1998 年提出的指导方针,该系统在国土安全咨询系统的基础之上,将事故分为五个等级,分别以五种颜色编码:绿色,低风险事故;蓝色,警戒状态;黄色,较高风险状态;橙色,高风险状态;红色,严重状态。如表 2-2 所示。[1]

表 2-2 美国国家五级威胁预警系统

颜色	威胁程度	采 取 的 措 施
红	严重	动员紧急救护队,并布置工作人员评估紧急需要
橙	很高	地方、州和联邦机构开展协调工作,加强在公众实践中的安全工作
黄	较高	加强对重要地方的监视活动并对威胁的评估工作
蓝	警戒	检查紧急程序,通知公民所要采取的必要措施
绿	低	保持安全培训和准备状态

而在英国,根据严重程度的不同,突发事件被分为三级:三级为巨灾型突发事件,二级为严重突发事件,一级为重要突发事件。如表 2-3 所示。[2]

表 2-3 英国突发事件的分级

类 别	描 述	案 例	响 应
三级突发事件	灾害影响十分广泛,需要中央政府立即介入	"9·11"事件或切尔诺贝利核泄漏事件	主要的响应机构是内阁紧急应变小组(COBR)/国民紧急事务委员会(CCC)
二级突发事件	灾害有广泛而持续的影响,需要政府及其他部门的支持与协调	传染病暴发	主责政府部门负责协调,内阁办公室负责灾害管理
一级突发事件	灾害影响较小,只需要对焦点地区集中关注	骚乱、严重自然灾害或小型人为灾难	中央政府的支持通过主责政府部门提供,不一定需要激活COBR。如果需要,国民紧急事务秘书处(CCS)可以提出建议

一般说来,根据危害程度的不同,可以将突发事件分为四个等级:一般性突发事件、较大突发事件、重大突发事件和特大突发事件。

第一,一般性突发事件。一般性突发事件是指突然发生的,对国家经济社会

---

[1] Gov,Ridge Announces Homeland Security Advisory System. [2006-09-20]http://www.whitehouse. gov/news/releases/2002/03/20020312-1. html.

[2] 见王宏伟所著《应急管理理论与实践》,社会科学文献出版社 2010 年出版,第 49-50 页。

发展、人民群众生命财产安全及社会秩序造成一定不良影响,由政府单个职能部门在各辖区内就可以妥善解决的事件。如一般的社会治安事件、交通堵塞等。

第二,较大突发事件。较大突发事件是指突然发生的,对国家经济社会发展、人民群众生命财产安全及社会秩序造成较大威胁,需由几个职能部门联合参与、协调处置的事件。如交通事故等。

第三,重大突发事件。重大突发事件是指突然发生的,对国家经济社会发展、人民群众生命财产安全及社会秩序造成重大威胁,需由多个职能部门联合参与、协调处置的事件。如群体性骚乱、恐怖活动、严重爆炸、大型火灾等。

第四,特大突发事件。特大突发事件是指突然发生的,对国家经济社会发展、人民群众生命财产安全及社会秩序造成非常严重损害,需调动、动员多个职能部门和多方面社会力量乃至国际力量予以救援处置的事件。如 SARS 事件、"5·12"汶川特大地震等。

2.2.3.2　根据突发事件的类型分级

根据突发事件的类型分级,这种分级方法通过先区分突发事件的不同种类,然后对某一具体类别的突发事件再按照危害程度进行级别划分。

在《总体预案》的基础上,国务院及其有关部门为应对某一类型或某几种类型突发事件制订了一系列专项应急预案。在各专项应急预案中,根据某一类或某几类突发事件的危害程度不同,对其进行了相应的分级。以地震灾害为例,国务院 2006 年 1 月 12 日发布的《国家地震应急预案》对地震灾害事件的分级进行了明确规定:"特别重大地震灾害,是指造成 300 人以上死亡,或直接经济损失占该省(区、市)上年国内生产总值 1‰以上的地震;发生在人口较密集地区 7.0 级以上地震,可初判为特别重大地震灾害。重大地震灾害,是指造成 50 人以上、300人以下死亡,或造成一定经济损失的地震;发生在人口较密集地区 6.5~7.0 级地震,可初判为重大地震灾害。较大地震灾害,是指造成 20 人以上、50 人以下死亡,或造成一定经济损失的地震;发生在人口较密集地区 6.0~6.5 级地震,可初判为较大地震灾害。一般地震灾害,是指造成 20 人以下死亡,或造成一定经济损失的地震;发生在人口较密集地区 5.0~6.0 级地震,可初判为一般地震灾害。"[①]

2.2.4　突发事件的分期管理

按照事物发展的客观规律,突发事件从其产生到发展,直至消亡,形成一个

---

① 《国家地震应急预案》,http://www.gov.cn/yjgl/2006-01/12/content_156986.htm(检索日期2006 年 4 月 16 日)。

生命周期,这个生命周期一般会经历四个发展阶段,即潜伏期、爆发期、持续期和解决期,在这个运动过程中,依据突发事件的表现形式及发展态势可以划分为若干阶段(如事前、事中、事后),每一阶段有不同的应对措施。

第一,潜伏期。一般来说,突发事件的存在必然有其产生的根源,其发生必然经历一个从量变到质变的过程,这个过程就是突发事件的孕育过程,也就是突发事件的潜伏期。潜伏期是导致突发事件发生的各种诱因逐渐积累的过程。在这一时期,突发事件并没有真正发生,却表现出一些征兆,预示着其即将发生,其中,有些征兆较为明显,而有些征兆则不明显,让人难以识别和判断。因此,在突发事件爆发之前,如果能及时捕捉各种事前征兆,并积极采取措施将突发事件消除在萌芽状态,则可以收到事半功倍的效果,避免可能造成的危害,而对于无法避免的突发事件,事前如果能积极采取措施加以防范和准备,也可以将损失降到最低。

第二,爆发期。当事件诱因积累到一定程度和一定阶段时,就会导致突发事件的爆发,此时,社会的正常运转秩序受到破坏,人民群众的生命财产安全受到威胁,政府主管部门及相关单位将经受来自各方面的巨大压力。在事件爆发之后,如果不立即处理,事件将可能进一步升级,影响范围和影响强度有可能进一步扩大。

第三,持续期。在这一时期,政府有关部门着手对事件进行处理,包括开展事件成因、损失的调查,进行应急决策,采取一切必要措施控制事件危害范围与程度,实施应急沟通,开展各种处理性工作等。在这一时期,政府应急处理的决策水平和决策速度至关重要。

第四,解决期。突发事件如同万物生灵一样,有生有亡。在解决期,事件已经得到控制,事件爆发后所引发的各种显性化问题基本得到解决,事件风暴已经过去,政府应急管理部门承受的压力减弱。此时,政府部门要抓住机遇,善于通过事件的现象,寻找事件发生的本质原因,并提出针对性的改进措施,防止事件可能引起的各种后遗症和类似的事件卷土重来。因此,在这一阶段,善后评估、恢复与重建等工作是必不可少的。

上述突发事件的四个发展阶段是其生命周期的一般状态。当然,并不是所有的突发事件的必经阶段,有些突发事件的爆发可能没有任何征兆,或者事件征兆的持续时间极其短暂,跳过了潜伏期;有些事件在潜伏期就被有关部门所察觉并迅速采取了相应的措施,事件被消除在萌芽状态,不再进入爆发期;而有些事件由于没得到妥善解决,导致事态进一步扩大,演变成为更为严重的事件,造成更严重的危害;等等。

因此,政府应急管理需要依据突发事件的生命周期,对其进行分期管理,采取对应的管理措施,以达到控制、消除突发事件的目的。笔者认为,与其发生发展的阶段相对应,突发事件可以分为预警期、响应期、善后期三个阶段(见表2-4):① 预警期:预警期对应于突发事件的事前阶段,也就是突发事件的潜伏期。预警期的主要任务是尽可能防范和阻止突发事件的发生,其关键在于监测和预警能力;② 响应期:响应期对应于突发事件的事中阶段,也就是突发事件的爆发期和持续期。响应期的主要任务是采取一切必要措施控制、处理已发生的突发事件,其关键在于快速反应与紧急处理能力;③ 善后期:善后期对应于突发事件的事后阶段,也就是突发事件的解决期。善后期的主要任务是采取各种措施恢复突发事件带来的各种损失,其关键在于总结学习、评估与恢复重建能力。

表2-4　突发事件分期管理的主要任务及能力要求

分　期	发生阶段	主　要　任　务	能　力　要　求
预警期	事前	防范和阻止事件的发生	监测、预警
响应期	事中	控制并消除发生的事件	快速反应、紧急处理
善后期	事后	恢复事件造成的损失、影响	总结学习、评估、恢复重建

2.3　政府应急管理的理论依据

2.3.1　危机管理理论

危机管理这一概念由美国学者于20世纪60年代提出。危机管理作为一门学科,是决策学的一个重要分支,它首先被运用于外交和国际政治领域。早期,危机管理理论是西方政治学研究的传统课题,主要分析的是政治危机,包括政治制度变迁、政权与政府的更迭、政治冲突和战争等。危机管理研究的目的是探索政治危机的根源,寻找处理和应对政治危机、维护政治稳定或促进政治变革的方法;研究方式主要是学院式研究和经验性研究;研究方法则是定性或思辨性的。20世纪60—80年代,西方危机管理的研究出现一次高潮,研究领域从政治领域向经济、社会领域扩展,从自然灾害领域向公共危机管理领域扩展,危机管理成为一门学科,形成了企业危机管理和公共危机管理两个既独立发展又相互融合的学科分支,大量危机管理著作出版,危机管理成为大学的学科和专业,也成为一种社会职业。[①]

20世纪90年代,单一的危机个案研究方式逐步被系统的方法论所取代,管

---

① 见何海燕所著《危机管理概论》,首都经济贸易大学出版社2006年出版,第54页。

理学、政治学、传播学、数学、行为学等多门学科理论在危机研究领域得到综合运用,1996 年 Valujet 的飞机案例便是多门学科理论综合运用的典型代表,伦斯(Reinsch)形象地把该时期的危机研究称为"多样的、正在进化的领域"。[①] 目前,危机管理的研究处于深化和提炼阶段,主要涉及危机管理体系建设、危机预防、危机应对、社会舆论引导、公众心理调节、正负效益评估等范畴。

发展至今,西方危机管理的研究取得了瞩目的研究成果,而其成果的理论基础主要表现为关于危机管理阶段划分的理论,如预防(prevention)、准备(preparation)、反应(response)和恢复(recovery)(PPRR)四个阶段,而美国联邦安全管理委员会对其加以了修正:缓和(mitigation)、预防(prevention)、反应(prevention)和恢复(recovery)。罗伯特·希斯(Robert Heath)在此基础上提出了 4R 模型:减少(reduction)、预备(readiness)、反应(response)和恢复(recovery)。[②] 此外,芬克(Fink)的危机生命周期四阶段模型(征兆期、发作期、延续期、痊愈期)、米特罗夫(Ian Mitroff)的危机管理五阶段模型(信号侦测、探测和预防、控制损害、恢复阶段、学习阶段)以及奥古斯丁(Augustine)的危机管理六阶段模型(危机的避免、危机管理的准备、危机的确认、危机的控制、危机的解决、从危机中获利)等理论模型也影响深远。

突发事件与危机有着天然的、本质的联系,二者都是具有负面影响的事件,均强调事件发生的不确定性、结果的危害性,只是危害的程度不同,一般说来,危机比突发事件造成的危害程度更大。在众多危机类型中,公共危机是最普遍的一种,它通常是由突发事件演变而来。因此,突发事件的应急管理与危机管理都是同一性质的管理,二者在管理原理、方法上有着相近或相通之处,可以彼此借鉴。所以,在政府应急管理过程中,应该充分运用危机管理理论来提高应急管理的能力和水平。

2.3.2 社会冲突理论

社会冲突理论的形成,可追溯到 20 世纪初。1907 年,刚刚成立的美国社会学的第 1 届年会就把"社会冲突"作为会议主要议题。此后,陆续出版了一批有关的论著,较著名的如 1908 年托马斯·卡弗的《社会冲突的基础》,德国学者乔治·齐美尔的《冲突和群体成员网》,马克斯·韦伯的《经济与社会》。1930 年,在美国社会学第 26 届年会上,社会冲突再次成为主要议题。1931 年,霍德华·奥

---

① 见赵东所著《企业危机系统管理》,华南理工大学出版社 2005 年出版,第 2 页。
② 见罗伯特·希斯所著《危机管理》,王成、宋炳辉、金瑛译,中信出版社 2001 年出版,第 31 页。

得姆发表了《一个社会研究问题：民族与地域的冲突》等。虽然如此，在当时的社会学中，社会冲突理论尚未占有重要地位。但从 20 世纪 50 年代开始，社会冲突理论开始升温，成为"也许是当代社会学理论中呼声最高的观点"。①

社会冲突理论是一种关于如何应对和解决社会冲突的理论。社会冲突理论告诉我们，社会中的冲突是不可避免的，是一种客观存在的社会现象，在社会生活中，战争、恐怖活动、民族纠纷、群体暴力事件等社会安全事件均是冲突的不同表现形式之一。不仅社会冲突的表现形式多样，造成社会冲突的原因也各不相同，其中有利益的原因、价值观念差异的原因、信息的原因等等。从信息这个角度看，社会冲突因为信息不对称，信息传递不畅通引起，错误或者是传递不顺畅的信息都可能会影响人们对形势的误判，从而加剧形势的紧张或冲突的升级。譬如，2005 年震惊世界的巴黎骚乱，起因就是因为人们相信了警察非法关押两位移民少年的谣言。②

由此可以看出，信息处理对于冲突的防范及解决具有重要现实意义。在政府应急管理过程中，为预防各种突发事件的发生，需要加强监测和预警工作，及时发布预警信息，提醒有关方面采取措施，力图将突发事件消灭在萌芽状态，对于不可避免的、即将发生或已经发生的突发事件，也要及时做好预警信息的发布工作，通过有准备的应对，最大限度地降低突发事件造成的损失。

概括起来说，社会冲突现象的普遍存在性，决定了在政府应急管理工作中建立高效应急管理机制的重要性与紧迫性，通过应急管理机制的构建，分析冲突的成因，并采取相应措施加以化解。

2.3.3　风险社会理论

"风险社会"是 20 世纪末由德国社会学家乌尔里希·贝克在对工业社会反思基础上提出的一个全新的社会理念。在乌尔里希·贝克看来，风险是永恒存在的，他指出："风险至少是伴随着工业社会的产生而产生的，甚至有可能早在人类社会自身刚刚诞生时就已经出现了。所有的有主体意识的生命都能够意识到死亡的危险。人类历史上各个时期的各种社会形态从一定意义上说都是一种风险社会。"③

---

① 见乔纳森·特纳所著《社会学理论的结构》，吴曲辉译，浙江人民出版社 1987 年出版，第 1 页。
② 见胡文靖《社会冲突理论视野里的农村征地纠纷》，《山东农业大学学报》（社会科学版）2006 年第 3 期，第 83 页。
③ 见乌尔里希·贝克所著《从工业社会到风险社会（上篇）——关于人类生存、社会结构和生态启蒙等问题的思考》，《马克思主义与现实》（双月刊）2003 年第 3 期，第 26 页。

正如乌尔里希·贝克所说,风险既不是毁灭也不是安全,而是真实的虚拟,风险是安全和毁灭之间的一个特定的中间状态,是有威胁的未来。在这个阶段,它表现为可能性,当这种可能性转化为现实性时就构成危机事件。

风险社会理论的提出,对于政府应急管理来说也具有非常重要的现实意义。第一,有助于增强人们的危机意识。风险社会理论启示我们,我们已处在一个全球风险社会①之中,风险本身不是危险或灾难,但风险会演变为造成损失、亏损和伤害的危机事件。因此,我们必须树立风险意识、危机意识,这是做好政府应急管理工作的前提。

第二,风险中有些是可以预测的、计量的,有些是不可预测的。对于政府应急管理来说,可以预测的风险要利用先进的技术手段和方法加强监测,在风险变成现实之前就能识别它,并通过提前采取措施将之消灭在萌芽状态;而对于那些不可预测的风险,对政府应急管理来说,明白其客观存在,并通过平时加强应对风险的各种准备工作,有备才能无患。

第三,从风险社会理论中可以看出,风险的产生原因之一是决策,即由于决策不当(失误)而造成了风险的产生。因此,在政府应急管理过程中,要建立科学的决策机制,提高决策的科学化、民主化。

第四,要加强应急培训和教育工作。乌尔里希·贝克指出,"我们现在不是要去回答是否有风险,因为这些风险我们已经相信它的存在,并且相信它始终存在于我们周围,而是我们应该考虑如何去面对风险,如何去规避风险的问题,这是一个社会心态的问题。"②为了增强人们识别风险以及处理风险的能力,避免在风险面前慌乱无措,在政府应急管理过程中,必须加强应急培训和教育工作,使人们有一个良好的心态去应对无处不在的风险。

第五,要加强政府应急管理的合作。在未来风险无边界的时代里,国家安全问题将不再仅仅是国家内的民族安全问题。这是从"9·11"事件等一系列恐怖主义袭击事件中总结出来的最大的教训。在全球性的恐怖主义袭击(而且还有诸如金融风险、有组织的犯罪分子猖獗)等各种威胁面前,保证国家安全的唯一

---

① "全球风险社会"概念首先由贝克提出。他认为,全球风险社会的新涵义依存于这样一个事实,那就是运用我们的文明的决策,我们可以导致全球性后果,而这种全球性后果可以触发一系列问题和一连串的风险,这些问题和这些风险又与权威机构针对全球范围内的巨大灾难事例而构筑的那一成不变的语言及其作出的各种各样的承诺形成了强烈的反差。很明显,全球风险社会各种灾难在政治层面上的爆发将取决于这样一个事实,即全球风险社会的核心涵义取决于大众媒体,取决于政治决策,取决于官僚机构,而未必取决于事故和灾难所发生的地点。转引自乌尔里希·贝克《"9·11"事件后的全球风险社会》,《马克思主义与现实》(双月刊)2004年第2期,第72页。

② 见薛晓源、刘国良《全球风险世界:现在与未来——德国著名社会学家、风险社会理论创始人乌尔里希·贝克教授访谈录》,《马克思主义与现实》(双月刊)2005年第1期,第44页。

方法就是加强跨国合作。①

　　由此可见,不仅风险是客观存在的,并且风险的存在具有普遍性。这表明,我们已处于一个全球风险社会之中,在这个全球风险社会里,应对各种突发事件最有成效的方法就是合作,各种形式的合作,包括国内的、国际的,唯有合作才能成功应对各种复杂多变的突发事件。

2.3.4　新公共管理理论

　　新公共管理理论主张引入市场机制改进政府公共产品的供给机制与政府公共服务的效率,提高政府管理绩效。其中突出代表是"重塑政府理论",主要观点是运用企业家精神改革政府,强调政府与非政府组织、私人部门的合作,政府应做的事情是穿针引线,把稀缺的公私资源结合起来以达到目的,代表人物是美国学者戴维·奥斯本和特德·盖布勒。②

　　新公共管理理论这种强调政府与非政府组织、私人部门合作的思想对于政府应急管理工作来说,同样具有现实意义。在政府应急管理活动中,战胜各种突发事件的一个很重要的条件,就是要充分动员广泛的社会力量参与,因为政府力量的有限性,只有充分发挥各种非政府组织及社会公众的积极性,动员其以各种方式参与到政府应急管理活动中来,才能形成合力,万众一心,众志成城,战胜各种突发事件。

　　新公共管理理论认为,传统公共行政只注重提供服务而不注重预防,结果当问题变成危机时,再花大量的金钱、精力去进行治疗。有预见的政府会做两件根本的事情:其一,使用少量钱预防,而不是花大量钱治疗;其二,它们在作出决定时,尽一切可能考虑到未来。③

　　新公共管理的这种预防理念对政府应急管理来说,也是非常宝贵的。目前国际政府应急管理的发展趋势就是从"事后救灾"管理向"事前监测"管理转变,注重突发事件的预警和预防工作,尽最大可能把突发事件消灭在萌芽状态,从而最大限度降低突发事件造成的各种损失。在政府应急管理活动中,一定要加强政府应急预警工作,同时,应急预警工作的加强,应急预警系统的建设,也要进行预警成本效益分析,要使用少量钱预防而不是花大量钱治疗,

---

　　① 见乌尔里希·贝克所著《"9·11"事件后的全球风险社会》,《马克思主义与现实》(双月刊)2004年第2期,第80-81页。
　　② 见黄萃《基于门户网站的电子政务信息资源整合机制研究》,武汉大学2005年论文。
　　③ 见戴维·奥斯本、特德·盖布勒所著《改革政府——企业精神如何改革着公营部门》,上海市政协编译组、东方编译所编译,上海译文出版社1996年版,第202-205页。

这也意味着不要花大量钱预防一件发生概率小并且造成的损失并不严重的事。

追求效率是公共行政的出发点和落脚点。新公共管理在追求效率方面主要采取三种方法：一是实施明确的绩效目标控制；二是重视结果。新公共管理根据交易成本理论，重视管理活动的产出和结果，关注公共部门直接提供服务的效率和质量，主张对外界情况的变化以及不同的利益需求作出主动、灵活、低成本、富有成效的反应；三是采用私营部门成功的管理手段。如重视人力资源管理、强调成本——效率分析、全面质量管理、强调降低成本、提高效率等。[1]

在政府应急管理活动中，对效率的追求是其最基本的要求。因为突发事件的突发性、不确定性、紧迫性等特点，要求政府必须在有限的时间内紧急决策，采取有效手段进行控制，尽可能把事件造成的损失降到最低。为此，需要充分发挥电子政务在政府应急管理中的作用，通过先进的技术和方法降低政府应急管理的成本和提高政府应急管理的效率。

2.3.5　新公共服务理论

新公共服务理论是在新公共管理理论的基础上发展起来的。首次正式系统地提出新公共服务理论的是美国行政学者罗伯特·丹哈特和珍妮特·丹哈特。概括起来说，新公共服务理论的基本理论内涵包括：① 服务于民，而不是服务于顾客；② 追求公共利益；③ 重视公民权胜过重视企业家精神；④ 思考要具有战略性，行动要具有民主性；⑤ 承认责任并不简单；⑥ 服务，而不是掌舵；⑦ 重视人，而不只是重视生产率。[2]

新公共服务理论的提出，对政府应急管理活动的开展具有借鉴意义。主要表现在以下几个方面：

其一，在政府应急管理活动中，要重视服务意识，服务于民的意识，尊重公民的权利。以信息公开工作为例，在政府应急管理过程中，信息公开是保障公民知情权的需要，没有信息公开，也就没有尊重公众的知情权，没有重视人，其决策、行动也就没有民主性，没有民主，没有公众的参与，政府应急管理就失去了群众基础，也就失去了战胜各种突发事件的可能。

---

① 见唐旭斌、齐正学《西方新公共管理述评及借鉴》，《广西青年干部学院学报》2002 年第 12 卷，第 5 期，第 22 页。

② 见珍妮特·丹哈特、罗伯特·丹哈特所著《新公共服务：服务，而不是掌舵》，丁煌译，中国人民大学出版社 2004 年出版，第 40 - 41 页。

　　新公共服务的这种服务理念实际上就是以人为本的思想,这也正是政府应急管理追求的终极目标。政府应急管理必须以人为本,在应对突发事件的过程中,要一切以人为本,把人民群众的生命财产安全始终放在第一位,全心全意为人民排忧解难。

　　其二,政府应急管理要追求公共利益。由于突发事件的公共性,意味着突发事件涉及多个部门、多个领域、多种利益群体,其影响范围之广,危害之大,是一般的突发事件不可比拟的。在政府应急管理活动中,要追求最大可能的公共利益,尽可能地把灾难损失降到最低程度。在我国,人民的利益就是公共利益,为此,政府在处理突发事件时,坚持以人为本的原则,坚持人民利益高于一切的准则,一切从人民群众的根本利益出发。

2.3.6　权变管理理论

　　权变管理理论(contingency theory)产生于 20 世纪 60 年代,由英国的汤姆·伯恩斯(Tom Burns)、斯托克(G. M. Stalker)和美国的保罗·劳伦斯(Paul Lawrence)、杰伊·洛尔施(Jay Lorsch)等人提出。权变管理理论的核心含义是:不存在最好的组织方式;管理者所选择的组织结构和控制系统取决于组织的外部环境特征,或者说根据组织外部环境特征相机抉择。[①]

　　权变管理理论的内容相当庞杂,比较权威表述权变管理理论内容的是美国尼勃拉斯加大学教授卢桑斯。他在《权变管理理论:走出丛林的道路》(1973 年)和《管理导论:一种权变学说》(1976 年)中都系统地介绍了权变理论。卢桑斯指出,如果单从字面上来理解,可能会把权变理论看成是一种紊乱的、非科学的、凭感官判断的学说。实际恰恰相反,权变关系是两个或两个以上的变量之间的一种函数关系,即是一种"如果,那么"的函数关系。"如果"是自变量,"那么"是因变量,在权变管理中,通常的情况是,环境是自变量,管理的观念和技术是因变量。就是说,如果存在某种环境条件,那么对达到目标来说,某种管理的观念和技术将比其他的更加有效。[②]

　　权变管理就是依托环境因素和管理思想及管理技术因素之间的变数关系来研究的一种管理方式。权变管理理论认为并不存在一种适用于各种情况的普遍的管理原则和方法,管理只能依据各种具体的情况行事。管理人员的任务就是研究组织外部的经营环境和内部的各种因素,弄清这些因素之间的关系及其发

---

　　① 见加雷思·琼斯、珍妮弗·乔治所著《当代管理学》,郑风田译,人民邮电出版社 2005 年出版,第 43-44 页。

　　② 见陈树文所著《组织管理学》,大连理工大学出版社 2005 年出版,第 47 页。

展趋势,从而决定采用哪些适宜的管理模式和方法。

美国经济学家托马斯·彼得斯说:"我们生活的这个世界正处于空前的变幻之中,可以说乾坤颠倒,一切都要在流动,一切都在消长和变化之中。"在这个风云变幻的世界,各种突发事件频发,千变万化,错综复杂,需要不断创新管理理念,针对不同的突发事件或不同的紧急状态采取不同的管理手段和方式,从而保证应急管理工作的可持续性和高效性。权变管理理论在政府应急管理中的应用,要求在政府应急管理过程中,由于突发事件的突发性、不确定性等特性,政府应急管理部门不可能有一套万能的方法,也不存在在任何条件下都适用的理论,任何理论和方法都不见得绝对有效,也不见得绝对无效,采用哪种理论和方法,要视突发事件发生发展的实际情况及应急管理部门的实际情况而定。就应急预案建设而言,在政府应急管理过程中,制订应急预案对于预防突发事件的发生和减少突发事件发生后造成的损失来说,是非常重要的,但是基于权变管理理论,我们应该明白,没有一种一成不变的应急预案是万能的,应急预案的建设是一个动态的过程,要不断地进行修订与完善。同样,也没有一成不变的万能的应急管理模式,要根据政府应急管理的内部条件和外部环境来决定其应对措施,按照突发事件的不同情景、不同目标和价值,采取不同的管理战略、手段和方式。

2.3.7 信息生命周期理论

信息生命周期研究始于 20 世纪 80 年代。Levitan 在 1981 年指出,信息或信息资源是一种具有生命周期特征,具体包括信息的生产、组织、维护、增长和分配的"特殊商品"。Taylor 在 1982 年提出了包含数据、信息、告知的知识、生产性知识和实际行动 5 个阶段的信息生命周期过程。1985 年 Horton 在《信息资源管理》一书中指出,信息是一种具有生命周期的资源,其生命周期由一系列逻辑上相关联的阶段或步骤组成,体现了信息运动的自然规律,并据此定义了两种不同形态的生命周期:一是基于信息利用和管理需求的信息生命周期,由需求定义、收集、传递、处理、存储、传播、利用 7 个阶段组成;二是基于信息载体与信息交流的信息生命周期,包括创造、交流、利用、维护、恢复、再利用、再包装、再交流、降低使用等级、处置 10 个阶段。然而,信息生命周期真正进入主流视野还是源于 ISO/TC171 文件成像应用技术委员会于 2000 年 10 月召开的伦敦年会,会议通过的 405 号决议建议将 ISO/TC46"信息与文献技术委员会"的一个分委员会改为"信息生命周期管理"技术委员会。该决议称"信息无论是以物理形式还是数字形式管理,其信息生命周期均包括信息的生成、获取、标引、存储、检索、分发、呈现、迁移、交换、保护与最后处置或废弃"。①

信息作为事物内部结构与外部联系的运动状态与方式,同其他生物一样,也是有生命周期的,其生命周期由一系列逻辑上相关联的阶段或步骤组成。信息生命周期的研究是对海量信息进行科学管理的基础,是信息资源管理研究的重点问题。信息生命周期理论认为,信息从其形成到最后消亡是一个完整的生命过程,在整个生命过程中,因信息的不同价值形态可以将其划分为生成、获取、标引、存储、分发、保护与最后处置或废弃等不同的运动阶段,每一个阶段由于信息的不同特点、价值形态而采取不同的管理方式和应对措施。

政府应急管理的第一要务就是要信息公开。由于多方面的原因,长期以来我国政府与公众之间存在一个无形的"鸿沟"——政府应急信息公开中瞒报、虚报、谎报、漏报、迟报、不报等现象非常普遍,公众对政府应急信息的知情权缺失。近年来,在全球政府信息公开的大环境下,借助电子政务建设的动力,我国政府应急信息公开工作得到了各方面的广泛关注,尤其是"非典"危机引出的政府应急信息公开问题与加入 WTO 后国际社会提出的透明原则,直接引发和促进了我国政府应急信息公开实践与研究的热潮。

国务院发布的《总体预案》对突发事件的预测预警、信息报告、信息发布等机制作了明确规定。2008 年 5 月 1 日实施的《中华人民共和国政府信息公开条例》(简称《条例》)首次以国家行政法规的形式确认了政府应急管理中需要公开的信息,确认了公民对政府信息的知情权。2007 年 11 月 1 日施行的《突发事件应对法》,首次以法律的形式明确规定要建立健全"全国统一的突发事件信息系统",加强"突发事件信息的收集、储存、分析、报送"等工作。但不容否认的是,《总体预案》《条例》《突发事件应对法》的规定还比较宽泛,比较粗放。就目前国内政府应急管理中信息公开实践来看,我国政府应急信息公开制度尚不健全,不能充分满足公众对政府应急信息的获取需求,要真正实现公众的信息权利还有大量的细节工作和配套性工作要做。

信息生命周期理论在政府应急管理中的应用,要求在政府应急管理过程中,由于信息的整体性、运动性、阶段性、时效性等特点,政府应急管理部门应充分重视应急信息的预警和公开工作,保证信息公开工作的及时性、准确性与全面性,保障公众知情权,从而有利于动员一切有利力量有效应对各种突发事件。

_____

① 见索传军《试论信息生命周期的概念及研究内容》,《图书情报工作》2010 年第 54 卷,第 13 期,第 6 页。

2.4 电子政务与政府应急管理

2.4.1 电子政务与政府应急管理的关系

电子政务是最近十几年来出现的一个新名词,其建设已在全球范围内如火如荼地进行中。而政府应急管理,可以说是一项古老而又崭新的活动,古已有之,今亦有之,只不过是近几年来随着各种突发事件在全球的各个角落频繁发生而越来越受到人们的广泛关注,已成为各国政府不可推卸的重任。把电子政务与政府应急管理联系起来进行思考,绝不是理论研究上的牵强附会,只要看一看当今世界在政府应急管理实践中,应用电子政务与不应用电子政务对于处理突发事件的效果,就一定不会认为电子政务与政府应急管理是"风马牛不相及"的两个事物。为了更好地厘清二者之间的关系,笔者通过一个结构示意图来说明问题。

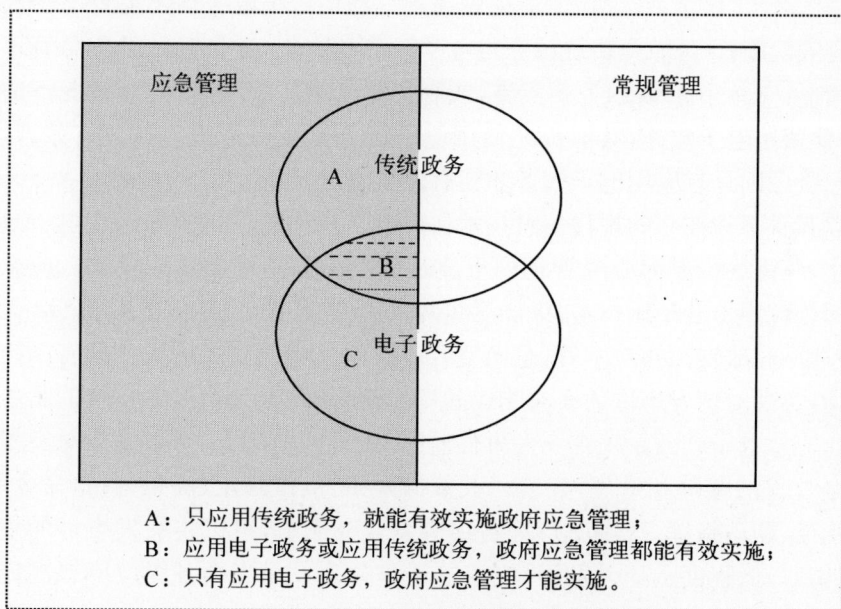

A:只应用传统政务,就能有效实施政府应急管理;
B:应用电子政务或应用传统政务,政府应急管理都能有效实施;
C:只有应用电子政务,政府应急管理才能实施。

图 2-1　电子政务与政府应急管理关系示意图

1. 交叉关系

从管理的内容或管理的环境来看,政府管理可以分为常规管理和应急管理两大部分。常规管理即正常情况下的管理,也就是我们通常所说的常态管理。应急管理即非正常情况下的管理,也就是我们通常所说的非常态管理。常规管理和应急管理构成了完全意义上的政府管理。从管理的方式来看,政府应急管理又可以分为传统管理与现代化管理,传统管理方式的政务活动可以理解为传统政务,现代化管理方式的政务活动可以理解为电子政务。

如图 2-1 所示,方框内左面阴影部分的方块表示应急管理,右面的方块表示常规管理,位于方框内上方的椭圆表示传统政务,位于下方的椭圆表示电子政务。那么 B 和 C 部分则是政府应急管理与电子政务二者交叉的地方。从示意图可以看出,政府应急管理与电子政务存在交叉关系,政府应急管理是电子政务的一个重要任务。电子政务不仅要开展常规的管理活动,也要开展非常规的应急管理活动。

2. 应用关系

这是从系统功用角度来分析电子政务与政府应急管理两者之间的关系。电子政务有着广泛的应用领域,不仅涉及政府日常管理的各个方面,而且越来越广泛地应用到政府的应急管理领域,并且在政府应急管理中发挥着举足轻重的作用。如图 2-1 所示,A 区域的应急管理是只利用传统政务而不需要电子政务就能够有效实施;B 区域是传统政务与电子政务的交集,这个区域的应急管理包含两种情形:或利用传统政务来实施,或利用电子政务来实施,这种情况下的应急管理,要使用电子政务,其前提是使用电子政务比使用传统政务更有效;C 区域的应急管理则只有应用电子政务才能有效实施。

以互联网为核心的现代信息技术在应急管理中的应用使得应急电子政务应运而生,并将逐步成为应急管理的重要基础设施和基本的作业模式。应急电子政务综合应用 Internet 技术、集群无线网、GIS 技术、卫星通信技术、GSM 无线通讯、快速网间数据交换技术等,全面整合多部门、多行业、多层次的已有系统和信息资源,实现对突发事件的实时响应和调度指挥,并为公众提供相应的紧急救援服务。应急电子政务系统在突发事件监测、预警的基础上,可以完成对突发事件处置全过程的跟踪和处理,实现相关数据采集、危机判定、决策分析、命令部署、实时沟通、联动指挥、现场支持等各项应急业务需求,可以将突发事件的危害程度降低到最低程度。毫无疑问,应急电子政务建设是当今各级政府提高应急管理水平所面临的一项重要任务。[①]

概括起来说,电子政务与政府应急管理关系非常密切。政府应急管理是电子政务的一个重要任务,电子政务在政府应急管理中的应用,一方面可以完善政府应急管理体系,极大地提高政府应急管理水平;另一方面也大大拓展了电子政务的应用领域,促进电子政务更好更快地发展。

① 见姚国章《推进应急系统建设 提升政府应急能力》,《信息化建设》2005 年第 8 期,第 20 页。

2.4.2 电子政务技术在政府应急管理中的应用

电子政务技术的发展及其在政府应急管理中的应用,大大提高了政府应急管理的效能。概括起来,在政府应急管理中能应用的电子政务技术主要有:

第一,3S 系统。3S 系统是指地理信息系统(Geographic Information Systems,GIS)、遥感系统(Remote Sensing,RS)和全球卫星定位系统(Global Positioning System,GPS)。3S 系统是这三个系统的简称。

地理信息系统。如何快速、准确地划分应急响应区域,迅速调配有限的应急资源,是应急系统迫切要解决的重要问题,是提高应急管理能力的关键。地理信息系统可给出事故地点、工厂厂房和设备、周围居民分布、道路交通信息、避难所的空间分布、人员伤亡情况和附近的潜在危机等基础层面的信息。地理信息系统作为对地学信息进行存储、处理、分析和表现的工具,被广泛运用到各种海洋和大气灾害监测、分析和预警,并取得了一系列的成功。地理信息系统这一术语最早出现在 20 世纪 70 年代,当时它是辅助数据分析的绘图技术的总称。现在,地理信息系统不断发展,数据库管理系统(DBMS)、专家系统、统计分析系统、网络分析系统、远程可视系统以及计算机辅助设计和绘图系统(CAD 和 CAM)等各种技术,正以越来越快的速度集成到地理信息系统之中。地理信息系统在政府应急管理中起着非常重要的作用。例如地理信息系统可以使市政当局及时检测公共安全影响因素,并及时向公众通报潜在威胁。在复杂的高维地理信息和多维的环境信息的条件下,在 2001 年的炭疽恐怖事件中,Clean Harbor 公司负责从 NCB 的办事所清运可能被炭疽病菌污染过的垃圾。由于运送这种危害极大的垃圾是很不安全的任务,因此公司必须随时保持与运输过程的联系。Clean Harbor 公司利用一种将地理信息系统的地图信息和全球卫星定位系统(GPS)相结合的软件来监控货运汽车的运输过程。[①]

遥感系统。遥感是一门新兴的科学技术,主要指从远距离、高空或外层空间的平台上,利用可见光、红外、微波等探测仪器,通过摄影或扫描、信息感应、传输和处理,从而识别地面物质的性质和运动状态的现代化技术系统。遥感是在航空摄影测量的基础上,随着空间技术、电子技术和地球科学的发展而发展起来的,它的主要特点是:已从以飞机为主要运载工具的航空遥感发展到以人造卫星为主要运载工具的航天遥感;它超越了人眼所能感受到的可见光的限制,延伸了人的感官;它能快速、及时地监测环境的动态变化;它涉及天文、地学、生物学等

---

① Bob Brewin,IT Helps Waste Hauler Handle Anthrax Safely,Computer World,Vol. 35,Iss. 46,2001,p. 8.

科学领域,广泛吸取了电子、激光、测绘等多项技术的先进成果;它为资源勘测、环境监测、军事侦察等提供了现代化技术手段。总体来说,遥感是运用物理手段、数学方法和地学规律的现代化综合性探测技术。

全球定位系统。全球定位系统是美国布设的第二代卫星无线电导航系统。它是在地球上空布设24颗GPS专用卫星,卫星轨道即每时每刻的精确位置由地面监控站测定,并通过卫星用无线电波向地面发播;地面上用GPS接收机同时接收4颗以上卫星信号,根据卫星的精确位置以求得地面点位置。它能为用户提供全球性、全天候、连续、实时、高精度的三维坐标、三向速度和时间信息。GPS具有精度高、速度快、全天候、距离远等特点。[①]

3S技术在政府应急管理信息系统中发挥着极其重要的作用,政府应急管理信息系统的建设通过以先进的3S技术平台为支撑,可以大大增强系统的科学性、有效性、可操作性,可以很方便地将各灾害隐患地区、地段和定点的地理信息图形显示出来。

第二,决策支持系统。管理的核心在于决策。整合和处理信息资源的目的,是为了帮助政府部门作出更为正确的决策。电子化信息管理的更高应用层次便是计算机机辅助决策,即利用大量数字化信息为管理者的决策提供更为科学的依据,这就是人们所说的决策支持系统。所谓决策支持系统就是从数据库中找出必要的数据,并利用数学模型为决策者生成所需要信息的系统。

在政府应急决策中,要实现决策的科学化、民主化,就离不开决策支持系统的建设,通过决策支持系统,政府一方面可以及时获取大量准确的信息,使决策的许多方法,如统计方法、系统分析方法、可行性论证、群体讨论变得简单化、可操作化,从而大大提高应急决策的科学性;另一方面,通过网络,可以使广大公众随时了解政府应急决策的过程,并把个人意见反馈给政府应急管理部门,从而大大提高应急决策的透明度和公众参与的积极性,提高决策的民主化程度。

由于应急决策系统的建立和网络技术的应用,还可以大大提高应急决策的时效性。汪玉凯指出,"在传统的政府管理活动中,决策和执行是严格分开的。当一项决策在执行过程中发生了问题之后,通过层层上报,才能反映到决策机关那里。而电子政府的建立,则可使行政执行中的问题很快地通过网络反映到决策机关,从而对执行中的问题及时作出反应,提高行政决策的及时性和有效性。"[②]

---

① 见刘国利《公共危机预警系统:美国的经验》,中国人民大学2005年论文。
② 见汪玉凯所著《电子政务在中国:理念、战略与过程》,国家行政学院出版社2006年出版,第13页。

第三,视频会议系统。视频会议系统是支持人们远距离进行实时信息交流,开展协同工作的应用系统。视频会议系统实时传输视频与音频信息,使协作成员可以远距离进行直观、真实的视频交流。同时,利用多媒体技术的支持,视频会议系统可以帮助使用者对工作中各种信息进行处理,如共享数据、共享应用程序等,从而构造出一个多人共享的工作空间。[①] 视频会议系统可以让有关部门在紧急情况下了解发布的紧急情况、决策,突破了时空限制。

第四,数据库技术。数据库技术是研究数据库的结构、存储、设计、管理和使用的一门软件学科。数据库技术产生于 20 世纪 60 年代中期,数据库技术先后经历了第一代的层次、网状数据库系统,第二代的关系数据库系统,第三代面向对象的数据库系统。

在政府应急管理中,有关信息的采集、分发、存储、检索以及公开等都离不开高性能数据库的支持,也离不开数据库技术的支持。一般而言,政府应急管理的数据库建设至少包括:① 常规数据库,包括如建筑、人口、交通情况等一些基本的社会与地理信息,还包括公共安全信息。② 数学模型库,包括信息识别与提取模型、事件发展与影响后果模型、人群疏散与预警分级等模型。③ 预案库,包括针对可能发生的突发事件预先制订的应急预案或方案。④ 决策库,在预警决策的时候,存在各种情况变化,需要根据不同数学模型与相应资料判断突发事件扩散方向、速度以及范围,实时、适时调用决策库进行决策。

第五,数据挖掘技术。数据挖掘是指从大量的数据中提取有用的信息和知识的过程。目前,常用的数据挖掘手段有:决策树方法、关联规则归纳方法、神经网络方法、遗传算法、粗糙集方法、可视化技术、联机分析处理(OLAP)、人工智能、数理统计、统计分析方法、模糊集方法、概念树方法、聚类法、分类法等。

数据挖掘在政府应急管理中有着十分重要的作用。通过数据挖掘,能够找出隐藏在大量数据背后的、相互关联的突发事件信息,为政府应急决策提供支持。

第六,虚拟现实技术。虚拟现实技术就是借助计算机技术及硬件设备,使人们可以通过视、听、触、嗅、味、内脏、前庭、平衡等多种感觉系统,感受虚拟的世界,在感觉上体验到全方位的真实,而不是物理上的真实的技术。虚拟现实技术的本质特征是真实性、互动性、情节化。一个可以乱真的世界环境,在世界中,人与人、人与环境可以自由的交互。基于这个世界可以产生仿佛和真实世界一样情节化的事件和数字化的特性,并可以在时间、空间上超越真实世界。[②]

---

① 见江源富《电子政务》,国家行政学院出版社 2005 年版,第 314 - 315 页。
② 见丘京松《虚拟现实技术在公共安全、突发紧急事件中的应用前景》,《武警博览》2005 年第 1 期,第 47 - 48 页。

　　虚拟现实技术在反恐、突发事件应急管理中作用十分明显。一些欧美政府机构,国家安全部门,专门定做游戏的特别版本或类似游戏的虚拟仿真软件用于模拟抵制大型灾难,制订国家反恐措施,智能化预警设计,保护关键基础设施和财产预演,训练紧急事件的反应和应急。如美国盐湖城冬季奥运会、雅典奥运会反恐模拟系统,美国纽约、亚特兰大、丹佛等城市安全防范模拟系统。澳大利亚地铁及城市铁路部门共同开发了城市铁路模拟系统,可以模拟在各种危机情况下,如何安全疏散确保安全运营。虚拟现实技术应用在反恐、突发紧急事件中,具有明显的社会价值和经济价值:① 降低了演练成本;② 数字化技术提供了丰富、多变的内容;③ 提供了长期、便利的训练方法;④ 可以反复分析、评估;⑤ 强化了关键技能;⑥ 培养了公众在危难时刻,救护和自保的能力。[①]

　　第七,安全技术。安全问题解决得好坏直接影响到政府应急管理的发展。这需要充分应用防火墙技术、网络安全监控技术、信息加密技术、认证技术等。政务平台的安全论证体系可以为危机信息确认、保证数据的安全可靠性等提供了强有力的保障。安全技术是应急管理系统能否正常运行、健康发展的保证。

　　第八,网络技术。网络是由通信设备连接的一组计算机和相关设备。网络包括永久性连接(如电缆)和临时性接入(如电话拨号)。网络小至只有两三台电脑和打印设备的局域网,也有覆盖区域很大的广域网,世界上最大的网络是Internet。应急管理系统的运行,涉及大量网络通信技术,通过网络通信技术可以为政府应急管理构建基础性支撑平台,保证突发事件及其处理的信息能实现快速传递。

2.4.3　电子政务在政府应急管理中的基本功能

　　电子政务之所以能够在世界许多国家得到迅速的发展,主要在于它具有不可替代的特殊功能。电子政务的功能,也就是它的有利作用:借助现代信息技术的力量,全面提高政府管理的效能,全面提高政府公共服务的水平。[②]

　　电子政务不仅可以在政府日常管理和服务中发挥巨大作用,而且在政府应急管理中的功能不可忽视。从实际情况来看,电子政务迅速发展及其在政府应急管理中的应用,已经给政府应急管理工作注入了无穷的活力,它已经成为政府应急管理的重要工具,极大提高了政府应急管理的科学性和有效性。概括起来说,电子政务在政府应急管理的基本功能主要体现在以下几个方面。

2.4.3.1 促进政府应急管理组织体系的转变

在传统环境下,政府应急管理的组织体系是一个高度集权的"金字塔"式的组织体系,这种"金字塔"式的组织体系虽然保证了政府应急管理的权威性与统一性,但缺乏灵活性与机动性,部门之间缺乏有效的信息沟通、协调与合作,各自为政的现象比较普遍,从而造成政府应急管理的效率低下。

电子政务环境下的政府应急管理,对政府应急管理的组织体系来说,通过电子政务的应用,可为构建扁平化网状结构的政府应急管理组织提供平台,可以很方便地实现应急管理信息的纵向和横向共享,将使传统金字塔式的垂直结构向扁平的网状结构转变成为可能。这无疑大大提高了组织的决策能力、反应速度。

2.4.3.2 提高政府应急决策水平

叶海尔·德罗尔(Yehezke Dror)在《逆境中的政策制定》中曾经说道:"危机决策是逆境中政策制定的一种特殊方式,它对许多国家具有极大的现实重要性,对所有国家则具有潜在的至关重要性。危机越是普遍或致命,有效的危机决策就越显得关键。危机中作出的决策非常重要而且大多不可逆转。"[①]

由于突发事件具有突发性、不确定性、紧迫性、危害性等特性,因此,突发事件的决策情境是不确定的,给决策者造成高度的紧张和压力。在电子政务环境下,政府通过加强决策支持系统建设,建立起一套行之有效的决策机制,实现在有限的时间内科学决策,决定采取什么样的措施控制事态的发展和升级,可以把危害控制在最低程度,尽快恢复社会正常秩序,可以最大限度地防止战略决策失误,有效提高政府应急管理的决策水平。

2.4.3.3 优化政府应急管理流程

从应对突发事件的流程来看,电子政务技术将大大提高政务的流程效率和准确性,并促进政务流程的重组和再造,使政务流程发生技术性甚至是实质性的变化,这种变化主要表现在简化程序、提高效率等方面。就应对突发事件这一时效性非常强的管理活动而言,使工作程序简化无疑对快速解决突发事件是极为有益的。

近年来,随着突发事件的频繁发生,各种应急预警系统、应急联动系统、应急管理信息系统等系统的建设逐渐成为电子政务建设中新的热点。各种应急管理系统的建设及其在政府应急管理的投入使用,大大提高了政府应急管理的效率。以美国911中心为例:该中心是一个充分利用现代通讯、网络、GIS等信息技术建立起来的智能指挥调度系统。针对危机,该中心采用规范的流程进行处理:接

---

① 王满传译,上海远东出版社1996年出版,第181页。

到报警后,电脑屏幕上立刻显示出报警人的姓名、地址和电话号码,以及报警点附近的电子地图和相关信息;接警员按照事件性质传给中心相应的处警人员,处警人员使用计算机辅助调度系统,通过无线调度台和数据传输设备,将指令下达给适当的执行人员;执行人员依照指令赶赴现场进行处理,现场的话音和数据信息通过无线通讯系统传回指挥中心,形成指挥中心与现场之间的互动反馈。与此同时,信息网络及语音记录设备如实记录下与事件相关的语音及数据信息,供事后分析和查询。[1]

2.4.3.4　实现政府应急联动处理

近年来,突发事件的发生发展,呈现出一些新的变化和特点,类型多样,综合性强,发生频率高,危害面广。在政府应急管理领域,只有"应急"而无"联动"的行动存在诸多弊端,越来越不适应当今社会环境下政府应急管理工作的需要。通过加强电子政务的应急指挥系统建设,构建统一的应急指挥平台,把政府的各主要应急反应业务统一到一个平台上处理,实现应急联动处理,可以有效提高各部门之间的协同程度和应急反应速度,增强政府应急管理工作的高效性和科学性。以城市应急联动系统为例,城市应急联动系统就是将公安、交通、通信、急救、电力、水利、地震、人民防空、市政管理等政府部门纳入一个统一的指挥调度系统,是处理城市特殊、突发、紧急事件和向公众提供社会紧急救助服务的信息系统,可以实现跨区域、跨部门、跨警种之间的统一指挥,快速反应、统一应急、联合行动,为城市的公共安全提供强有力的保障。

2.4.3.5　最大限度地实现信息共享

从信息传递和共享来看,当信息的垂直历时性传递转变为信息的水平共时性传递时,信息共享程度会大大提高,信息传递的周期会大大缩减,从而使部门信息沟通与工作协同的传统界线和范围得到突破。这种实现了一体化的远程交互和跨部门协调办公的管理方式,能提高信息资源的挖掘、利用和处理能力。从而增强了政府对突发事件的把握能力和迅速反应能力。现代网络信息技术在政府管理与服务各个环节中的全面应用,促使政府具有更强的信息获得与社会控制能力,而且网络信息技术的可复制性、高速运算、全球接入和工作流程集成化等特征,使政府可以通过建设数据库,聚集可共享的信息资源以提高对危机事件的快速反应与及时处理能力。[2]

从根本上说,电子政务是政府管理方式的革命,意味着政府要突破传统的理

---

[1]　见柳宗伟《信息技术与我国城市危机管理机制创新》,《中国软科学》2004年第4期,第34页。
[2]　见方磊《电子政务环境下政府危机管理系统的框架研究》,《中国软科学》2004年第4期,第47页。

念、职能及控制、运作模式,促进政府管理职能的转变并与国际接轨;意味着政府机关将打破"金字塔"式的机构设置和管理体制上的"条块分割",打破机构、部门之间以及与公众之间的沟通障碍,改造传统、落后的办事方式。[①]

电子政务在政府应急管理中的应用,已成为政府应急管理变化的催化剂、加速器,已成为政府解决其所面临的经济和社会问题的一种手段,是推动经济与社会发展的一个工具,给政府应急管理注入了无穷的活力和巨大动力。

电子政务的发展为政府有效控制危机,建立危机快速反应机制提供了有效平台。一方面,电子政务的发展使政府部门能够及时捕捉外部反馈信息,以全面掌握信息的流转、处理、协调和共享;另一方面,电子政务的发展促使行政组织结构趋于扁平化,职能透明化,有效提升政府在危机环境中的回应力,从而达到政府与公众真正的双向沟通,实现民主决策。[②]

2.5　电子政务环境下政府应急管理的发展变化

随着科学技术的进步和社会经济的发展,与传统环境下的政府应急管理相比,当今电子政务环境下的政府应急管理已经发生了很大的变化。了解这些变化及其基本规律,是建立健全政府应急管理机制的需要,同时也是提高政府应急管理水平的内在要求。

2.5.1　电子政务环境下政府应急管理发展变化的表征

2.5.1.1　管理理念的变化

在传统环境下,政府危机意识不强,缺乏对突发事件的事前防范。政府对突发事件的处理方式是事后救火式的处理,在时间上,关注突发事件爆发以后的阶段,其时间主线是:事发—事中—事后。其处理流程如图2-2所示。

与传统环境下的政府应急管理相比,电子政务环境下的政府应急管理呈现出两大新的管理理念:

一是前端控制。从突发事件发生后的临时应对变为突发事件事发前的积极预防,对突发事件的应急管理已经提前到了事前阶段,即突发事件的潜伏期,体现出前端控制理念。这里所说的前端控制,就是指在突发事件发生之前所采取的一系列控制活动。前端控制是确保政府应急管理有效开展、提高应急管理效率的科学理念。因为这种理念注重事前预警,尽力将突发事件消灭在萌芽状态,

---

①　见赵国俊所著《电子政务》,电子工业出版社2003年出版,第5页。
②　见陈烈《危机环境中行政组织变革研究》,《重庆工学院学报》2006年第20卷,第3期,第55页。

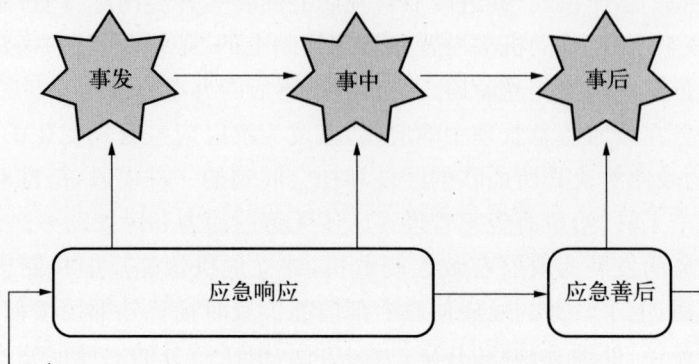

图 2 - 2　传统环境下的政府应急管理流程图

尽可能地避免突发事件发生。

　　二是全过程管理。根据突发事件的生命周期,对突发事件实行事前、事发、事中、事后的全过程管理,关注突发事件发生发展的每一阶段的变化,其时间主线是:事前—事发—事中—事后。其处理流程如图 2 - 3 所示。联合国前秘书长安南在《南亚地震灾难后加强紧急救援、恢复、重建和预防工作——巴基斯坦》报告(2006 年)中指出,为了减轻灾难的不利影响,必须以全面的方式处理灾难风险。这种方式应当是所有阶段的灾难管理活动的主要组成部分。[①] 这种全面的管理方式体现在时间上,就是要求政府应急管理实行全过程管理,对突发事件的每一阶段都要加强管理。

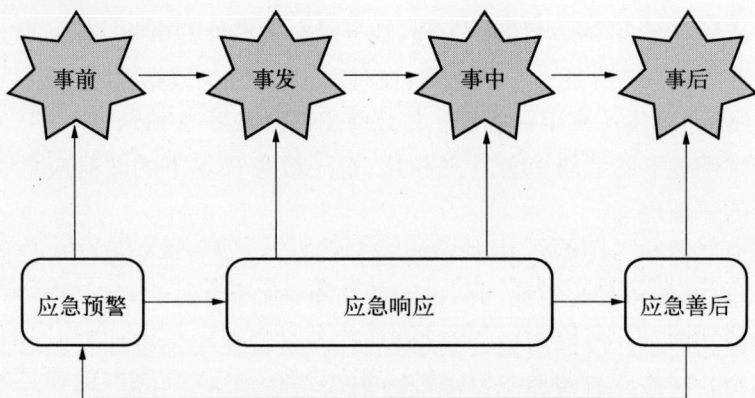

图 2 - 3　电子政务环境下的政府应急管理流程图

---

　　① 见安南《南亚地震灾难后加强紧急救援、恢复、重建和预防工作——巴基斯坦》,联合国经济及社会理事会第六十一届会议,2006 年 7 月 3 日至 28 日。

基于突发事件的生命周期。突发事件的发生发展都有一个从量变到质变的过程，从产生到消亡是一个完整的运动过程。这就决定了政府应急管理必须遵循突发事件的生命周期规律，对突发事件的整个生命阶段实行前端控制和全过程管理。

2.5.1.2 应急主体的变化

与传统环境相比，电子政务环境下的政府应急管理主体也发生着深刻的变化，主要表现在以下两个方面：

一是应急主体由单一走向多元。在传统环境下，政府应急管理依靠政府唱独角戏，各部门在应急管理过程中各自为政，对突发事件信息的披露不够，抱着一种家丑不可外扬的思想，缺乏与各种非政府组织合作。这种应急管理模式已经越来越不适应社会发展的需要，所暴露出来的弊端也越来越明显。因此，在电子政务环境下，这种模式将得到彻底改变，政府应急管理的主体将发生实质性变化，即在坚持以政府为主导的前提下，充分发挥各种非政府组织在政府应急管理中的作用，实现政府应急管理主体的多元化。

实践证明，政府应急管理是一项涉及范围很广的工作，光靠政府唱独角戏是不可能成功的，只有广泛吸引企业、非政府组织、公众等不同力量参与到应急管理中来，并与之积极交流、协商合作，实现应急主体的多元化，才能有效、有力应对各种突发事件。薛澜教授指出："随着政府应急管理工作的推进，将来不能一味地强调政府对其他主体的要求和主张，需要更多强调社会组织、企业和公民的主体地位，在强调'政府负责'的同时，应当逐步树立'多元主体的责任意识'，要明确应急工作中哪些应当由社会组织、企业或公民承担的责任和义务，培养他们主动履行相关义务的意识，从而建立一种和谐的安全文化以及多元主体共同负责的社会文化，让社会各类主体能够积极主动，而不是消极被动、响应号召式地参与应急管理工作，由此真正形成全社会共同参与的新的应急管理工作格局。"①

二是应急主体之间的关系由各自为政到协同应对。传统环境下，政府应急管理基本上是以职能部门为基本单位，应急管理在本部门、本系统内部基本上可以做到畅通无阻，而不同部门之间却缺乏有效的合作。"各人自扫门前雪，不管他人瓦上霜。"这种各自为政、画地为牢的应急管理模式在实际的管理活动中很容易导致各个相关职能部门之间推诿扯皮、贻误处理突发事件的最佳时机。据

---

① 见薛澜《从更基础的层面推动应急管理——将应急管理体系融入和谐的公共治理框架》，《中国应急管理》2007 年第 1 期，第 19 页。

《南方周末》报道：广州市区有一个灯箱着火，来了一辆消防车却没采取行动，人都站在那里聊天，什么原因？因为是电起火，要用泡沫灭火，可派来的是一辆水车，最后只能打电话又调来一辆。① 从这个事例可以看出，在传统环境下，由于应急主体之间缺乏有效合作，不利于政府应急管理工作有效开展。

随着社会经济的日益发展，各种突发事件的诱发因素日益多元化、影响日益广泛，对快速反应的要求越来越高。因此，有效的应急管理，不仅要求纵向各级部门之间政令畅通无阻，也要求横向同级部门之间协调配合，只有这样，才能保证政府应急管理有效开展。在电子政务环境下，利用网络基础设施，政府应急管理部门可以在同一个平台上实现联动处理，从而大大提高政府应急管理的效率和能力。

以下是一起重大交通事故处理的比较分析，在传统环境下（如图 2 - 4 所示），当发生交通事故时，有人打 122 交通事故报警电话报警，122 来了之后发现有人受伤需要急救，再打 120 医疗急救中心；120 来了之后，发现伤员被卡在车里出不来，又打了 119 火警电话，前来救援的消防员用器械割开车身将人救出并交给 120，这时又发现伤者的财物被人趁乱偷走了，再打 110 报警立案。这样，一起交通事故引起了火灾、偷盗并有人受伤，需要出动四个部门，但是需要拨打四个不同的号码，不同部门只负责自己的本职工作，缺乏与其他部门的有效沟通与配合。

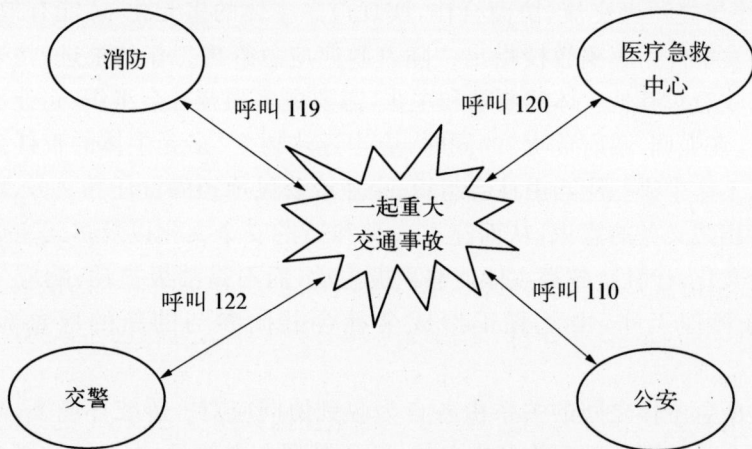

图 2 - 4   传统环境下的交通事故处理

在电子政务环境下（如图 2 - 5 所示），情况就发生变化了，通过建立应急联动中心，事故发生后，当事者只需要拨打 110、119、120、122 其中的任何一个号码，

---

①   见程鸿《中国城市应急联动进行时》，http：//forumabc. net/iems911/documents/0110. htm（检索日期 2006 年 10 月 27 日）。

所拨打的号码都会接到同一应急联动中心的同一个平台上,或者拨打统一的紧急救助电话至统一的接警平台,由应急联动中心统一指挥调度,根据事故的情况决定由哪几个部门联合出动,协同处理这起交通事故,从而大大提高事故处理的效率。可见,在不同环境下,由于政府应急管理机构之间的相互关系不一样,其处理突发事件的方式也各不相同,效果也大不一样。

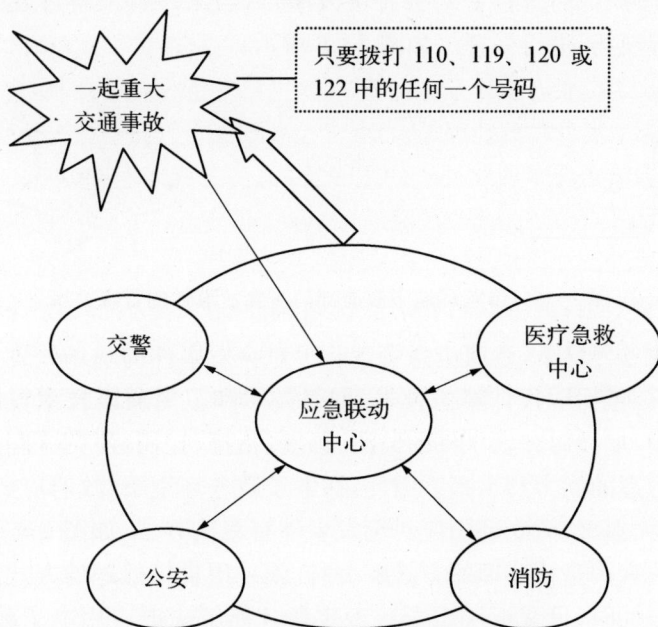

图 2-5 电子政务环境下的交通事故处理

在当今电子政务环境下,政府应急管理主体发生变化,是有效应对突发事件的需要,是"全球风险社会"环境发展的客观要求。随着全球化不断推进,全球性的生态危机、经济危机以及跨国恐怖主义网络所带来的危险也越来越严重。这些全球风险有两个特征:一是世界上每一个人在原则上都可能受到它们的影响或冲击;二是要应对和解决它们需要在全球范围内共同努力。① 可见面对复杂的国内外社会环境,政府应急管理主体只有改变各自为政的做法,开展多种形式的合作,实行协同作战,联动处理,才能成功应对各种复杂多变的突发事件。

2.5.1.3 实践模式的变化

理念的变化是实践模式发生变化的前提和基础。传统环境下的政府应急管

---

① 见杨雪冬所著《风险社会与秩序重建》,社会科学文献出版社 2006 年出版,第 34-35 页。

理是一种"事后救火"型模式,该模式轻预防,重事后处理。电子政务环境下的政府应急管理是一种"平战结合"的长效管理模式,重事后处理,更重事前预防,坚持预防为主,日常管理与应急管理相结合。

2.5.1.4 管理手段的变化

在传统环境下,政府部门对突发事件的管理手段单一,技术含量比较低,在很大程度上,政府部门直接应对各种突发事件,当某一突发事件发生后,由政府部门直接赶赴现场,进行处置。如图2-6所示。

图2-6 传统环境下政府部门与突发事件的直接关系

在电子政务环境下,政府应急管理除了对突发事件的现场处置外,充分运用各种技术手段,包括现代计算机技术、网络技术和卫星通讯技术等,通过应急管理系统的建设,加强对突发事件的监测、预警、指挥、控制、协调等间接处理,大大提高了应急管理的能力和水平。因此,在电子政务环境下,政府应急管理的灵活性、主动性大大提高,政府部门应对突发事件有双重方式,如图2-7所示。当某一突发事件适宜用直接处理的方式解决时,就采用直接处理的方式进行;当直接处理存在局限性时,只有应用电子政务手段才能解决或应用电子政务手段解决会取得更好效果时,就应用电子政务手段间接进行处理。选择的空间扩大,处理的效率也明显提高。

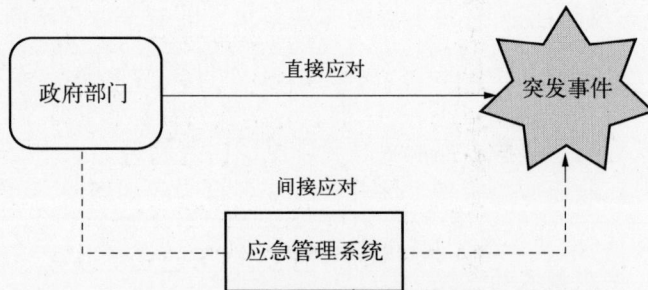

图2-7 电子政务环境下政府部门与突发事件的双重关系

2.5.2 电子政务环境下政府应急管理发展变化的成因

通过两种不同环境下政府应急管理的比较分析,可以看出,电子政务环境下的政府应急管理已经发生了许多变化。造成这种变化的原因有很多,归纳起来,主要有以下几个方面。

第一,突发事件自身的原因。突发事件自身的属性是政府应急管理变化的内在要求。其主要表现在:

一是突发事件的公共性。突发事件的公众关注程度高,影响范围广,涉及领域多,只有依靠不同部门及人员的合力应对才能成功。

二是突发事件的成因复杂,类型多样。从突发事件的成因来看,有人为因素,也有自然因素,或者由人为因素和自然因素共同作用引起,其成因十分复杂。另一方面,突发事件不仅发生的频率越来越高,而且其类型也层出不穷,给政府应急管理带来严峻挑战。突发事件类型的多样性及其成因的复杂性,决定了政府应急管理发生变化的必然性。

三是突发事件的生命周期规律。一般来说,突发事件的发生发展都有一个从量变到质变的过程,从产生到消亡是一个完整的运动过程。这就决定了政府应急管理必须遵循突发事件的生命周期规律,对突发事件的整个生命周期实行全过程管理。

第二,政府发展目标的客观要求。由于受历史和现实等多方面因素的制约,社会管理和公共服务仍然是各级政府工作的一个薄弱环节,尤其是政府应急管理机制、法制等不够完善,综合协调机构缺乏,危机应对网络松散,社会应对能力薄弱等问题十分突出,这在一定程度上制约着整个社会危机管理能力的提高。政府应急管理中存在的问题客观上要求政府加强自身的改革和创新,以提高应急管理的能力和水平。

法治政府、服务政府、责任政府、民本政府、阳光政府等政府发展目标的确立,客观上促进了政府应急管理机制的建立与完善,是推动政府应急管理发生变化的政策环境。政府应急管理机制的完善,既是政府有效履行社会管理职能、提供公共服务的基础性工作,又是政府自身建设中重要而紧迫的任务;既是事关国家长治久安的大事,又是检验政府行政能力的重要标志。

第三,社会环境的发展变化。随着社会的进步和技术的发展,我们可以给这个时代加上许多动听的头衔,比如数字化时代、信息化时代、全球化时代、一体化时代等等。我们在享受这些美好时代特征带来各种便利的同时,也发现这个时代也是一个"全球风险社会"时代。从我国的实际情况来看,在经济全球化、社会信息化的时代背景下,境内与境外相互渗透,政治、经济、文化、社会相互影响、内政与外交相互作用,敌我矛盾与人民内部矛盾相互交织,传统的安全威胁与非传统的安全威胁相互融合,危及我国和谐稳定的问题呈现出复杂化、多样化等特点。因此,只有切实增强忧患意识,创新政府应急管理机制,全面加强政府应急管理工作,才能妥善应对各种社会风险。

第四,电子政务在政府应急管理中的应用。从根本上说,电子政务是政府管理方式的革命,意味着政府要突破传统的理念、职能及控制、运作模式,促进政府管理职能的转变并与国际接轨;意味着政府机关将打破"金字塔"式的机构设置和管理体制上的"条块分割",打破机构、部门之间以及与公众之间的沟通障碍,改造传统、落后的办事方式。①

电子政务在政府应急管理中的应用,已经成为政府应急管理变化的催化剂、加速器,已经成为政府解决其所面临的经济和社会问题的一种手段,是推动经济与社会发展的一个工具,给政府应急管理注入了无穷的活力和巨大的动力。

电子政务的发展为政府有效控制危机,建立危机快速反应机制提供了有效平台。一方面,电子政务的发展使政府部门能够及时捕捉外部反馈信息,以全面掌握信息的流转、处理、协调和共享。另一方面,电子政务的发展促使行政组织结构趋于扁平化,职能透明化,有效提升政府在危机环境中的回应力,从而达到政府与公众真正的双向沟通,实现民主决策。②

2.5.3 电子政务环境下政府应急管理发展变化的规律

第一,应急管理主体:由单一走向多元化。"科学管理之父"泰勒指出,没有周围的人帮助,而单凭自己独立一个人就想取得伟大个人成就的时代,很快就将一去不复返了。反之,用协作的方式做大事,使每个人担负起他本身最适宜的工作,既保持自己的个性又发挥自己的特长、积极性和创造性,同时又因每个人受其他许多人的制约而必须和大多数人和谐合作——这个时代已经到来。

在传统环境下,政府应急管理依靠政府唱独角戏,各部门在应急管理过程中各自为政,对突发事件信息披露不够,抱着一种家丑不可外扬的思想,缺乏与各种非政府组织合作。这种应急管理模式已经越来越不适应社会发展的需要,所暴露出来的弊端也越来越明显。在电子政务环境下,这种模式将得到彻底改变,政府应急管理的主体将发生革命性变化,即在坚持以政府为主导的前提下,充分发挥各种非政府组织在政府应急管理中的作用,实现政府应急管理主体的多元化。以艾滋病防治为例,与政治合作模式不同的是,防治艾滋病国际合作既承认

---

① 见赵国俊所著《电子政务》,电子工业出版社 2003 年出版。
② 见陈烈《危机环境中行政组织变革研究》,《重庆工学院学报》2006 年第 3 期。

国家之间的合作,更强调全球市民社会的力量,提倡一种包括非政府组织、全球性国际组织和各国政府等多种国际行为主体在内的全球合作模式。①

第二,应急管理模式:由非常态应对走向长效管理。传统环境下的政府应急管理是一种"事后救火"型模式,这种模式的政府应急管理是一种消极的、被动的、事后的应对模式。而电子政务环境下的政府应急管理的实践模式,已经由事后的被动应对变为事前的主动预防,由非常态应对走向长效管理,成为一种"平战结合"的长效管理模式。这种实践模式坚持预防为主,日常管理与应急管理相结合,把政府应急管理的各项工作落实到日常管理之中,增强防范意识,夯实基础工作,开展应急演练,将预防与应急处置有机结合起来,增强政府应急管理的准备性、计划性。

一般来说,政府应急管理不能头痛医头、脚痛医脚,也不能"眉毛胡子一把抓",而应基于突发事件的生命周期,分阶段、有步骤地进行,不能等到突发事件发生之后再进行干预,而在于排除可能导致突发事件的种种可能性,考虑其发生后造成的后果,通过采取"平战结合"的长效管理模式加强防范和处置工作。

第三,应急管理方法:由经验管理走向科学管理。"魔高一尺,道高一丈。"如果把危机比作"魔",那么科学的应急管理便是"道"了。应急管理的科学化离不开技术力量的支持。传统的应急管理重经验,轻科学,手段单一,缺乏制度化、科学化、规范化的运作手段。在电子政务环境下,政府应急管理在现代计算机技术、网络技术和卫星通讯技术的支持下,可以快速有效地对突发事件信息进行科学分析,并最大限度地实现信息共享。因此,在电子政务环境下,政府应急管理由经验管理走向科学管理,这是不可逆转的发展趋势。

第四,应急管理资源:从分散管理走向集成管理。传统环境下的政府应急管理,政府部门各自处理分管领域的应急事务,管理体系是割裂的,管理过程是分散的,没有一个综合的应急协调指挥中心,应急管理资源配置的方式严重滞后,缺乏科学的资源管理机制。一旦突发事件发生时,各种应急管理资源难以有效地协调和调度。这种应急管理资源的分散性不利于突发事件的有效应对。在电子政务环境下,政府应急管理由于建立起统一的应急协调指挥中心和应急管理体系,对应急管理资源实行统筹规划、优化配置和调度,可以将分散在各处的社会资源进行有机的整合、调度,保证应急管理工作有效运行。

---

① 见蔡高强《论艾滋病防治中的国际合作——以中国防治艾滋病为例的分析》,《湘潭大学学报》(哲学社会科学版)2007年第4期。

3 政府应急管理机制现状研究

理论是灰色的,而生活之树常青。一种理论的产生与发展往往都是先有实践,再有理论上的总结和继续探索。政府应急管理机制的现状研究也是政府应急管理机制理论构建的重要基础和必要前提之一。在本章,笔者对国内政府应急管理机制建设的基本现状展开了实地调研,对国外政府应急管理机制的发展概况进行了个案分析,并通过比较分析,剖析了我国政府应急管理机制建设存在的主要问题,以及国外政府应急管理机制建设带给我们的启示。

3.1 我国政府应急管理机制建设的实地调研

为了解国内政府应急管理机制建设的基本现状,笔者对北京市通州区政府应急指挥中心、北京市朝阳区政府应急指挥中心、卫生部卫生应急管理办公室、湖南省人民政府应急管理办公室等单位进行了实地调研。以下是北京市通州区政府应急管理机制和卫生部突发事件应急管理机制的简要介绍。

3.1.1 北京市通州区政府应急管理机制

通州是北京的东大门,是北京未来城市发展规划中重点发展的三个新城之一,是东部发展带的重要节点和城市综合服务中心。当前,通州正在全面建设北京新城区,建筑密集、人口稠密、经济要素积聚,政治、经济、文化活动较多,形成了以非自然因素为主,灾害种类多、损失重、影响大、处置难度大等城市灾害的明显特点。通州区委、区政府对于城市应急管理体制建设给予了相当的重视。政府有关职能部门制订各类专项应急预案 38 个,各乡镇、街道办事处也将逐步制订本辖区应急预案。在此基础上,通州区政府制订了《北京市通州区突发事件总体应急预案》,对通州区应急管理机制的构建及其运行机制提出了总体的思路。

3.1.1.1　应急管理机构及其职责

北京市通州区人民政府应急管理机构主要由应急领导机构、应急指挥机构、应急处置分指挥部、基层单位应急处置机构和安全防范与应急处置咨询机构组成。

第一，应急领导机构。成立北京市通州区突发事件应急委员会（简称"区应急委"），统一领导全区突发事件应对工作。对于较大且影响通州社会稳定的突发事件，由区委统一领导相关处置工作。区应急委主任由通州区区长担任，副主任、委员由区委、区政府分管处置自然灾害、事故灾难、公共卫生、社会安全等突发事件的区领导、区委宣传部部长、区委办公室主任、区政府办公室主任、驻通部队、武警部队负责人等担任。组成人员为区各突发事件专项应急指挥部（简称"专项应急指挥部"）和相关部委办局负责人。

区应急委的职责是：在市应急委统一领导下开展突发事件应对工作；研究制订全区应对突发事件重大决策和指导意见；审定《北京市通州区突发事件总体应急预案》；负责通州区发生的特别重大和重大突发事件的先期处置和善后工作；负责通州区各类较大和一般突发事件的组织、指挥工作；应对突发事件工作中协调与市有关部门和驻通中央、国家机关、部队等单位的关系；当突发事件超出通州区处置能力时，依程序请求北京市支援；分析总结年度全区突发事件应对工作。

第二，日常办事机构。成立通州区应急管理办公室（简称"区应急办"）。区应急办是区应急委日常办事机构，设在区政府办公室，加挂区应急指挥中心牌子。区应急办根据区应急委的决定，负责规划、组织、协调、指导、检查本区突发事件的预防和应对工作。区应急指挥中心备有指挥场所和相应的设备设施，作为突发事件发生时应急委的指挥平台。

区应急办的主要职责是：具体负责通州区各类较大和一般突发事件应对工作；协助配合市专项应急指挥部处置通州区特别重大、重大突发事件；负责收集、分析通州区内外有关突发事件的情况和信息及时向市应急办和区应急委报告，提出预警建议，经市应急办批准后，发布有关预警信息；组织修订区突发事件总体应急预案，指导审查各专项应急预案、应急保障预案、各乡镇、街道办事处和重点企事业单位的应急预案，并督促检查预案的演习工作；负责建立健全和完善突发事件信息网络系统，实现各专项应急指挥部、乡镇、街道办事处和相关部委办局信息共享，保障网络畅通；维护突发事件应急指挥平台，保证其正常运转；为领导提供信息、通信、预案、咨询和指挥场所等；组织协调应对突发事件的宣传教育和培训工作；承担区应急委的日常工作及区委、区政府交办的其他应急事项。

第三,应急处置分指挥部。区应急委设 13 个专项应急指挥部,分别是:区城市公共设施事故应急指挥部、区人防工程事故应急指挥部、区突发公共卫生事件应急指挥部、区反恐和刑事案件应急指挥部、区电力事故应急指挥部、区建筑工程事故应急指挥部、区交通安全应急指挥部、区消防安全应急指挥部、区抗震应急指挥部、区森林防火应急指挥部、区防汛抗旱应急指挥部、区重大动物疫病应急指挥部、区安全生产事故应急指挥部。

各专项应急指挥部和相关部委办局分别按照各自职责和业务范围,密切配合,具体负责突发事件预防、指挥和处置等工作。

除以上 13 个专项应急指挥部外,如果发生其他突发事件,由分管区领导和相关主责单位负责人成立临时应急指挥部。

第四,基层单位应急处置机构。各乡镇、街道办事处建立相应的突发事件工作体系和工作机制。各乡镇、街道办事处在区应急办的指导下确定专、兼职领导和工作人员,并在区应急办备案。

第五,突发事件专家顾问组。区应急委、各专项应急指挥部分别聘请专家,成立突发事件专家顾问组。

专家顾问组主要职责是:为通州地区中长期公共安全规划、信息系统的建设与管理、灾害科学最新发展趋势的跟踪等方面提供意见和建议;对突发事件的发生和发展趋势、救灾方案、处置办法、灾害损失和恢复方案等进行研究、评估,并提出相关建议;发生公共安全事件时提供科学而有效的决策咨询方案。

此外,区人防办职能逐步向民防转变,并在区应急委领导下,协助区应急办开展有关应对突发事件的宣传教育和培训等工作。通州公安分局指挥中心是区应急委备份指挥平台。

3.1.1.2 应急管理的运行机制

应急管理的运行机制包括预测预警、应急响应、后期处置三个方面。

1. 预测预警

预测预警工作主要分为信息监测与报告、预警级别及发布、预测预警支持系统三个方面的内容。

关于信息监测与报告。区应急办负责全区各类突发事件的预防、监督和管理工作。各专项应急指挥部、乡镇、街道办事处和相关部委办局应依据各自职责分工,并按照突发事件发生、发展的等级、趋势和危害程度,及时向区应急办提出相应的预警建议。

各专项应急指挥部、乡镇、街道办事处和相关部委办局,在确认可能引发某类突发事件的预警信息后,应根据各自制订的应急预案及时开展部署,迅速通知各有关单位和部门采取行动,防止事件的发生或事态的进一步扩大。

通州公安分局指挥中心将逐步整合各类紧急报警服务号码,逐步承担起全区范围内涉及刑事和治安案件、交通和火灾事故,以及其他重大、紧急案(事)件的报警事件受理和先期处置工作。对于发生的各类突发事件,应将情况立即上报区应急办并及时通报各相关单位。

预测将有突发事件发生时,区应急办应密切关注事态的发展趋势,根据事件的发展状况和严重程度,及时将信息报送市应急办,通报给相关部门,并适时建议区应急委启动专家顾问组。

关于预警级别及发布。依据突发事件即将造成的危害程度、发展情况和紧迫性等因素,由低到高划分为一般(Ⅳ级)、较重(Ⅲ级)、严重(Ⅱ级)、特别严重(Ⅰ级)四个预警级别,并依次采用蓝色、黄色、橙色和红色来加以表示。

蓝色等级(Ⅳ级):预计将要发生一般(Ⅳ级)以上突发事件,事件即将临近,事态可能会扩大。

黄色等级(Ⅲ级):预计将要发生较大(Ⅲ级)以上突发事件,事件已经临近,事态有扩大的趋势。

橙色等级(Ⅱ级):预计将要发生重大(Ⅱ级)以上突发事件,事件即将发生,事态正在逐步扩大。

红色等级(Ⅰ级):预计将要发生特别重大(Ⅰ级)以上突发事件,事件会随时发生,事态正在不断蔓延。

预警级别由主要承担突发事件处置的专项应急指挥部、相关部委办局或乡镇、街道办事处,依照各自制订的应急预案中所确定的预警等级提出预警建议,并报区应急办。

一般或较重级别的预警,需经区相关领导批准后,由区应急办负责发布或宣布取消。严重或特别严重级别的预警,由区应急办报市应急办处置。

预警信息包括突发事件的类别、预警级别、起始时间、可能影响范围、警示事项、应采取的措施和发布机关等。

预警信息发布后,区应急办、各专项应急指挥部、乡镇、街道办事处和相关部委办局应立即做出响应,进入相应的应急工作状态。同时各部门应依据已发布的预警级别,适时启动相应的突发事件应急预案,履行各自所应承担的职责。

区应急办要密切关注事件进展情况,并依据事态变化情况和专家顾问组提出的预警建议,向市应急办适时提请调整预警级别,并将调整结果及时通报各相关部门。

关于预测预警支持系统。加强突发事件的预测预警体系建设,建立健全通州区各突发事件的预警指数和等级标准。依据全市统一制定的预警体系建设的技术标准,由区信息中心协调,充分利用现代化的技术监测手段,特别加强交通、公共卫生、安全生产、气象、市政、环保、地震等专业部门的数字化监测基础设施建设,强化专业预警预报信息系统建设。

由区应急办会同区信息中心,建立通州区应急指挥综合信息管理系统,逐步实现跨地区、跨部门对各类突发事件预警信息实施有效管理和使用。

各专项应急指挥部,各乡镇、街道办事处和相关部委办局提高信息收集、分析和处理能力,及时预测不同等级突发事件出现的可能性,提出预防或采取应急措施的建议,做到对可能发生的突发事件的及时预警。

2. 应急响应

应急响应包括分级响应和应急响应的程序两个方面的内容。

对于分级响应的规定,不同严重程度的突发事件,其响应的级别是不一样的。其中,特别重大突发事件(Ⅰ级)、重大(Ⅱ级)突发事件:需由区应急办报区主要领导批准后,报市应急办处置。区应急委主要领导到场任总指挥,负责处置的主责单位的党政一把手任执行总指挥,各专项应急指挥部、相关部委办局和属地乡镇、街道办事处等协助单位的党政一把手配合,负责先期处置和善后工作。并在市应急委统一指挥协调下,协助市专项应急指挥部开展工作。

较大突发事件(Ⅲ级):由区应急办报分管区领导批准后启动应急预案,分管区领导应赶赴现场,并成立由各专项应急指挥部、相关部委办局和事件属地乡镇、街道办事处组成的现场指挥部。其中,授权分管此类突发事件处置的区领导任总指挥,负责参与制订方案,指导、协调、督促有关部门开展工作;负责处置的主责单位的党政一把手任执行总指挥,负责事件的具体指挥和处置工作;各专项应急指挥部、相关部委办局和乡镇、街道办事处等协助单位的党政一把手配合,也可由市专项应急指挥部和市相关部委办局直接负责处置。

一般突发事件(Ⅳ级):由区各专项应急指挥部、相关部委办局和属地乡镇、街道办事处负责启动应急预案,并报区应急办。主责单位的党政一把手到现场任总指挥,具体负责现场处置工作,各专项应急指挥部、相关部委办局和属地乡镇、街道办事处等协助单位的党政一把手配合。

对于应急响应程序的规定。应急响应程序包括基本应急、扩大应急、社会动员、应急结束等环节,每一环节对应着不同的响应程序。

基本应急的响应程序主要包括以下几个方面:

——当确认突发事件即将或已经发生时,区各专项应急指挥部、乡镇、街道办事处和各相关部委办局应立即做出响应,按照"统一指挥、属地为主、专业处置"的要求,成立由各部门领导同志参加的现场指挥部,确定联系人和通信方式,指挥协调公安、交通、消防和医疗急救等部门应急队伍先期开展救援行动,组织、动员和帮助群众开展防灾、减灾和救灾工作。

——现场指挥部应维护好事发地区治安秩序,做好交通保障、人员疏散、群众安置等各项工作,尽全力防止紧急事态的进一步扩大。及时掌握事件进展情况,随时向区应急办报告。同时结合现场实际情况,尽快研究确定现场应急事件处置方案。

——参与突发事件处置的各相关部委办局,应立即调动有关人员和处置队伍赶赴现场,在现场指挥部的统一指挥下,按照专项预案分工和事件处置规程要求,相互配合、密切协作,共同开展应急处置和救援工作。

——区应急办应依据突发事件的级别和种类,适时建议派出由该领域具有丰富应急处置经验人员和相关科研人员组成的专家顾问组,共同参与事件的处置工作。专家顾问组应根据上报和收集掌握的情况,对整个事件进行分析判断和事态评估,研究并提出减灾、救灾等处置措施,为现场指挥部提供决策咨询。

——现场指挥部应随时跟踪事态的进展情况,一旦发现事态有进一步扩大的趋势,有可能超出自身的控制能力,应立即向区应急办发出请求,由区委、区政府协助调配其他应急资源参与处置。同时应及时向事件可能波及的地区通报有关情况,必要时可通过媒体向社会发出预警。

——与突发事件有关的各单位和部门,应主动向现场指挥部和参与事件处置的相关部委办局提供与应急处置有关的基础资料,尽全力为实施应急处置、开展救援等工作提供各种便利条件。

——发生涉外突发事件时,区政府外事办应根据应急处置工作的需要和职责分工,派人参与现场指挥部工作,并负责承办相关事项。

扩大应急的响应程序包括以下几个方面:

——如果突发事件的事态进一步扩大,预计依靠通州区现有应急资源和人力难以实施有效处置时,应以区应急委名义,协同在通中央及市属单位、驻通部队、武警部队参与处置工作。

——当突发事件造成的危害已比较严重,超出通州区自身控制能力时,区应急委应将相关情况迅速上报市委、市政府,由市委、市政府直接指挥或授权市专项应急指挥部指挥,统一协调、调动全市应急资源共同参与事件的处置工作。

社会动员主要包括三个方面的工作:

——突发事件社会动员是指应对突发事件时,各级人民政府、社会团体、企事业单位在人员、政治、经济、科技、教育等方面统一组织的动员准备、实施和恢复活动。

——依据突发事件的危险程度、波及范围、人员伤亡等情况,确定社会动员的等级。在启动全区或部分地区应急处置预案时,发布社会动员令,向社会公众发布事件信息,实施现场动员,提供有关保障,组织人员疏散、隐蔽和隔离等。

——全区范围内的社会动员,由区政府报请市政府批准。区应急办负责全区社会动员工作,会同宣传部门搞好宣传教育,制订社会动员方案,协调各部委办局开展工作。局部小范围内的社会动员,由区政府批准,报市政府备案。

应急结束主要包括以下几个方面的工作:

由通州区发布启动预案的一般和较大突发事件应急处置工作结束后,承担事件处置工作的各专项应急指挥部、乡镇、街道办事处、相关部委办局和现场指挥部,需将应急处置工作的总结报告上报区应急办,报请区应急委主要领导批准后,做出同意应急结束的决定。重大、特别重大突发事件由发布启动预案的市各专项应急指挥部或市应急办宣布应急结束。

突发事件应急处置工作结束后,应将情况及时通知参与事件处置的各相关部门,必要时可通过广播电台、电视台和新闻媒体同时向社会发布应急结束消息。

3. 后期处置

后期处置工作包括善后处置、社会救助、保险、调查和总结。

关于善后处置。善后处置是在区委、区政府统一领导下,由区相关部委办局和各乡镇、街道办事处负责组织实施。区委、区政府相关部委办局和乡镇、街道办事处要组织力量全面开展突发事件损害核定工作,及时收集、清理和处理污染物,对事件情况、人员补偿、征用物资补偿、重建能力、可利用资源等做出评估,制订补偿标准和事后恢复计划,并迅速实施。

关于社会救助。接到特别重大、重大突发事件预警或特别重大、重大突发事件后,在区应急委的统一领导下,民政部门应会同相关部门,迅速引导群众转移,安置到指定场所,及时组织救灾物资和生活必需品的调拨,保障群众基本生活。

民政部门应组织力量,在相关部门及有关专家配合下,对损失情况进行评估,并逐户核实等级,登记造册,并组织实施救助工作。

通州区接受救灾捐赠事务管理中心应立即开通 24 小时捐赠热线,启动社会募捐机制,动员社会各界提供援助。接受捐赠款物坚持"专款专用、尊重捐赠者意愿"的原则,按照规定程序安排使用。同时,民政部门要进一步推动接受捐赠工作的制度化和经常化,为灾后社会救助工作的开展提供更加充实的物资和资金保障。区红十字会、北京市慈善协会通州区办事处等社会公益组织应在各自工作条例规定的范围内开展互助互济和经常性救灾捐赠活动。主动联系市红十字会等组织,加强与国际红十字会等国际组织的交流与合作,积极吸纳国际捐赠的救助款物。

关于保险。突发事件发生后,保险机构应立即赶赴现场开展保险受理、赔付工作。

关于调查和总结。现场指挥部适时成立事故原因调查小组,组织专家调查和分析事故发生的原因和发展趋势,预测事故后果,报区应急办。处理结束5日内,现场指挥部应将总结报告报区应急委,由区应急办备案。

在突发事件处置结束的同时,区应急办组织有关专家顾问成立事故处置调查小组,对应急处置工作进行全面客观地评估,并在14天内将评估报告报送区应急委。区应急委根据以上报告,总结经验教训,提出改进工作的要求和建议。

3.1.1.3 应急管理的保障机制

1. 指挥系统技术保障

区应急办建立应急指挥技术支撑体系,以满足各种复杂情况下处置各类突发事件的指挥要求。主要包含有线通信系统、无线指挥调度系统、图像监控系统、计算机网络应用系统、配套保障系统、突发事件快速评估系统、信息报送系统、基于地理信息系统的分析决策支持系统、视频会议系统、移动指挥系统等。

区信息中心负责组织,各专项应急指挥部、相关部委办局和各乡镇、街道办事处配合,按照全市统一标准建设全区共享的基础电子地图。各专项应急指挥部、相关部委办局建立支持应急指挥决策的基础地理信息系统,并动态更新。

各专项应急指挥部、相关部委办局和各乡镇、街道办事处逐步建立和完善应急指挥基础信息数据库。建立各类事故隐患和危险源监控数据库、统一规范的专业数据库、基于空间位置的应急预案库、应急决策咨询专家库、辅助决策知识库以及危机管理信息资源目录体系,做到及时维护更新,确保数据的质量,实现对突发公共危机事件应急指挥的可视化定位与分析决策支持。

2. 通信保障

区信息中心负责,中国网通(集团)有限公司北京市通州区分公司配合,成立联合指挥协调机构,统一组织通州区各电信运营公司、通州区政务专网等运行部门,建立通州区信息通信应急保障队伍。

区信息中心牵头,各相关单位参与,整合完善应急指挥通讯网络系统。以通州区电子政务专网为核心,整合区政府各职能部门专网等其他社会网络资源,形成覆盖区、乡镇(街道办事处)、村(社区)的三级网络传输体系,建立跨部门、多路由、有线和无线相结合的稳定可靠应急通信系统,并与全市联网。

由中国网通(集团)有限公司北京市通州区分公司组织和协调相关单位,在出现通信干线中断或现有网络盲区时,利用卫星、微波等通信手段,保障事件现场与区应急办及相关专项应急指挥部之间的联系。

区信息中心配合通州公安分局,以通州公安分局已经建成的图像监控系统为骨干,整合其他图像监控资源,建立图像监控网络。

3. 现场救援和工程抢险装备保障

各专业部门根据自身应急救援业务需求,采取平战结合的原则,配备现场救援和工程抢险装备和器材,建立相应的维护、保养和调用等制度,保障各种相关灾害事件的抢险和救援。

大型现场救援和工程抢险装备,由区应急办与相关企业签订应急保障服务协议,采取政府资助、合同、委托等方式,每年由政府提供一定的设备维护、保养补助费用,紧急情况下区应急办可代表区委、区政府直接调用。

按照统一格式标准建立救援和抢险装备信息数据库并及时维护更新,保障应急指挥调度的准确和高效。

4. 应急队伍保障

应急队伍保障包括:专业应急队伍组建、社区和志愿者应急队伍、应急队伍调动、应急队伍演练等方面。

关于专业应急队伍的组建。公安、消防、交管、医疗急救、市政等队伍是基本的抢险救援队伍,军队、武警和民兵预备役部队是抢险救援的后备力量。

人防、地震、防汛、消防、建筑工程等专业救灾队伍,是突发事件应急行动的骨干力量。各专业部门要落实先期处置队伍和增援队伍的组织保障方案。

关于社区和志愿者应急队伍。要健全社会力量动员机制,发挥机关、企事业单位、城市社区、公益团体等社会力量的作用,组建具有一定救援知识和技能的志愿者队伍,以在第一时间减少和降低灾害的损失。

在志愿者队伍的组织、技术装备、培训、应急预案演练、救援行动人身保险等方面,由乡镇、街道办事处和相关部委办局给予支持和帮助。

关于应急队伍的调动。一般突发事件发生时,由各专项应急指挥部、相关部委办局、各乡镇、街道办事处按照预案调动自己的应急队伍进行处置。需要增援的应急处置队伍,由区应急委统一调动。

较大以上突发事件发生时,按照专业队伍为主体、群众性队伍为辅助的原则,由区应急办统一协调调动应急抢险救援队伍。需要市及兄弟区县增援应急处置队伍,由区应急办向区应急委主要领导请示同意后,向市应急办请求增援。

关于应急队伍的演练。各类抢险救援队伍要结合本单位的工作和生产,积极开展专业技能培训和演练；并依据专项应急预案进行短期脱产训练。

区应急办定期组织全区跨部门、跨行业的应对较大以上突发事件的演练，检验应急队伍的快速反应能力，提高各部门之间协调配合和现场处置能力，实现对突发事件管理的规范化和程序化。

5. 交通运输保障

交通运输的保障工作主要由区交通局牵头，区交通支队配合，建立健全公共交通线路规划和突发事件现场的交通管制等保障制度，建立与上级主管部门的沟通和联动机制。

突发事件发生后，要根据需要和可能，开设应急救援"绿色通道"；区建委、市政管委、交通局、公路分局组织专业队伍，尽快恢复被毁坏的道路、桥梁及有关设施，保障交通路线的畅通。必要时，可紧急动员和征用其他部门及社会的交通设施装备。

6. 医疗卫生保障

根据"分级救治"原则，按照现场抢救、院前急救、专科治疗几个阶段组织实施救护。通州区急救中心（120）和红十字会急救中心（999）负责应急处置工作中的院前急救工作；各级医院负责后续救治；红十字会等群众性救援组织和队伍应积极配合专业医疗队伍，开展群众性卫生救护工作。区疾病预防控制中心（CDC）、各级各类医疗机构及其他相关部门负责做好疾病控制和卫生防疫准备，并严密组织实施。

发生突发事件后，区卫生局快速组织医疗救护队伍进入救灾现场，对伤员进行应急救治。采取有效措施防止和控制灾区传染病的暴发流行；及时检查、监测灾区的食品、饮用水源、放射源的安全情况。区商务局、药监通州分局负责迅速组织向灾区提供所需药品、医疗器械。

在区急救中心基础上，建设乡镇、街道办事处急救点和社区卫生服务中心急救点，共同构成院前急救体系。

区卫生局负责公共卫生信息系统建设。准确掌握全区急救资源状况（院前急救、综合医院急诊科、急救队伍等），建立动态数据库，明确医疗救治和疾病预防控制机构的资源分布、救治能力和专长等，全面提高公共卫生管理和紧急处置能力。

7. 治安保障

突发事件发生后，由属地公安部门和乡镇、街道办事处负责治安保障，立即在救灾现场周围设立警戒线和警戒哨，做好现场控制、交通管制、疏散救助群众、维护公共秩序等工作。

由通州公安分局负责,武警部队予以协助和配合,承担对重要场所、目标和救灾设施的警卫工作;突发事件发生地的乡镇、街道办事处和社区组织要积极发动和组织社会力量开展自救互救,群防群治,全力维护突发事件地区的社会稳定。

突发事件发生后,如现场有起火、存有易燃易爆危险品、漏电、漏水、漏气等情况发生,现场先期处置人员要立即通知有关主管部门实施灭火、排爆、断电、断水、断气等措施,清除现场危险品,避免次生危害的出现。

8. 物资保障

物资保障工作主要包括物资的储备、管理和调配等方面。

建立应急救援物资储备制度。各专项应急指挥部、相关部委办局和各乡镇、街道办事处要根据不同危机事件和灾害种类,承担本部门、本地区救灾物资生产、储存、调拨体系和方案。

加强对储备物资的管理,防止储备物资被盗用、挪用、流失和失效,对各类物资及时予以补充和更新;建立与其他区、县物资调剂供应的渠道,以备本地区物资短缺时,可迅速调入。

应急救援物资的调用由区应急办统一协调,由区商务局、民政局负责组织应急救援物资的储存、调拨和紧急供应,药监通州分局负责药品的储存和供应。

区发改委负责应急物资的综合管理工作,区商务局、农委、通州工商分局、质监局、药监通州分局、粮油贸易公司等部门按照职能分工,负责掌握全区生活必需品市场的总需求及储备库存、经营库存、生产和销售能力、价格的变化情况,负责应急机制启动后的市场监测和市场异常情况下的应急方案实施,调动生活必需品大型生产企业、经营企业现有库存投放市场,组织生产基地和社会商业库存充实零售市场。

9. 资金保障

根据《中华人民共和国预算法》有关条款,每年按照财政支出额的适当比例安排政府预备费,主要作为公共财政应急储备资金。区政府和乡镇政府财政部门要在一般支出预算中增设突发事件应急专项准备资金,并根据城市公共安全管理的需求,逐步提高资金提取比例。

发生突发事件后,一是根据实际情况调整部门预算内部结构,削减部门支出预算,集中财力应对突发事件;二是经区应急委批准启动应急专项资金,必要时动用公共财政应急储备资金。

按照"急事急办"原则,简化工作环节,凡区政府批准的拨款事宜,在一个工作日内完成相关手续,确保突发事件处置工作的顺利进行。

鼓励自然灾害多发地区的公民、法人单位和其他组织购买财产和人身意外伤害保险。从事高风险活动的企业应当购买财产保险,并为其员工购买人身意外伤害保险。鼓励公民、法人和其他组织为应对突发事件提供资金援助。

区、乡镇两级财政部门负责应急专项基金和公共财政应急储备资金管理,突发事件发生后重大资金动用由区应急委审批。

财政和审计部门要对突发事件财政应急保障资金的使用和效果进行监管和评估。

10. 人员防护保障

各有关部门应认真分析事件处置中对人员造成危害的可能性和所有危害种类,制订切实可行的防范措施和救援程序,配备符合要求的安全防护设备。在应急处置过程中,确保人员安全。

依据北京市城市总体规划,在居民生活、工作地点周围,规划、改造和维护城市应急避难场所,保障在紧急状态下为居民提供疏散、临时生活的安全场所。

应急避难场所内设置应急指挥部、应急棚宿区、应急供水、应急照明用电、通讯、物资供应、广播、卫生防疫和应急厕所等必需的预留位置和基本保障设施,并按照北京市地方标准《地震应急避难场所标志》(DB11/224—2004)的规定设置标志牌。

11. 技术开发与储备

区科委负责,依托相关科研机构和有关专家,加强应对突发事件管理技术支撑体系研究,建立突发事件管理技术的开发体系和储备机制;制订研发计划,借鉴国际国内先进经验,科学合理地配备智能化的应急指挥通信技术、辅助决策技术、特种救援技术等应急装备。

各专项应急指挥部、相关部委办局和各乡镇、街道办事处结合日常工作,开展预警、分析、评估模型研究,提高防范和处置重大突发事件的决策水平。

12. 法制保障

在突发事件发生及延续期间,区政府严格执行市政府制定和发布的紧急决定和命令,可根据需要依法制定和发布紧急决定。

在突发事件发生、延续期间以及善后阶段,区政府法制办负责依法提供有关重大问题处置的法律意见。

3.1.1.4 应急管理的日常管理

1. 加强宣传教育、培训和演习

关于宣传教育,主要做好以下两个方面的工作:

一是应对突发事件教育。区应急办组织协调,各专项应急指挥部、相关部委办局和乡镇、街道办事处制定应对突发事件教育规划,编制公众应对突发事件专业技术教材和社区应急手册。

党政机关、社会团体、企事业单位、社区居委会和村委会负责组织本单位、本地区的人员进行应急法律法规和预防、避险、自救、互救等常识的宣传教育。各级教育主管部门和学校组织实施在校学生相关应急知识的教育。

充分利用广播、电视、报纸、互联网等新闻媒体,开展应急教育,增强公民防范意识,学习掌握应急基本知识和技能。

二是开设通州区综合减灾信息网站。在通州区政府门户网站《北京通州信息网》上,开设通州区应对突发事件信息网站。由区应急办牵头,各专项应急指挥部和相关部委办局参与,区信息中心负责开发,宣传党中央、国务院和市委、市政府公共危机管理与应急工作的方针、政策、法律、法规和规章;发布预警信息,报道通州区公共安全工作动态;提供其他相关信息等内容。开展面向农村和社区的远程应对突发事件教育信息服务。

关于培训。培训包括对公职人员的培训和对市民的培训。对公职人员的培训。应急办负责组织协调各相关部委办局开展面向公职人员的应对突发事件相关知识培训,将突发事件预防、应急指挥、综合协调等作为重要内容,以增加公职人员应对突发事件的知识和能力。

对市民的培训。各相关部委办局结合自身业务领域,利用现有设施有组织、有计划地为市民提供应对突发事件预防与应急、自救与互救知识和技能培训。各乡镇、街道办事处、社区、企事业单位和其他组织要结合本单位的实际情况,加强市民自救、互救和逃生的知识和技能培训。

关于应急演习。由各专项应急指挥部、各乡镇、街道办事处和相关部委办局根据预案,定期组织专业性和综合性的应急演习,做好跨部门之间的协调配合及通信联络,确保各种紧急状态下的有效沟通和统一指挥。

各乡镇、街道办事处和社区组织本区域单位和群众应对突发事件的分项演练。

应急演习包括准备、实施和总结三个阶段。通过应急演习,培训应急队伍,落实岗位责任,熟悉应急工作的指挥机制,决策、协调和处置的程序,识别资源需求、评价应急准备状态、检验预案的可行性和改进应急预案。

2. 加强应急预案管理

应急预案的管理包括:应急预案制订、应急预案审查、应急预案公布、应急预案修订。

关于应急预案的制订。全区各类突发事件预案分为区总体应急预案、专项应急预案、乡镇、街道办事处应急预案和应急保障预案四种。

区总体应急预案由区委、区政府依据国务院印发的《省（区、市）人民政府突发事件总体应急预案框架指南》和《北京市人民政府突发事件总体应急预案》的各项要求，负责制订和修订；

专项应急预案由区各专项应急指挥部和相关部委办局，依据突发事件分工，根据区总体应急预案中的规定，参照上级主管部门专项应急预案，分别负责制订和修订；

乡镇、街道办事处应急预案由各乡镇、街道办事处，根据区总体应急预案中的规定，结合本地区实际负责制订和修订。

应急保障预案由各类突发事件应急保障部门，根据区总体应急预案中的规定，结合本地区实际负责制订和修订。

各乡镇、街道办事处、各专项应急指挥部和相关部委办局在制订预案的过程中，应依照国务院《特别重大、重大突发事件分级标准（试行）》、《北京市突发事件总体应急预案》和通州区总体应急预案事件等级划分标准，在各自的应急预案和专项应急预案当中，对各类突发事件的等级标准具体加以细化。

关于应急预案的审查。为确保应急预案的科学性、合理性和可操作性，区应急办应依据我国有关应急的法律、法规和相关政策文件，组织政府有关部门、专家开展通州区总体应急预案的评审工作，报请市应急办备案。

区各专项应急指挥部、乡镇、街道办事处和相关部委办局，依据本预案，组织制订的各类应急预案，由区应急办组织审查，报区应急委备案。

关于应急预案的公布。本预案经过区委、区政府评审通过后，由区长签署后对外发布。各类应急预案，除涉密内容外，应广泛向社会进行宣传发布。

关于应急预案的修订。随着相关法律法规的制定、修改和完善，机构调整或应急资源发生变化，以及应急处置过程中和各类应急演习中发现和出现新问题、新情况，各专项应急指挥部、乡镇、街道办事处和相关部委办局，应适时对各类应急预案进行修订，上报区应急办备案。根据实际情况的变化，及时修订本预案。

3. 监督检查与奖惩

各部门应根据应急预案的要求，定期检查本部门应急人员、设施、装备等资源的落实情况，并制订相应奖惩制度。

3.1.2 卫生部突发公共卫生事件应急管理机制

近年来，全国各级卫生部门围绕突发公共卫生事件应急预案、体制、机制、法制建设，坚持预防为主、以人为本的原则，加强突发公共卫生事件应急管理，切实落实《突发公共卫生事件应急条例》,不断完善部门信息沟通与措施联动机制,加快建立突发公共卫生事件应急预案体系,积极推进突发公共卫生事件监测预警、指挥决策系统建设,充分做好各项卫生应急准备工作,不断提高卫生应急能力,强化指导各地规范有序开展卫生应急处置,进行卫生应急培训、演练,狠抓落实,依法、科学、有序、有效组织协调处置各种突发公共卫生事件,卫生应急管理工作取得明显进展。根据国务院和《总体预案》的要求,由卫生部牵头制订的《国家突发公共卫生事件应急预案》和《国家突发事件医疗卫生救援应急预案》,对突发公共卫生事件应急管理机制的构建及其运行机制提出了总体的思路。

3.1.2.1　应急管理的机构及其职责

卫生部突发公共卫生事件应急管理机构主要由应急指挥机构、日常管理机构、专家咨询委员会、应急处理专业技术机构等机构组成。

1. 应急指挥机构

卫生部依照职责和《国家突发公共卫生事件应急预案》的规定,在国务院统一领导下,负责组织、协调全国突发公共卫生事件应急处理工作,并根据突发公共卫生事件应急处理工作的实际需要,提出成立全国突发公共卫生事件应急指挥部。

地方各级人民政府卫生行政部门依照职责和本预案的规定,在本级人民政府统一领导下,负责组织、协调本行政区域内突发公共卫生事件应急处理工作,并根据突发公共卫生事件应急处理工作的实际需要,向本级人民政府提出成立地方突发公共卫生事件应急指挥部的建议。

各级人民政府根据本级人民政府卫生行政部门的建议和实际工作需要,决定是否成立国家和地方应急指挥部。

地方各级人民政府及有关部门和单位要按照属地管理的原则,切实做好本行政区域内突发公共卫生事件应急处理工作。

全国突发公共卫生事件应急指挥部的组成和职责。全国突发公共卫生事件应急指挥部负责对特别重大突发公共卫生事件的统一领导、统一指挥,作出处理突发公共卫生事件的重大决策。指挥部成员单位根据突发公共卫生事件的性质和应急处理的需要确定。

省级突发公共卫生事件应急指挥部的组成和职责。省级突发公共卫生事件应急指挥部由省级人民政府有关部门组成,实行属地管理的原则,负责对本行政区域内突发公共卫生事件应急处理的协调和指挥,作出处理本行政区域内突发公共卫生事件的决策,决定要采取的措施。

2. 日常管理机构

卫生部于2004年3月组建了卫生应急办公室(突发公共卫生事件应急指挥

中心）。主要职责是：依法组织协调有关突发公共卫生事件应急处理工作；负责卫生应急处理相关法律法规起草，拟订应急处理方针、政策措施，组建监测和预警系统，制订突发公共卫生事件应急预案，组织预案培训和演练，培训公共卫生和医疗救助专业人员，指导各地实施突发公共卫生事件预案，帮助和指导各地应对其他经常性突发事件的伤病救治工作。承办救灾、反恐、中毒、放射事故等重大安全事件中公共卫生的组织协调和重大人员伤亡事件紧急医疗救护工作。

目前，全国共有 27 个省、自治区、直辖市卫生厅局成立了卫生应急办公室。中国疾病预防控制中心和部分省级的疾病预防控制中心也成立了专门的应急处置部门。

3. 专家咨询委员会

为了充分发挥专家在应对突发公共卫生事件决策咨询、技术指导等方面的作用，卫生部组建了国家卫生应急专家咨询委员会和国家突发公共卫生事件应急专家库，组建并完善国家各类卫生应急队伍建设。为有效处置各类突发公共卫生事件起到有力的技术支持和保障作用。

4. 应急处理专业技术机构

医疗机构、疾病预防控制机构、卫生监督机构、出入境检验检疫机构是突发公共卫生事件应急处理的专业技术机构。应急处理专业技术机构要结合本单位职责开展专业技术人员处理突发公共卫生事件能力培训，提高快速应对能力和技术水平，在发生突发公共卫生事件时，要服从卫生行政部门的统一指挥和安排，开展应急处理工作。

3.1.2.2 应急管理的运行机制

1. 突发公共卫生事件的监测、预警与报告

关于突发公共卫生事件的监测。由国家建立统一的突发公共卫生事件监测、预警与报告网络体系。各级医疗、疾病预防控制、卫生监督和出入境检疫机构负责开展突发公共卫生事件的日常监测工作。

省级人民政府卫生行政部门要按照国家统一规定和要求，结合实际，组织开展重点传染病和突发公共卫生事件的主动监测。

国务院卫生行政部门和地方各级人民政府卫生行政部门要加强对监测工作的管理和监督，保证监测质量。

关于突发公共卫生事件的预警。各级人民政府卫生行政部门根据医疗机构、疾病预防控制机构、卫生监督机构提供的监测信息，按照公共卫生事件的发生、发展规律和特点，及时分析其对公众身心健康的危害程度、可能的发展趋势，及时做出预警。

关于突发公共卫生事件的报告。任何单位和个人都有权向国务院卫生行政部门和地方各级人民政府及其有关部门报告突发公共卫生事件及其隐患,也有权向上级政府部门举报不履行或者不按照规定履行突发公共卫生事件应急处理职责的部门、单位及个人。

县级以上各级人民政府卫生行政部门指定的突发公共卫生事件监测机构、各级各类医疗卫生机构、卫生行政部门、县级以上地方人民政府和检验检疫机构、食品药品监督管理机构、环境保护监测机构、教育机构等有关单位为突发公共卫生事件的责任报告单位。执行职务的各级各类医疗卫生机构的医疗卫生人员、个体开业医生为突发公共卫生事件的责任报告人。

突发公共卫生事件责任报告单位要按照有关规定及时、准确地报告突发公共卫生事件及其处置情况。突发公共卫生事件信息传递与事件判定流程见附件1。

2. 突发公共卫生事件的应急反应和终止

突发公共卫生事件的应急反应和终止需要遵循一定的原则,并且不同部门的应急反应措施各不相同。

(1) 关于应急反应原则

发生突发公共卫生事件时,事发地的县级、市(地)级、省级人民政府及其有关部门按照分级响应的原则,作出相应级别应急反应。同时,要遵循突发公共卫生事件发生发展的客观规律,结合实际情况和预防控制工作的需要,及时调整预警和反应级别,以有效控制事件,减少危害和影响。要根据不同类别突发公共卫生事件的性质和特点,注重分析事件的发展趋势,对事态和影响不断扩大的事件,应及时升级预警和反应级别;对范围局限、不会进一步扩散的事件,应相应降低反应级别,及时撤销预警。

国务院有关部门和地方各级人民政府及有关部门对在学校、区域性或全国性重要活动期间等发生的突发公共卫生事件,要高度重视,可相应提高报告和反应级别,确保迅速、有效控制突发公共卫生事件,维护社会稳定。

突发公共卫生事件应急处理要采取边调查、边处理、边抢救、边核实的方式,以有效措施控制事态发展。

事发地之外的地方各级人民政府卫生行政部门接到突发公共卫生事件情况通报后,要及时通知相应的医疗卫生机构,组织做好应急处理所需的人员与物资准备,采取必要的预防控制措施,防止突发公共卫生事件在本行政区域内发生,并服从上一级人民政府卫生行政部门的统一指挥和调度,支援突发公共卫生事件发生地区的应急处理工作。

（2）关于应急反应措施

突发公共卫生事件发生以后，有关部门应采取相应的应急反应措施。

① 各级人民政府应采取的应急反应措施主要有：

——组织协调有关部门参与突发公共卫生事件的处理。

——根据突发公共卫生事件处理需要，调集本行政区域内各类人员、物资、交通工具和相关设施、设备参加应急处理工作。涉及危险化学品管理和运输安全的，有关部门要严格执行相关规定，防止事故发生。

——划定控制区域：甲类、乙类传染病暴发、流行时，县级以上地方人民政府报经上一级地方人民政府决定，可以宣布疫区范围；经省、自治区、直辖市人民政府决定，可以对本行政区域内甲类传染病疫区实施封锁；封锁大、中城市的疫区或者封锁跨省（区、市）的疫区，以及封锁疫区导致中断干线交通或者封锁国境的，由国务院决定。对重大食物中毒和职业中毒事故，根据污染食品扩散和职业危害因素波及的范围，划定控制区域。

——疫情控制措施：当地人民政府可以在本行政区域内采取限制或者停止集市、集会、影剧院演出，以及其他人群聚集的活动；停工、停业、停课；封闭或者封存被传染病病原体污染的公共饮用水源、食品以及相关物品等紧急措施；临时征用房屋、交通工具以及相关设施和设备。

——流动人口管理：对流动人口采取预防工作，落实控制措施，对传染病病人、疑似病人采取就地隔离、就地观察、就地治疗的措施，对密切接触者根据情况采取集中或居家医学观察。

——实施交通卫生检疫：组织铁路、交通、民航、质检等部门在交通站点和出入境口岸设置临时交通卫生检疫站，对出入境、进出疫区和运行中的交通工具及其乘运人员和物资、宿主动物进行检疫查验，对病人、疑似病人及其密切接触者实施临时隔离、留验和向地方卫生行政部门指定的机构移交。

——信息发布：突发公共卫生事件发生后，有关部门要按照有关规定作好信息发布工作，信息发布要及时主动、准确把握，实事求是，正确引导舆论，注重社会效果。

——开展群防群治：街道、乡（镇）以及居委会、村委会协助卫生行政部门和其他部门、医疗机构，做好疫情信息的收集、报告、人员分散隔离及公共卫生措施的实施工作。

——维护社会稳定：组织有关部门保障商品供应，平抑物价，防止哄抢；严厉打击造谣传谣、哄抬物价、囤积居奇、制假售假等违法犯罪和扰乱社会治安的行为。

② 卫生行政部门应采取的应急反应措施主要有：

——组织医疗机构、疾病预防控制机构和卫生监督机构开展突发公共卫生事件的调查与处理。

——组织突发公共卫生事件专家咨询委员会对突发公共卫生事件进行评估，提出启动突发公共卫生事件应急处理的级别。

——应急控制措施：根据需要组织开展应急疫苗接种、预防服药。

——督导检查：国务院卫生行政部门组织对全国或重点地区的突发公共卫生事件应急处理工作进行督导和检查。省、市（地）级以及县级卫生行政部门负责对本行政区域内的应急处理工作进行督察和指导。

——发布信息与通报：国务院卫生行政部门或经授权的省、自治区、直辖市人民政府卫生行政部门及时向社会发布突发公共卫生事件的信息或公告。国务院卫生行政部门及时向国务院各有关部门和各省、自治区、直辖市卫生行政部门以及军队有关部门通报突发公共卫生事件情况。对涉及跨境的疫情线索，由国务院卫生行政部门向有关国家和地区通报情况。

——制定技术标准和规范：国务院卫生行政部门对新发现的突发传染病、不明原因的群体性疾病、重大中毒事件，组织力量制定技术标准和规范，及时组织全国培训。地方各级卫生行政部门开展相应的培训工作。

——普及卫生知识。针对事件性质，有针对性地开展卫生知识宣教，提高公众健康意识和自我防护能力，消除公众心理障碍，开展心理危机干预工作。

——进行事件评估：组织专家对突发公共卫生事件的处理情况进行综合评估，包括事件概况、现场调查处理概况、病人救治情况、所采取的措施、效果评价等。

③ 医疗机构应采取的应急反应措施主要有：

——开展病人接诊、收治和转运工作，实行重症和普通病人分开管理，对疑似病人及时排除或确诊。

——协助疾控机构人员开展标本的采集、流行病学调查工作。

——做好医院内现场控制、消毒隔离、个人防护、医疗垃圾和污水处理工作，防止院内交叉感染和污染。

——做好传染病和中毒病人的报告。对因突发公共卫生事件而引起身体伤害的病人，任何医疗机构不得拒绝接诊。

——对群体性不明原因疾病和新发传染病做好病例分析与总结，积累诊断治疗的经验。重大中毒事件，按照现场救援、病人转运、后续治疗相结合的原则进行处置。

——开展科研与国际交流：开展与突发事件相关的诊断试剂、药品、防护用品等方面的研究。开展国际合作,加快病源查寻和病因诊断。

④ 疾病预防控制机构应采取的应急反应措施主要有：

——突发公共卫生事件信息报告：国家、省、市(地)、县级疾控机构做好突发公共卫生事件的信息收集、报告与分析工作。

——开展流行病学调查：疾控机构人员到达现场后,尽快制订流行病学调查计划和方案,地方专业技术人员按照计划和方案,开展对突发事件累及人群的发病情况、分布特点进行调查分析,提出并实施有针对性的预防控制措施;对传染病病人、疑似病人、病原携带者及其密切接触者进行追踪调查,查明传播链,并向相关地方疾病预防控制机构通报情况。

——实验室检测：中国疾病预防控制中心和省级疾病预防控制机构指定的专业技术机构在地方专业机构的配合下,按有关技术规范采集足量、足够的标本,分送省级和国家应急处理功能网络实验室检测,查找致病原因。

——开展科研与国际交流：开展与突发事件相关的诊断试剂、疫苗、消毒方法、医疗卫生防护用品等方面的研究。开展国际合作,加快病源查寻和病因诊断。

——制定技术标准和规范：中国疾病预防控制中心协助卫生行政部门制定全国新发现的突发传染病、不明原因的群体性疾病、重大中毒事件的技术标准和规范。

——开展技术培训：中国疾病预防控制中心具体负责全国省级疾病预防控制中心突发公共卫生事件应急处理专业技术人员的应急培训。各省级疾病预防控制中心负责县级以上疾病预防控制机构专业技术人员的培训工作。

⑤ 卫生监督机构应采取的应急反应措施主要有：

——在卫生行政部门的领导下,开展对医疗机构、疾病预防控制机构突发公共卫生事件应急处理各项措施落实情况的督导、检查。

——围绕突发公共卫生事件应急处理工作,开展食品卫生、环境卫生、职业卫生等的卫生监督和执法稽查。

——协助卫生行政部门依据《突发公共卫生事件应急条例》和有关法律法规,调查处理突发公共卫生事件应急工作中的违法行为。

⑥ 出入境检验检疫机构应采取的应急反应措施主要有：

——突发公共卫生事件发生时,调动出入境检验检疫机构技术力量,配合当地卫生行政部门做好口岸的应急处理工作。

——及时上报口岸突发公共卫生事件信息和情况变化。

⑦ 非事件发生地区的应急反应措施主要有：

未发生突发公共卫生事件的地区应根据其他地区发生事件的性质、特点、发生区域和发展趋势，分析本地区受波及的可能性和程度，重点做好以下工作：

——密切保持与事件发生地区的联系，及时获取相关信息。

——组织做好本行政区域应急处理所需的人员与物资准备。

——加强相关疾病与健康监测和报告工作，必要时建立专门报告制度。

——开展重点人群、重点场所和重点环节的监测和预防控制工作，防患于未然。

——开展防治知识宣传和健康教育，提高公众自我保护意识和能力。

——根据上级人民政府及其有关部门的决定，开展交通卫生检疫等。

(3) 关于突发公共卫生事件的分级反应

特别重大突发公共卫生事件应急处理工作由国务院或国务院卫生行政部门和有关部门组织实施，开展突发公共卫生事件的医疗卫生应急、信息发布、宣传教育、科研攻关、国际交流与合作、应急物资与设备的调集、后勤保障以及督导检查等工作。国务院可根据突发公共卫生事件性质和应急处置工作，成立全国突发公共卫生事件应急处理指挥部，协调指挥应急处置工作。事发地省级人民政府应按照国务院或国务院有关部门的统一部署，结合本地区实际情况，组织协调市(地)、县(市)人民政府开展突发事件的应急处理工作。

特别重大级别以下的突发公共卫生事件应急处理工作由地方各级人民政府负责组织实施。超出本级应急处置能力时，地方各级人民政府要及时报请上级人民政府和有关部门提供指导和支持。突发公共卫生事件分级应急处理流程见附件2。

(4) 关于突发公共卫生事件应急反应的终止

突发公共卫生事件应急反应的终止需符合以下条件：突发公共卫生事件隐患或相关危险因素消除，或末例传染病病例发生后经过最长潜伏期无新的病例出现。

特别重大突发公共卫生事件由国务院卫生行政部门组织有关专家进行分析论证，提出终止应急反应的建议，报国务院或全国突发公共卫生事件应急指挥部批准后实施。

特别重大以下突发公共卫生事件由地方各级人民政府卫生行政部门组织专家进行分析论证，提出终止应急反应的建议，报本级人民政府批准后实施，并向上一级人民政府卫生行政部门报告。

上级人民政府卫生行政部门要根据下级人民政府卫生行政部门的请求，及

时组织专家对突发公共卫生事件应急反应的终止的分析论证提供技术指导和
支持。

3. 善后处理

善后处理主要包括后期评估、奖励、责任、抚恤和补助、征用物资、劳务的补
偿等方面的工作。

关于后期评估。突发公共卫生事件结束后,各级卫生行政部门应在本级人
民政府的领导下,组织有关人员对突发公共卫生事件的处理情况进行评估。评
估内容主要包括事件概况、现场调查处理概况、病人救治情况、所采取措施的效
果评价、应急处理过程中存在的问题和取得的经验及改进建议。评估报告上报
本级人民政府和上一级人民政府卫生行政部门。

关于奖励的办法。县级以上人民政府人事部门和卫生行政部门对参加突发
公共卫生事件应急处理作出贡献的先进集体和个人进行联合表彰;民政部门对
在突发公共卫生事件应急处理工作中英勇献身的人员,按有关规定追认为烈士。

关于责任的追究。对在突发公共卫生事件的预防、报告、调查、控制和处理
过程中,有玩忽职守、失职、渎职等行为的,依据《突发公共卫生事件应急条例》及
有关法律法规追究当事人的责任。

关于抚恤和补助工作的开展。地方各级人民政府要组织有关部门对因参与
应急处理工作致病、致残、死亡的人员,按照国家有关规定,给予相应的补助和抚
恤;对参加应急处理一线工作的专业技术人员应根据工作需要制订合理的补助
标准,给予补助。

关于征用物资、劳务的补偿。突发公共卫生事件应急工作结束后,地方各级
人民政府应组织有关部门对应急处理期间紧急调集、征用有关单位、企业、个人
的物资和劳务进行合理评估,给予补偿。

3.1.2.3 应急管理的保障机制

突发公共卫生事件应急处理应坚持预防为主,平战结合,国务院有关部门、
地方各级人民政府和卫生行政部门应加强突发公共卫生事件的组织建设,组织
开展突发公共卫生事件的监测和预警工作,加强突发公共卫生事件应急处理队
伍建设和技术研究,建立健全国家统一的突发公共卫生事件预防控制体系,保证
突发公共卫生事件应急处理工作的顺利开展。

1. 技术保障

技术保障主要体现在以下几个方面:

一是建立信息系统。国家建立突发公共卫生事件应急决策指挥系统的信
息、技术平台,承担突发公共卫生事件及相关信息收集、处理、分析、发布和传递

等工作,采取分级负责的方式实施。

要在充分利用现有资源的基础上建设医疗救治信息网络,实现卫生行政部门、医疗救治机构与疾病预防控制机构之间的信息共享。

2005年底,全国已有66%的乡镇卫生院和93.21%的县级以上医疗卫生机构、100%的疾病预防控制中心实现传染病及突发公共卫生事件网络直报。依托网络直报系统,为逐步完善从国家到地方建立突发公共卫生事件监测、评估、预警、反应机制,为做好传染病等突发公共卫生事件的预测预警工作奠定了良好的基础。为实现信息畅通、统一指挥、协调有序、迅速应对突发公共卫生事件的目标,卫生部和各地正在抓紧实施突发公共卫生事件应急指挥决策系统项目。项目建设包括网络平台、资源数据库、分析咨询系统、指挥决策系统。

二是建立疾病预防控制体系。国家建立统一的疾病预防控制体系。各省(区、市)、市(地)、县(市)要加快疾病预防控制机构和基层预防保健组织建设,强化医疗卫生机构疾病预防控制的责任;建立功能完善、反应迅速、运转协调的突发公共卫生事件应急机制;健全覆盖城乡、灵敏高效、快速畅通的疫情信息网络;改善疾病预防控制机构基础设施和实验室设备条件;加强疾病控制专业队伍建设,提高流行病学调查、现场处置和实验室检测检验能力。

三是建立应急医疗救治体系。按照"中央指导、地方负责、统筹兼顾、平战结合、因地制宜、合理布局"的原则,逐步在全国范围内建成包括急救机构、传染病救治机构和化学中毒与核辐射救治基地在内的,符合国情、覆盖城乡、功能完善、反应灵敏、运转协调、持续发展的医疗救治体系。

四是建立卫生执法监督体系。国家建立统一的卫生执法监督体系。各级卫生行政部门要明确职能,落实责任,规范执法监督行为,加强卫生执法监督队伍建设。对卫生监督人员实行资格准入制度和在岗培训制度,全面提高卫生执法监督的能力和水平。

五是建立应急卫生救治队伍。各级人民政府卫生行政部门按照"平战结合、因地制宜,分类管理、分级负责,统一管理、协调运转"的原则建立突发公共卫生事件应急救治队伍,并加强管理和培训。

六是开展演练。各级人民政府卫生行政部门要按照"统一规划、分类实施、分级负责、突出重点、适应需求"的原则,采取定期和不定期相结合的形式,组织开展突发公共卫生事件的应急演练。

七是加强科研和国际交流。国家有计划地开展应对突发公共卫生事件相关的防治科学研究,包括现场流行病学调查方法、实验室病因检测技术、药物治疗、疫苗和应急反应装备、中医药及中西医结合防治等,尤其是开展新发、罕见传染病快速诊断方法、诊断试剂以及相关的疫苗研究,做到技术上有所储备。同时,开展应对突发公共卫生事件应急处理技术的国际交流与合作,引进国外的先进技术、装备和方法,提高我国应对突发公共卫生事件的整体水平。

2. 物资、经费保障

关于物资储备工作。各级人民政府要建立处理突发公共卫生事件的物资和生产能力储备。发生突发公共卫生事件时,应根据应急处理工作需要调用储备物资。卫生应急储备物资使用后要及时补充。

关于经费保障。应保障突发公共卫生事件应急基础设施项目建设经费,按规定落实对突发公共卫生事件应急处理专业技术机构的财政补助政策和突发公共卫生事件应急处理经费。应根据需要对边远贫困地区突发公共卫生事件应急工作给予经费支持。国务院有关部门和地方各级人民政府应积极通过国际、国内等多渠道筹集资金,用于突发公共卫生事件应急处理工作。

3. 通信与交通保障

各级应急医疗卫生救治队伍要根据实际工作需要配备通信设备和交通工具。

4. 法律保障

国务院有关部门应根据突发公共卫生事件应急处理过程中出现的新问题、新情况,加强调查研究,起草和制定并不断完善应对突发公共卫生事件的法律、法规和规章制度,形成科学、完整的突发公共卫生事件应急法律和规章体系。

国务院有关部门和地方各级人民政府及有关部门要严格执行《突发公共卫生事件应急条例》等规定,根据本预案要求,严格履行职责,实行责任制。对履行职责不力,造成工作损失的,要追究有关当事人的责任。

5. 社会公众的宣传教育

县级以上人民政府要组织有关部门利用广播、影视、报刊、互联网、手册等多种形式对社会公众广泛开展突发公共卫生事件应急知识的普及教育,宣传卫生科普知识,指导群众以科学的行为和方式对待突发公共卫生事件。要充分发挥有关社会团体在普及卫生应急知识和卫生科普知识方面的作用。

为了加强应急能力建设,卫生部组织编写了《卫生应急工作手册》,作为全国卫生应急工作的培训教材,指导卫生应急队伍现场处置工作,规范卫生应急工作。同时,制订了全国应急工作培训计划。采取逐级开展、滚动实施的方式,重点加强和指导农村卫生应急工作的师资培训,加大对农村地区卫生应急工作的指导。目前,在全国 31 个省、市、区的乡镇卫生院开展了对传染病主诊医师的培训和对村医进行传染病知识的培训。

3.2 国外政府应急管理机制建设的个案分析

为了解国外政府应急管理机制发展概况,笔者对美、英、日三国政府应急管理机制进行了个案分析。

3.2.1 美国政府应急管理机制

在国外,美国政府应急管理工作起步早,发展快,已经建立起以联邦响应计划为法律基础,总统直接领导,国土安全部、联邦应急管理署等为核心机构协同运作的应急管理体系。

3.2.1.1 美国政府的应急管理机构

美国是一个联邦制国家,由联邦政府、50 个州政府和 8.7 万个地方政府组成,州政府和地方政府具有高度自治权。美国政府的应急管理机构比较完整,主要由国土安全部、联邦应急管理署、州应急管理机构、市应急管理机构、社区应急服务机构等组成,各自职责如下:

关于国土安全部。国土安全部是美国的最高应急管理机构,在"9·11"事件后由联邦政府 22 个机构合并组建,工作人员达 17 万人,每年政府预算为 400 亿美元。

关于联邦应急管理署。在"9·11"事件前,由联邦应急管理署负责全国的紧急事务,"9·11"事件后,于 2003 年并入国土安全部,是国土安全部中最大的部门之一,该署仍可直接向总统报告,署长继续由总统任命,每年有 25 亿美元紧急事件响应基金列入联邦政府预算。其主要职责是:通过应急准备、紧急事件预防、应急响应和灾后恢复等全过程应急管理,领导和支持国家应对各种灾难,保护各种设施,减少人员伤亡和财产损失。联邦应急管理署下设五个职能部门,分别是应急准备部、缓解灾害影响部、应急响应部、灾后恢复部、区域代表处管理办公室,全职工作人员 2 600 人,其中,华盛顿总部 900 人,还有符合应急工作标准的志愿者(或兼职人员)4 000 人。另外,机构重组后,国家灾害医疗救援体系并入应急预防响应局。该体系有 10 000 多名训练有素的医生、护士、药剂师及工作人员,还有 1 600 家应急支持定点医院。联邦应急管理署在全美还设有 10 个区域分局,主要负责与地方应急管理机构的联络,评估灾害造成的损失,制订救援计划,协同地方组织实施救助,每个区域分局约有 100 人。图 3-1 是美国联邦应急管理署的主页。

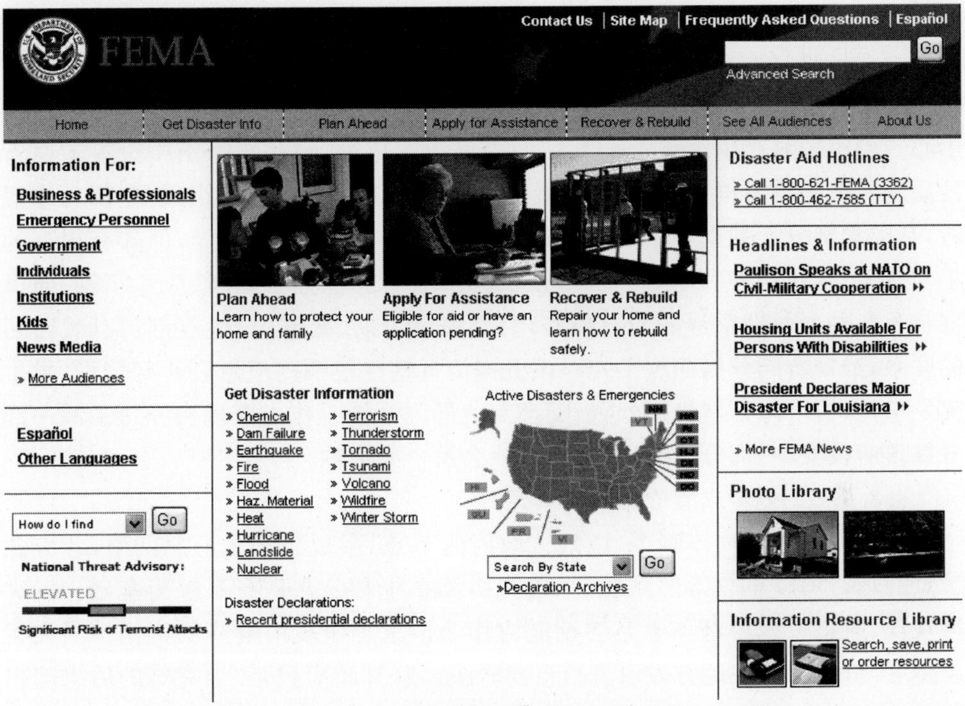

图 3-1 美国联邦应急管理署主页①

  关于州应急管理机构。州应急管理机构是本区域紧急事件的协调调度中心。美国 50 个州均设有应急管理机构,虽名称各不相同,比如"应急管理办公室"、"州长应急服务办公室"、"应急管理部"、"应急管理局"等等,但是其主要职能基本一致,主要负责处理州范围内的危机事件,尤其是灾害的应对和恢复工作;负责制订州一级的应急管理和减灾计划,组织动员国民警卫队开展应急行动,重大灾害及时向联邦政府提出援助申请。州应急管理机构一般下设行政管理部,负责行政运转、对外关系等事务;应急管理规划培训部负责应急规划与培训等工作;灾难援助部负责管理和协调联邦和州的公共援助与家庭补助项目;技术援助部负责技术方面事项,以及应对专项灾害的研究;计划编制部负责应急计划(相当于应急预案)编制与管理。

  关于市应急管理机构。市应急管理机构是本区域紧急事件的指挥调度中心。市应急管理机构直属市长领导,对市长负责,具体处置本市辖区范围内危机事件,监测和预防各种潜在的可能发生的危机事态,开展面向公众的应急宣传和

---

  ① http://www.fema.gov/(检索日期 2006 年 12 月 12 日)。

教育,汇总分析并发布重要的突发事件信息,支持和协调各项善后恢复工作等。此外,在美国部分城市,"911"和"311"也设在市应急管理机构中。

关于社区应急服务机构。社区应急服务机构是社区性质小城市的应急服务中心。美国的城市由很多类似社区的小城市组成,在这些小城市中设有志愿者性质的应急服务机构。比如,沃伦威尔市应急服务处,由 26 人组成,全部为志愿者,其中大部分人为退休人员。他们只有少量的交通、通讯补助,但却有很高的工作热情、敬业精神和专业素养。该机构拥有自己的办公场所、应急车辆、通讯器材及各种专业性很强的应急设备,且与城市消防、公安、卫生等部门有着密切的联系,经常协同开展演练工作。该机构负责辖区范围内应急宣传与培训,发生突发事件时,可以开展先期处置,配合专业部门开展工作。该机构经费来源一部分靠政府拨款,一部分自筹,也有部分社会及个人捐款。

3.2.1.2　美国应急管理机制的运行

在美国应急管理体制下,以地方政府为节点,形成扁平化应急网络,各应急节点的运行均以事故指挥系统、多机构协调系统和公共信息系统为基础。以灾害规模、应急资源需求和事态控制能力作为请求上级政府响应的依据。当灾害发生后,首先由所在地方政府进行自我救援。联邦政府只是"当灾难的后果超出州和地方的处理能力时,提供补充性的帮助"。当州提出援助请求后,联邦应急管理署根据当地损失情况,向总统提出建议报告,总统据此决定是否发出救援命令。命令一旦发出,政府机制将会通过联邦应急管理署进入紧急状态,一系列应急管理机制将会运转起来。

美国政府应急管理机制比较成熟,以相互协作、密切配合、反应快速为特征,主要包括:通过设定危机类别和等级进行风险提示的预警机制;通过计算机互联网和明确信息报告责任形成的信息报告和信息共享机制;通过明确分工,制订应急计划,建立统一指挥中心形成的应急决策与处置机制;通过与社会组织、工商企业、专业技术人员乃至国际组织签订协议形成的广泛的社会动员机制;针对重大灾害设立新闻发言人及时向社会报告事件进展的信息发布机制;以灾民自救、政府帮扶、市场组织、社会团体、国际组织等多方参与的善后恢复机制;在科学的评价体系、评估指标指导下,专业机构针对应急管理全过程进行评价的调查评估机制等。

3.2.1.3　美国应急管理机制的保障

为保障应急管理机制的有效运行,美国制定了比较完善的法律保障体系,使应急管理的开展有法可依。联邦政府应急管理是以《减灾和紧急救助法》授权,并按《联邦响应计划》部署开展灾害及突发事件应急管理工作的。《联邦响应计划》由参加计划的 27 个政府部门和美国红十字会的首脑共同签署。各部门职责和任务在应急计划中得到明确界定。此外，为满足处置紧急突发事件在第一时间对物资和医药用品的需要，美国建立了应急物资和医药用品储备。①

3.2.1.4　美国应急管理机制的主要特点

美国应急管理机制的特点主要表现在以下几个方面：②

一是统一管理。自然灾害、事故灾难、突发卫生事件、恐怖袭击等各类重大突发事件发生后，一律由各级政府的应急管理部门统一指挥调度，而平时与应急准备相关的工作，如教育、培训、演练和物资与技术保障等，也归口到政府的应急管理部门负责。

二是属地管理。发生突发公共事件，地方政府应急计划启动后，无论事件的规模有多大，涉及的范围有多广，无论是动用了州的援助还是联邦的援助，指挥任务始终在地方政府，联邦与州政府的任务是援助和协调，没有指挥权和决策权。比如，在"9·11"事件和"卡特里娜"飓风这样性质严重、影响广泛的重大事件应急救援活动中，也主要以纽约市政府和奥兰多市政府作为指挥核心。

三是分级响应。强调的是应急响应的规模和强度，而不是指挥权的转移。在同一级政府应急响应中，可以采用不同的响应级别，确定响应级别的原则：一是依据事件的严重程度；二是依据公众关注的程度，如奥运会、奥斯卡金像奖颁奖仪式，虽然难以确定是否会发生重大破坏性事件，但由于公众高度关注，仍然要始终保持最高的预警和响应级别。

四是标准运行。美国应急管理机构无论是政府部门还是志愿者机构，都有相对统一、易于识别的标识。从应急准备到应急恢复的过程中，也遵循标准化的运行程序，包括物资调度、信息共享、通信联络、术语代码、文件格式乃至救援人员服装标志等，都采用所有人都能识别和接受的标准，以减少失误，提高效率。

3.2.2　英国政府应急管理机制

英国政府对应急管理非常重视，尤其注重事发前的预警和预防工作，通过训练有素的警察、消防、卫生救护及军队等力量建立起应急管理制度体系，处置各类突发事件。

---

① 《美国政府应急管理机制考察报告（摘要）》，http://yxj.ndrc.gov.cn/yjxt/t20050715_36898.htm（检索日期 2006 年 9 月 28 日）。

② 见中国安全生产科学研究院赴美考察团《美国的应急管理体系（上）》，《劳动保护》2006 年第 5 期，第 92 页。

3.2.2.1 英国政府的应急管理机构

英国政府已经建立起统一领导,各部门分工协作的应急组织体系。英国政府的应急管理机构主要由中央政府、地方政府、国民健康事务部、志愿者组织、警察部门、消防部门、环保部门等构成,各自职责主要如下:[①]

关于中央政府。中央政府设有国民紧急事务委员会,由各部大臣和其他官员组成。委员会秘书负责指派"领导政府部门",委员会本身则在必要时在内政大臣的主持下召开会议,监督"领导政府部门"在危急情况下的工作。[②] 英国政府明确规定,在应急处置过程中,以地方政府为主,实行属地管理,在涉及较大规模的灾难或危机事态中,中央政府根据突发事件发生所在地的地方政府要求提供帮助,并且其主要职责是确定一个牵头部门,对相关工作和涉及的部门进行协调。

关于地方政府。包括伦敦市及各个区域性管理当局,都市及行政区政府,郡、县政府,设立专门的"突发事件计划官",主要负责制订《突发事件应急计划》,联络辖区内应急系统各个相关部门,统筹、协调有关事务,负责与涉及的部门签订援助、协作协议。地方政府在突发事件处置后的恢复阶段起领导作用。

关于国民健康事务部。这是由中央政府卫生部管理的一个机构,主要负责突发事件中人员的急救、护理、医疗和对公众的健康问题进行专家咨询与指导等。分别专门确定一名"事故现场急救官"和"事故现场医疗官"在现场进行急救和医疗(工作分流)方面的监督与调度。

关于志愿者组织。志愿者组织(包括单位和个人)具有人力、专业技能和设备等方面的丰富资源,是突发事件应急系统中的一支重要力量。英国在平时就已建立起一些志愿者组织,主要包括皇家英国妇女志愿者协会、英国红十字会、圣约翰急救编队、皇家国民救生艇协会、国际营救队、英国医生紧急救护协会、无线电爱好者协会、山地营救会、岩洞营救会、翻译者协会、宗教协会以及学生联合会、外交使团等等。地方政府"突发事件计划官"负责掌握当地的志愿者资源,在平时建立和保持与各类志愿者协会的联系,并将志愿者协会编入"地方政府突发事件应急计划"中,使之具有法律效力。各类志愿者组织平时还要进行突发事件的应急培训及实战演练。

关于警察部门。各级地方政府负责组织警力。在突发事件的应急处理中,警察负责控制和警戒灾害、事故或事态现场,维持现场秩序,根据需要做好现场

---

① 见赵菊《英国政府应急管理体制及其启示》,《军事经济研究》2006年第10期,第77-78页。

② 见新华网《外国应急机制:英国应急体系分工明确》,http://news.xinhuanet.com/world/2003-08/26/content_1045509.htm(检索日期2006年9月28日)。

保护工作,以利于调查取证,警察在现场的工作以抢救、保护人的生命为优先。

关于消防部门。地方政府负责组织。其主要职责是对灾害、事故或事态现场中陷于困境的人员实施营救,并确保在现场的各类工作人员的安全与健康;负责在现场清除污垢,消除生物、化学残余,消除包括核辐射在内的各种放射性污染。

关于环保部门。基本职责是保护所在地区的水、土资源和大气环境。同时,该部门还肩负以下任务:防洪事务,包括汛前的预警、汛期的专家咨询、汛后的修复和调查勘探等;在出现污染事故的情况下,负责收集相关证据;必要时对国外出现的核事故进行评估及公众咨询。

关于相关行业与企业。包括水、电、气的供应部门及通信部门;提供有关营救设施、设备的行业及企业,如空中运输、地面移动设备、加油车、挖掘机、起重机等。政府鼓励形成相关行业及特殊企业的突发事件应急救援方案。

关于海上及海岸警卫署。该部门归属中央政府的交通部,主要负责处理涉及海事的突发事件,职责包括海上搜救活动、海上污染如石油泄漏事故之类的处理及有关法律诉讼工作。

关于军事部门。包括陆、海、空三军种,主要提供直接或间接的营救与支援行动,特别是大规模突发事件或影响较大的紧急事态中的应急增援行动。

3.2.2.2 英国政府应急管理机制的基本特点

英国政府应急管理的基本特点主要包括以下几个方面:

一是非常重视预防工作。在提供给全国各机构的灾难处理一般指导原则中,英国政府提出,危机管理包括风险评估、灾难预防、做好应对准备、执行应急措施和进行灾后恢复五个部分。灾难真正来临时的应急手段只是危机管理的一部分。在此之前,预防灾难发生才是关键所在。政府要求各组织机构把危机管理纳入日常工作体系,保持忧患意识,尽可能减少灾难发生的危险,并进行必要的培训和演习,做好充分准备,以防万一。

二是坚持属地管理的原则。英国政府应对具体灾难的主要原则是:灾难发生后,一般由所在地方政府负责处理,因为地方政府能够最便利快捷地提供伤者救援、阻止灾害扩大等所需的资源、人力和信息。当灾难过于严重,超过当地政府承受能力时,通常从邻近地区就近调度支援。中央政府主要负责应对特定类型的事件(如核事故)或者其影响超过地方范围的重大事件(如重大恐怖袭击)。为此,每一个地区都必须设立由"紧急规划长官"负责的紧急规划机构,平时负责地区危机预警、制订工作计划和举行应急训练。灾难发生后,负责人必须协调各方面的力量有效处理事务,并负责向相应的中央政府部门如卫生部、国防部寻求咨询或其他必要的支援。

三是重视媒体的作用。英国政府充分认识到,在新闻业和通讯手段非常发达的今天,如果发生灾难时不能及时向新闻媒体提供权威信息,媒体就可能根据一些不可靠的消息来源进行报道,向公众传达错误的信息,引起误解、恐慌,妨碍应急工作,甚至危及公民安全。而如果处理得当,媒体将在安抚公众情绪、向公众传达安全指导信息和政府政策等方面起到非常积极的作用。恰当应对媒体是危机管理中一个重要部分,英国政府在应急指导原则中指出,各机构平时就应做好相应准备,在危机发生时及时设立专门部门,委任新闻官,专门处理媒体事务。此外,政府还与全国第一大传媒——英国广播公司合作,发起"危机中保持联络"的行动,向公众提供及时准确的信息。[①]

四是重视各种突发事件应急系统的建设。主要包括各种自然灾害预警和防范系统、生产事故应急系统、突发公共卫生事件应急系统等。以自然灾害预警和防范系统建设为例。英国为应对各种灾害,已经逐步建立起以内阁、气象、交通、环境和紧急救援部门为基础的灾害预警和防范系统。英国气象局将"全国恶劣天气预警服务"作为向市民和政府机构服务的一个重点。如果预计英国境内出现大风、暴雨、暴雪和持续降雨、浓雾、大面积冰霜等天气情况,英国气象局就会启动预警机制。该系统会在短时间内,分阶段地通过因特网、电台和电视台向英国各地区提供极端天气信息。预警分为早期预警、提前预警、快速预警、天气观测和汽车预警 5 种类型,早期预警在恶劣天气预期出现前 5 天发出,快速预警则在灾害预期发生前 6 小时发出,如果天气状况可能阻碍交通,气象局还会向交通管理部门、行人和车辆提供预警。[②]

3.2.3 日本政府应急管理机制

日本建立了以内阁府为中枢,通过中央防灾会议决策,突发事件牵头部门相对集中管理的应急体制。1995 年阪神大地震后,日本政府进一步强化了政府纵向集权应急职能。实行中央、都(道、府、县)、市(町、村)三级防救灾组织管理体制。[③]

---

① 见新华网《外国应急机制:英国应急体系分工明确》,http://news.xinhuanet.com/world/2003 - 08/26/content_1045509.htm(检索日期 2006 年 11 月 28 日)。

② 《英国重大事故应急系统》,http://www.anquan.com.cn/Article/ShowArticle.asp?ArticleID = 8051(检索日期 2006 年 11 月 28 日)。

③ 见国务院办公厅赴俄、日应急管理考察团《俄罗斯、日本应急管理考察报告》,《中国应急管理》 2007 年第 2 期,第 53 页。

3.2.3.1　日本政府的应急管理机构[①]

日本政府应急管理机制的最大特色是危机管理体系的多层面性。日本的危机管理体制是以内阁首相为最高指挥官，由内阁官房（负责各省厅间的协调，相当于办公厅）负责总体协调、联络，通过安全保障会议、阁僚会议、内阁会议、中央防灾会议等决策机构制订危机对策，由警察厅、防卫厅、海上保安厅、消防厅等各省厅、部门根据具体情况予以配合的组织体系。在这一体系中，根据国家安全、自然灾害、恐怖袭击等不同种类的公共危机，启动的政府应急管理部门也不尽相同。

关于内阁官房。在日本的危机管理体制中，内阁官房发挥着十分重要的作用。内阁官房是首相的辅佐机构，具体说，内阁官房在危机管理体制中的主要职能是尽早获取情报，将其向相关部门传达、召集各省厅建立相应的应对机制，并对各省厅制定的政策进行综合调整，同时实施可行的宣传措施以消除国民的恐惧和不安。为了加强内阁的危机管理职能，通过修改《内阁法》，在内阁官房设立了由首相任命的内阁危机管理总监，专门负责处理内阁官房中有关危机管理（除国防外）的事务，在总监下设负责安全保障、危机管理的副内阁官房长官助理，直接对首相、官房长官及危机管理总监负责。由危机管理总监统一协调，改变了以往各省厅在危机处理中各自为政，相互保留所获情报，纵向分割行政的局面，有利于更有效地处理危机。

关于安全保障会议。安全保障会议由首相召集并任议长，成员包括总务大臣、外务大臣、财政大臣、经济产业大臣、国土交通大臣、内阁官房长官、国家公安委员会委员长、防卫厅长官，也可以根据需要邀请其他省厅大臣参加个别议案的讨论，在首相认可的前提下，还可召集自卫队参谋长联席会议主席列席会议。安全保障会议下可设立专门对策委员会，为决策提供相关建议。委员会由内阁官房长官任委员长，委员由内阁首相任命，从内阁官房及相关行政机构中选出。安全保障会议的日常事务由内阁危机管理室副内阁官房长官助理负责处理。

关于阁僚会议及内阁会议。在有关国民生命财产的重大事件和紧急情况发生时，首相可以根据情况召集阁僚会议，进行商讨并做出决定。"9·11"事件后，美国出现炭疽病感染等新的恐怖事件，2001年11月8日，日本召开相关阁僚会议，制定了对付生物化学恐怖袭击的五条基本方针，包括加强对生物和化学制剂的管理、强化警察、自卫队、消防等有关部门的应对能力等。

关于中央防灾会议。在自然灾害的危机管理中，中央防灾会议的作用比较

① 见万军所著《面向21世纪的政府应急管理》，党建读物出版社2004年出版，第200-203页。

突出。在该会议设立前,灾害对策的事务局设在前国土厅,危机管理效果不错,但在即时应对灾害,动用消防、警察系统时就显得力不从心。设立中央防灾会议,将灾害对策职能转到内阁直属机关,可以更灵活地采取对策,处理危机。中央防灾会议主席为首相,委员包括防灾大臣(一般由国家公安委员长兼任)及其他全体大臣、指定的公共机关首长(4 名)、学者(4 名)。中央防灾会议的主要职能是制订《防灾基本计划》、《地区防灾计划》并推动其实施;在发生非常灾害时,制订紧急措施计划,并推进实施;应首相及防灾大臣的要求,审议有关防灾的重要事宜(如防灾政策的综合调整、公布灾害紧急公告等);就有关防灾的重要事宜向首相及防灾大臣汇报。

关于金融危机对策会议。在应对经济危机方面,日本在 2001 年 1 月的中央省厅行政改革中,在内阁府下新成立了金融危机对策会议。该会议的主要任务是制定发生大批金融机构连锁性等金融危机时政府的对策、方针。会议由首相任议长、由官房长官、金融特命大臣、财政大臣、日本银行(日本的中央银行)总裁等任成员。

除了这些常设的决策机构外,为防止发生大规模自然灾害时指挥人员不到岗,出现混乱局面,还设立了紧急召集对策小组。如在东京发生 5 级以上地震,或东京以外的地区发生 6 级以上地震时,内阁官房副长官、危机管理总监、相关各省厅局长都将自动被召集至首相官邸,进行工作,以便内阁迅速采取对策。该紧急召集小组组长由内阁官房副长官(事务)担任。

同时,由于现代公共危机千差万别,日本政府还在内阁成立有多种对策本部,以推进政策或各种对应措施的实施,如就业问题对策本部等。发生紧急事态时,一般都要根据内阁会议决议成立对策本部,如果是比较重大的问题或事态,还要由首相亲任本部长。成立对策本部时,要在首相官邸危机管理中心成立对策本部的事务局,负责各部门的联络、协调、指挥等具体工作。

3.2.3.2　日本政府应急管理机制的基本特点

日本政府应急管理机制的基本特点主要包括以下几个方面:

一是重视防灾工作。日本是一个自然灾害频发的国家,地震、海啸、台风、火山喷发等自然灾害比较普遍。为了应对各种可能发生的危机,日本制订了一系列的防灾救灾措施。

——不断改进防灾设施。为了使灾害管理活动快速有效地进行,不断改进防灾措施和设备,主要包括观测设备,应急反应时需要的物资和器材,紧急情报的联络和通讯系统(通信和广播设备),交通设施,避难场所和路径的设施等。

——国土保全。改善生态环境,加大防灾工程建设是防灾减灾的重要基础工作之一。日本为了促进国土保全开展了长时间的大规模的调查活动,并推进了一系列的国土保全项目。

——防灾研究开发。日本非常重视防灾研究开发,政府及一些公共团体都建有其专门的研究机构,其研究开发的重点包括以下几个方面:① 异常自然灾害现象的发生机制以及预报技术;② 地震快速响应系统;③ 高度聚集城市地区减少巨灾损失的对策研究;④ 中枢功能、文化设施、科学技术和研究设施的保护系统;⑤ 超高灾害管理支持系统;⑥ 先进的道路交通系统;⑦ 路上、海上、航空交通安全对策;⑧ 社会基础设施老化对策;⑨ 有害危险物和社会犯罪的安全对策。[①]

二是加强信息技术在政府应急管理中的应用。在突发事件应急信息化发展方面,日本政府从应急信息化基础设施抓起,建立起覆盖全国、功能完善、技术先进的防灾通讯网络。在经历了"阪神大地震"的浩劫后,日本政府深刻地认识到,防灾信息化建设在应急过程中的极端重要性。为了准确、迅速地收集、处理、分析、传递有关灾害信息,更有效地实施灾害预防、灾害应急以及灾后重建,日本政府于1996年5月11日正式设立内阁信息中心,以24小时全天候编制,负责迅速搜集与传达灾害相关的信息,并把防灾通讯网络的建设作为一项重要任务。

目前,日本政府基本建立起了发达、完善的防灾通讯网络体系,包括:以政府各职能部门为主,由固定通讯线路(包括影像传输线路)、卫星通讯线路和移动通讯线路组成的"中央防灾无线网";以全国消防机构为主的"消防防灾无线网";以自治体防灾机构和当地居民为主的都道县府、市町村的"防灾行政无线网";以及在应急过程中实现互联互通的防灾相互通讯用无线网等。此外,还建立起各种专业类型的通讯网,包括水防通讯网、紧急联络通讯网、警用通讯网、防卫用通讯网、海上保安用通讯网以及气象用通讯网等。[②]

日本是世界上信息通信技术最为发达的国家之一,信息通信技术在突发事件应急中的应用方面同样走在了国际的前列。日本是世界移动通信应用的大国,手机普及率非常高。日本SGI等公司开发出一种在自然灾害发生后确认人身安全的系统,这一系统的功能由可以上网并带有全球定位功能的手机来实现。中央和地方救灾总部通过网络向手机用户发送是否安全的电子邮件,手机用户主要根据提问用手机邮件回复。这样,在救灾总部的信息终端上就会显示每一个受害者的位置和基本的状况,对做好灾害紧急救助工作十分有帮助。

　　① 见袁艺《日本的灾害管理(三)备灾——应急——恢复重建》,《中国减灾》2005年第1期,第49-51页。
　　② 见姚国章《完善基础设施建设 应对公共突发事件——日本应急管理信息系统建设模式及借鉴》,《信息化建设》2006年第3期,第26-28页。

无线射频识别技术在日本的应用也比较为广泛,在防灾救灾中的应用也较为成熟。譬如在发生灾害时,在避难的道路路面上贴上无线射频识别标签,避难者通过便携装置可以清楚地知道安全避难场所的具体位置;又如,如果有人被埋在废墟里不能动弹或呼救的话,内置无线射频识别标签的手机会告诉搜救人员被埋者所处的具体位置,使搜救者能以最快的速度展开营救。此外,无线射频识别标签还可以实现人和物、人和场所的对话。在救援物资上贴上这种标签,就可以把握救援物资的数量,根据每个避难所的人数发放物资,尽可能地做到合理分配。还有一个重要的应用是,当无法辨认伤员或死者的身份时,可以通过其身上携带的无线射频识别标签获得相关的信息,以准确地判别身份。这一点,在重大灾害应对处理时有着重要的作用。

当出现强烈地震、海啸等严重自然灾害时,无线基站很容易遭到破坏,从而使移动通信系统处于瘫痪状态,为了在紧急状态下仍能发挥移动通信的作用,日本的相关公司开发出了可由摩托车运载,能充当临时无线基站的无线通信装置,解决移动通信的信号传输问题。这种"基站"可以接受受害者的手机信号,确认他们的安全情况,并把相关情况通过这一装置传递给急救车上的救护人员。这种装置用充电电池可以连续工作4小时,电波传输范围直径可达1公里,基本能满足现场通信的迫切需要。

在地震发生前迅速作出预报,对采取有效应对措施十分重要。日本气象厅已开始利用网络技术实现"紧急地震迅速预报",以减轻受灾程度。具体说来,就是把家庭和办公室的家电产品、房门等和因特网连接起来,由电脑自动控制,当地震计捕捉到震源的纵波以后,可在3～5秒后发布紧急预报,系统接到紧急地震迅速预报以后,能即刻自动切断火源。这样,在地震发生前的30秒内离震源较远的地方可提前采取对策,从而可以有效减轻由地震造成的损失。目前,这一系统正在全国范围内推广应用。①

三是重视灾害恢复重建工作。日本非常重视灾害恢复重建工作,帮助灾民恢复正常生活,以未来防灾为目的恢复各种设施,执行注重社区安全建设的发展计划。考虑到灾后社区社会活动的减少,尽可能快速有效地采取各种恢复和重建措施。在1995年1月的阪神淡路大地震中(近年来的大灾害之一),政府建立了阪神淡路地区的灾后重建指挥部,由内阁总理大臣担任最高指挥官,政府进行监督管理,推进综合的重建措施。在有珠山火山爆发时,2000年3月建立了灾后

---

① 见姚国章《完善基础设施建设 应对公共突发事件——日本应急管理信息系统建设模式及借鉴》,《信息化建设》2006年第3期,第26-28页。

恢复重建会议,防灾担当大臣担任最高指挥官。同时,各级防灾会议考虑地方社会的意见,与相关省厅一起设计各种措施,帮助灾区的恢复和重建。具体措施包括:灾害恢复工程、灾害救助贷款、灾害补偿和保险、减免税、对地方政府的税收分配和地方公债、巨灾的特殊政策、援助重建计划、对受灾者生活恢复的援助。[①]

四是建立健全灾害管理的法律体系。日本的灾害管理体制是在与防灾减灾相关法律制度的基础上逐渐形成的,日本通过立法来确保灾害对策各项措施和事业的实施。日本灾害管理的法制建设可以上溯到 1880 年颁布的《备荒储备法》,该法主要是为了确保在遇到灾害或饥荒的时候,能够有足够的粮食和物资供给而通过立法来进行粮食和物资储备。经过 100 多年的发展,日本不仅建立起了自己的防灾基本大法——《灾害对策基本法》,还颁布实施了与灾害的各个阶段——"备灾——应急响应——灾后恢复重建"相关的多项法律法规,逐步形成了自己的灾害管理法律体系。[②]

3.3 国外政府应急管理机制建设对我国的启示

通过对我国政府应急管理机制建设现状的实地调研,可以看出,目前我国政府应急管理机制建设虽然已经取得了显著成绩,但还存在着诸多薄弱环节。通过对美、英、日三国政府应急管理机制建设的个案分析,可以看出,国外在政府应急管理机制建设过程中积累了许多成功经验。那么,我国政府应急管理机制的不足具体表现在哪些方面? 国外经验又有哪些值得我们学习与借鉴呢? 笔者认为,以下六个方面需要引起我们重点关注和思考。

3.3.1 建立健全应急管理组织体系

劳伦斯·巴顿指出,组织中的危机管理应该包括所有与公众打交道的部门,而不仅仅是危机管理人员。它既要利用重要的内部资源(如人力资源),也要利用外部资源(如创伤顾问)。当管理人员不得不在处境不利的情况下面对无数听众、回答无数问题时,他们需要了解组织行为、组织沟通、道德伦理、战略以及公共关系方面的理论与实践知识。为了恰当地运用这些知识,组织机构应该在危机发生前就成立一支危机管理团队。[③]

---

① 见袁艺《日本的灾害管理(三)备灾——应急——恢复重建》,《中国减灾》2005 年第 1 期,第 51 页。
② 见袁艺《日本的灾害管理(之一)日本灾害管理的法律体系》,《中国减灾》2004 年第 11 期,第 51 页。
③ 见劳伦斯·巴顿所著《组织危机管理(第二版)》,符彩霞译,清华大学出版社 2002 年出版,第 20 页。

从国外政府应急管理机制建设的实际可以看出,通过建立健全应急管理组织体系,实现政府应急管理工作的统一领导、统一指挥和分工协作,增强应急管理的战斗力,这是各国政府在应急管理过程中普遍遵循的基本做法。譬如在"9·11"恐怖袭击事件后,美国为了加强政府应急管理工作,成立了国土安全部,由联邦政府22个机构合并组建,成为美国最高应急管理机构,统一领导政府应急管理工作。

在发展中国家,印度的应急管理组织架构独具特色。印度危机管理的最高决策机构是由印度政府高级官员组成的国家危机管理委员会,负责处理印度重大的或产生全国性影响的危机。该机构由内阁秘书担任主席,由危机各主管及各辅助部的秘书担任成员,并任命内阁的一位官员担当委员会的召集人。主管部中直接负责处理某一特定危机的部门领导也被选派为国家危机管理委员会成员。国家危机管理委员会在处理危机过程中会在必要时向主管部危机管理小组发出指示,主管部秘书负责确保将危机的所有进展情况及时报告委员会。①

由于长期受计划经济体制的影响,我国现有的政府应急管理体系主要依赖于各级政府的现有行政设置。经过"非典"事件以后,我国政府加快了应急管理工作的步伐,从"一案三制"入手,加强政府应急管理体系建设。从体制上看,从中央到地方,已经建立起各级应急管理的专门机构。譬如,国务院在办公厅下设立应急管理办公室,成为一个常设的应急管理领导机构,协调和监督应急管理各个方面的工作。但目前我国政府应急管理的格局,基本上还是依靠各个部门在自己相应的管辖范围内对某类突发事件进行集中处理,各自为政的现象比较严重,部门协作不强。从宏观上看,缺乏国家级的、常设的应急管理领导机构,不利于对全国的应急管理工作统筹规划、统一指挥和组织协调。从政府应急管理的主体来看,政府在应急管理中发挥着绝对主导作用,而非政府组织、企事业单位、公民个人等在政府应急管理中的作用没有得到充分发挥,政府唱独角戏的现象还比较普遍。

因此,建立健全政府应急管理组织体系,应在坚持政府主导作用的前提下,充分发挥各种非政府组织、企事业单位、公民个人等在政府应急管理中的作用,加强政府应急管理各种力量之间的相互协调与配合,以共同应对各种突发事件,提高政府应急管理的能力和水平。

3.3.2 拓展政府应急管理合作范围

当今世界,政府机构需要对复杂的、变化迅速的情况做出灵活的反应。如果

---

① 见姜平所著《突发事件应急管理》,国家行政学院出版社 2011 年出版,第 16 页。

政策制定者只用一种方法,即由自己的官僚机构来提供服务,要做到这一点便很困难。① 从目前我国政府应急管理实际来看,政府应急管理过程中部门分割、各自为政的现象还比较普遍,合作机制有待进一步加强。突发事件的公共性特点决定了在政府应急管理过程中光靠政府的力量是远远不够的,必须在坚持政府为主导的前提下,充分发挥各种非政府组织的作用,开展多种形式的合作,共同应对突发事件。

从地域范围上看,合作可以分为国内合作和国际合作,国内合作又可以分为不同地区的合作等。《突发事件应对法》第十五条规定:"中华人民共和国政府在突发事件的预防、监测与预警、应急处置与救援、事后恢复与重建等方面,同外国政府和有关国际组织开展合作与交流。"可见,由于突发事件特别是重特大突发事件带来的危害严重性以及紧急处置任务的艰巨性,在政府应急管理过程中,有些重特大突发事件的应对,需要国际社会的支援,通过国际合作增进友谊,克服困难。譬如,"5·12"汶川特大地震发生后,在"生命高于一切"的救灾理念下,中国以开放姿态接受外国救援和医疗力量赶赴地震灾区协助救灾。日本、俄罗斯、韩国、新加坡、德国、意大利、古巴、法国、英国、印尼、巴基斯坦等国先后派出了本国最精锐的救援和医疗人员,一批又一批的国际救援和医疗队伍在最短时间内完成集结赶赴中国。这些国外救援和医疗人员,通过他们的辛勤工作赢得了中国人民的敬佩和称赞。②

在重特大突发事件的应急管理过程中,除了加强国际合作,争取国际范围的人力、物力和财力支援外,国内合作是尤其要注意加强的,这是政府应急管理获得成功的基本经验,通过全国人民的团结一致,社会各界的相互支援,众志成城,共同战胜突发事件。对口支援是我国应对突发公共事件的一大法宝,具有鲜明的中国特色,充分体现了我国社会主义制度的优越性。在汶川地震的恢复重建中,各地区各部门大力发扬全国一盘棋思想,一方有难,八方支援,一切为了灾区,全力支援灾区,在调集人员、支援物资、收治伤员、安置移民、建造临时和过渡住所等方面做了大量工作。承担对口支援任务的19个省市党委和政府积极落实中央部署,义不容辞地支援灾区恢复重建。③

就合作的主体而言,各政府部门、各种非政府组织之间都可以积极开展各种

---

① 见戴维·奥斯本、特德·盖布勒所著《改革政府:企业精神如何改革着公营部门》,上海市政协编译组、东方编译所编译,上海译文出版社1996年出版,第11页。

② 见闪淳昌所著《应急管理:中国特色的运行模式与实践》,北京师范大学出版社2011年出版,第99页。

③ 同上,第97页。

形式的合作;不仅政府内部之间要加强合作,政府与非政府组织之间也要加强合作;不仅实际操作部门之间要加强合作,实际操作部门与科学研究部门也要加强合作,做到理论联系实际有机。坚持军民合作,充分发挥三支队伍的作用,是我国应急管理运行模式的一个重要经验。这三支队伍是:人民解放军、武警、公安部队和预备役民兵;医疗救护、矿山救援、森林灭火、防汛抗旱、水电油气通讯的抢修、抗震等各个专业应急处置队伍;企事业单位的广大职工和社区的广大民众。从近年来我国数次应对突发事件的经验来看,这三支队伍构成了我国应急管理的救助网络,是我国成功应对突发事件的重要依托。①

总之,政府应急管理工作是一项复杂的系统工程,任务重,压力大,需要各种社会力量的积极合作,各尽其责,相互配合,共同努力,只有这样,才能有效应对各种突发事件。

3.3.3　完善应急法律法规体系

作为政府行政的基本组成部分,政府应急管理职能需要依靠法律制度来保障,为各种应急管理活动提供法律依据。如果缺乏有效的法律法规,政府部门就无法可依,容易造成处理不当以及不负责任等现象发生,从而对社会和公众造成不良影响,社会也难以形成对政府不当行为的有效监管,因此,应急法律保障机制的滞后,在一定程度上会制约政府应急管理机制的进一步发展。

从国外政府应急管理的经验来看,美国、英国、日本等发达国家以及许多发展中国家,非常重视应急管理法律制度的建设,大都建立了比较完善的紧急状态法制度,应急管理法律规范的专门化、体系化特征明显,保障政府应急管理的有序进行。在印度,为了防止 2004 年年底印度洋海啸之类的灾难再度发生,印度政府制定了《危机管理法》,各邦也都制定了危机管理法。该法为协调灾难减除、灾难准备和反应的机构规定足够的权限,也规定需要采取的灾难减除或灾难预防措施。为了使印度的应急管理工作进一步制度化,印度政府几年前发布了新的危机管理国家政策。新政策涵盖中央政府活动的各个方面,其地位高于所有原有的部门政策。②

而在我国,尽管已经制定和颁布了不少应对各类突发事件的法律和法规,但无论从宏观上还是从微观上来看,政府应急管理的法律体系都还不够完善。目前,虽然我国已经制定出《突发事件应对法》,但《突发事件应对法》与相关法规之

---

① 见闪淳昌所著《应急管理:中国特色的运行模式与实践》,北京师范大学出版社 2011 年出版,第91 页。

② 见姜平所著《突发事件应急管理》,国家行政学院出版社 2011 年出版,第 15 页。

间的衔接与配套,以及全国性法规与地方应急管理法规衔接等都有待进一步完善。为此,温家宝总理在 2005 年的政府工作报告中特别强调指出,要做好政府立法工作,重点加强完善宏观调控机制、应对处置各种突发事件等方面的立法。[①]

因此,在当今电子政务环境下,应当进一步加强应急管理的法制建设,在借鉴国外紧急状态立法有益经验的基础上,把应急管理工作纳入法制化轨道,按照宪政精神和行政法治的要求不断加强应急立法工作,建立健全各种应急法律制度,修订完善现有应急法律规范体系,建立一个完备的应急法律法规体系,为政府应急管理提供坚实的法律依据和支持,坚持依法应急。只有这样,才能贯彻法治原则,保障政府在紧急状态时期也能够贯彻依法行政原则,保障公民的权利不受非法侵犯,从而保障政府应急管理合法、有序进行。

3.3.4 积极与媒体进行沟通

美国第 16 任总统林肯曾经说过:"只有让人民知道真相,国家才会太平。"同样,在政府应急管理过程中,公开事件真相及其处理的相关措施,对于提升政府形象,保障公众知情权,维护社会稳定,有效应对各种突发事件,均具有重要的现实意义。为此,作为应急管理工作的领导者,政府部门需要积极与媒体进行沟通,通过借助各种现代媒介手段,将突发事件及其处理信息及时、全面、准确地告知有关部门及人员。

媒体在政府应急管理中具有双重作用,如果政府与媒体的关系处理不好,则会由于媒体的推波助澜而导致事件的进一步恶化;如果处理得当,有效的引导以及监督,则会推动应急管理的共同应对,同舟共济。在处理突发事件时,如果出于传统的、对稳定的考虑,对已经发生的事件采取尽量掩盖、拖延的方法,企图将事件消灭在无形之中,在对事件的处理过程中,对媒体的作用力估计不够,没有与媒体积极沟通、合作,信息不公开,虚报、瞒报、不报等现象比较严重,这不仅对事件的处理极为不利,并且对政府的形象也造成了不良影响,也严重影响了公民的知情权。

与媒体进行沟通协作,实现政府应急信息及时、全面、准确公开,是政府应急管理机制建设的重要内容。政府在突发事件应急管理过程中,为了保障公民知情权,广泛动员社会力量参与到应急管理工作中来,需要进一步加强突发事件信息传播的基本理论以及运动规律研究,进一步加强与媒体的积极沟通,掌握突发

事件信息发布的主动权、主导权,有效控制舆情引导工作,进一步加强政府应急信息公开机制建设。

3.3.5 加大科技投入力度

《突发事件应对法》第三十六条明确规定:"国家鼓励、扶持具备相应条件的教学科研机构培养应急管理专门人才,鼓励、扶持教学科研机构和有关企业研究开发用于突发事件预防、监测、预警、应急处置与救援的新技术、新设备和新工具。"这说明我国政府应急管理工作开始高度重视科技人才的培养,科学技术的应用,科技设备的研发。

以互联网为核心的现代信息技术在政府应急管理中的应用,极大地提高了政府应急管理的效率和能力。世界各国,特别是西方发达国家十分重视利用现代信息技术参与政府应急管理活动,充分利用现代通讯、网络等信息技术建立起各种形式的应急管理系统。目前,在联合国的倡导下,正在构建的全球灾害监测预警救助体系,就是将世界各国现有的自然灾害预警系统实现联网,并在缺少预警系统的国家和地区增设预警装置,帮助发展中国家改善国内的灾害预警系统,将各种探测全球大气、地质、洋流变化的探测器密布地球所有区域,实现"海陆空天"全方位监测预警,最大限度地减少灾害损失的信息技术工程。[①] 在汶川抗震救灾中,先进的救援装备发挥了极为重要的作用。地震发生当天,国家地震灾害紧急救援队就将装备车空运到灾区现场,最大限度地保障救援队 187 名队员在救援现场的设备使用。救援车上配备了 60 多件套先进装备,包括搜索设备、破拆设备、顶升设备、支撑设备、救援绳索、动力照明等,还配备了红外生命探测仪,以及简易的手动破拆设备。这些装备确实在救人中发挥了重要作用。此次地震中倒塌的房屋多为砖混结构,厚重的预制板严重阻碍了救援者营救废墟下幸存者的工作。如果只凭手刨肩扛,很难快速救出废墟下的幸存者。有了这些装备,救援队员能在狭小空间破开建筑,顺利救出幸存者。"灾难现场的紧急救援,也是对科技水平的考验。"汶川地震紧急救援结束后,中国地震局应急救援司司长黄建发颇有感慨地说:"我们必须依靠科技,依靠先进的搜救装备和技术的结合,才能提高救人的效率,才能最大限度地救出幸存者。"[②]

我国政府应急管理工作在积极利用先进技术改善应急管理能力方面取得了显著成就,但与国外相比,我国应急管理工作的科技含量还比较低,应急管理科

---

① 见季春明《信息技术在吉林市公共危机管理中的应用研究》,吉林大学 2005 年论文。

② 见《紧急救援科技力量很关键》,《人民日报》2008 年 6 月 5 日。

技人才比较缺乏,应急管理科技教育比较薄弱,应急管理科技创新能力以及研究水平不高,为此,需要进一步加大科技投入力度,加强应急管理科技教育和研究,加强应对和处置各类突发事件的技术研究及应用,培养应急管理科技人才,增强应急管理科技含量,为应急管理工作提供强有力的科技支撑和人才支持。为此,需要充分利用高等院校、科研院所、社会团体等科研资源,加强应急管理的基础研究和应用研究,加快政府应急信息管理系统的建设,提高应急管理的能力和水平。积极开展政府应急管理的国际交流与合作,加快先进的应急管理技术引进、消化、吸收和自主创新步伐。

3.3.6　加强应急管理培训和教育

应急管理培训和教育工作的开展,对于增强社会危机意识、社会责任意识和自救、互救能力,提高各级政府和基层组织的应急管理水平,最大限度地预防和减少突发事件及其造成的损害,具有十分重要的意义。

意识是行动的基础。对于政府应急管理而言,突发事件本身并不可怕,可怕的是没有起码的危机意识与基本的应急管理能力。危机意识与危机管理能力的强弱直接关系着政府应急管理工作的成败。为了增强危机意识与应急管理能力,世界上许多国家都非常重视应急管理培训和教育这项基础工作。譬如美国联邦应急管理署(FEMA)建立从国家到地方的一系列机构,制定了一系列措施,形成了一个完整的应急管理培训教育体系,着力于突发事件的防范和减少损失。澳大利亚的防灾教育深入人心,政府不仅设立了全国灾害管理学院,培养应急管理的专业人才,而且不忘对普通百姓灌输危机防范意识,如向每户居民邮寄有关反恐的资料,指导人们在发生恐怖事件时如何应对等。德国把增强国民的危机意识作为危机管理的一项重要内容,政府利用"危机预防信息系统"(DENIS)向人们集中提供各种公民保护以及危急情况下自我保护的知识。例如,通过宣传手册、互联网、展览以及听众热线,重点介绍如何应对新型急性瘟疫、化学品泄漏和恐怖危机等;居民保护与灾害救助局出版《居民保护》季刊,普及防灾救灾知识。[①] 日本特别注重推行全民危机教育,危机教育首先从学校做起,日本绝大多数学生都进行过应对天灾人祸等突发性危机的教育及训练。除了学校,日本各地方政府还经常向居民发放如何应对各类危机的手册和资料。日本的电视等媒体也经常播放如何应对危机的方法和训练情况,力争使家家户户了解如何应对突发性危机的方法。日本政府还将每年的9月1日定为"防灾日"。日本全国在

---

① 见姜平所著《突发事件应急管理》,国家行政学院出版社 2011 年出版,第 18 页。

这天要举行规模盛大的防灾和消防演习活动,有数百万人参与,首相及各有关内阁大臣也不例外。[1]

从我国的实际情况看,社会危机意识与应急管理能力还需要进一步加强。主要表现在两个方面:一是不少政府有关部门及人员缺乏忧患意识、危机意识,不重视政府应急管理工作,政府应急管理工作还没有真正列入政府工作的议事日程;二是社会公众的危机意识不强,应对各种突发事件的知识缺乏,自救互救能力还有待进一步提高。因此,需要进一步加强应急管理的培训和教育工作,切实增强整个社会的危机意识和应急管理能力。

---

[1] 见袁艺《日本的灾害管理(三)备灾——应急——恢复重建》,《中国减灾》2005 年第 1 期,第 50 页。

4 电子政务环境下政府应急
管理机制理论模型

电子政务的发展既给政府应急管理带来严峻考验,又带来无穷发展机遇。如何抓住电子政务发展的契机,构建适应电子政务环境的政府应急管理机制,已经成为提高政府应急管理能力和水平的关键所在。在本章,笔者在明确政府应急管理机制价值目标的基础上,初步构建了电子政务环境下政府应急管理机制的理论模型,并对理论模型的要素构成及内涵进行分析,为政府应急管理机制研究的深入奠定基础。

4.1 政府应急管理机制的价值目标

所谓"价值目标",是指为了实现某种目的或达到某种社会效果而进行的价值取舍和价值选择。建立健全政府应急管理机制,是提高政府保障公共安全和处置突发事件能力的需要,是全面履行政府职能,加强政府自身建设,提高行政能力的迫切需要。党的十六届六中全会通过的《中共中央关于构建社会主义和谐社会若干重大问题的决定》明确提出要"形成统一指挥、反应灵敏、协调有序、运转高效的应急管理机制,有效应对自然灾害、事故灾难、公共卫生事件、社会安全事件,提高危机管理和抗风险能力"。①

可见,统一指挥、反应灵敏、协调有序、运转高效就是政府应急管理机制追求的价值目标,也是电子政务环境下政府应急管理机制建设必须达到的基本要求。

---

① 《中共中央关于构建和谐社会若干重大问题的决定》,http://news3.xinhuanet.com/politics/2006-10/18/content_5218639.htm(检索日期 2006 年 10 月 20 日)。

4.1.1　统一指挥

早在 20 世纪初,古典管理理论的代表人物亨利·法约尔就提出了统一指挥的原则,即"无论对哪一件工作来说,一个下属人员只应接受一个领导人的命令。这就是'统一指挥'准则。它是一项普遍的、永久必要的准则。如果这条准则受到破坏,那么权力将受到损害,纪律将受到危害,秩序将受到扰乱,稳定将受到威胁……在任何情况下,都不会有适应双重指挥的社会组织。在整个人类社会中,在工业、商业、军队、家庭、国家机构中,双重指挥经常是冲突的根源。这些冲突有时很严重,应该引起各级领导者的特别注意。"[①]

1998 年的长江抗洪斗争,是在国家的直接领导下进行的。在整个抗洪抢险过程中,国家时刻关注汛情的发展,高度重视灾区群众的生命财产安全,直接领导抗洪斗争。8 月 7 日,在长江抗洪的紧要关头,中央政治局常委召开会议,作出了《关于长江抗洪抢险工作的决定》,对抗洪工作进行了全面部署。党和国家的主要领导人亲赴第一线指挥抗洪抢险救灾。[②] 为贯彻落实中央的决定,8 月 11 日国家防汛抗旱总指挥部在湖北荆州召开特别会议,针对长江防汛极为严峻的形势,采取严防死守长江大堤的 8 条具体措施。在整个抗洪抢险救灾过程中,正是由于坚持统一指挥、统一行动,才使得抗洪抢险的胜利有了强有力的保证。

集中统一是政府应急管理的基本思路。在电子政务环境下,政府应急管理一方面要建立健全高度集中、职责明确的指挥体系;另一方面,政府部门要借助电子政务的发展,建立起统一、高效的应急指挥平台,只有这样,才能广泛动员和组织社会力量,战胜各种突发事件。

4.1.2　功能齐全

功能齐全既是对政府应急管理机制的考验,又是对政府应急管理机制提出的基本要求。功能齐全要求政府应急管理机制不仅具有应急预警功能,还要具有应急响应功能和应急善后功能。同时,功能齐全的应急管理机制要对不同类型、不同级别的突发事件能够进行有效防范和处理,不能只局限于对某类突发事件的应急管理。

以南宁市城市应急联动系统为例。南宁市社会应急联动系统是国家计委批准建设的中国第一套社会应急联动系统。它具有强大的应急管理功能,主要体

① 见 H·法约尔所著《工业管理与一般管理》,周安华译,中国社会科学出版社 1982 年出版,第 27 页。

② 见邓振春所著《县级政府应急管理》,光明日报出版社 2004 年出版,第 178 页。

现在：在地理信息系统（全市 100 多万门有线电话报警时该系统可显示报警人的方位、全球卫星定位系统可显示警力分布情况）和计算机等辅助下，24 小时受理市民的报警与求助电话。系统可对现场的公安、交警、消防和救护等资源进行指挥控制，帮助处警调度员选择最佳的资源，对事件做出最快速的反应；可在重大紧急事件发生期间由市领导在应急联动中心召集全市各部门领导人对事件的处理进行特别调度指挥；通过无线集群通讯系统可与现场人员进行语音、资料、图像的双向传送；可观察、记录或干预南宁市重要路口车辆交通情况；车载无线集群通信移动基站可以作为临时的现场指挥中心，并为个别无线集群通讯的盲区提供现场应急指挥通讯，由卫星图像传输系统（VSAT）将紧急重大事件现场图像实时传送到应急联动中心；强大的数据库查询功能和无线数据传输终端使现场操作人员和中心指挥调度人员既可在联动中心又可在执行任务的车辆中调用各种资料信息；车辆自动定位系统（全球卫星定位系统 GPS）具有在电子地图上直接查看公安、交警、消防、急救等执行任务车辆精确位置的能力；在接警和处警时，与报警、处警事件相关的全部语音及资料信息都被记录存储，供未来检索查询。①

　　在电子政务环境下，要构建功能齐全的政府应急管理机制，必须借助电子政务的发展，积极运用先进的技术力量增强政府应急管理的科技水平。譬如基于地理信息系统的应急指挥调度系统的建设，可以方便指挥人员进行快速指挥；各种有线通信、无线通信、卫星通信等通讯设施的综合使用，可以大大提高对各种应急部门和应急力量下达指令的效率。

4.1.3　反应灵敏

　　迪乌夫博士指出："作为国际抗禽流感运动的领导者，粮农组织三年来所获得的经验说明，速度是关键。预警必须像闪电一样的迅速。必须对以可怕的速度移动的跨界和跨洲疾病采取立即行动。"②笔者认为，不仅要求预警要迅速，在政府应急管理的每一阶段，都要求反应灵敏、快速有效。"快"是应对突发事件的第一要诀。突发事件一旦爆发，会带来各种有形或无形的损失，并且随着大众媒体介入，会立即引起社会公众的广泛关注。政府应急管理部门必须以最快的速度启动应急预案，调集训练有素的专业人员，动用必要的应急处理设备，第一时

---

　　① 见唐济武《南宁市提高政府处置突发公共事件能力的成功实践上篇：创建应急联动体系》，《中国减灾》2006 年第 6 期，第 23－24 页。

　　② 《粮农组织启动新的危机管理中心》，http：//www. fao. org/newsroom/zh/news/2006/1000421/index. html（检索日期 2006 年 11 月 28 日）。

间赶赴事发现场进行紧急处理。

要实现政府应急管理的反应灵敏,至少要做到以下两点:

一是牢固树立危机意识,尤其要有危机预防意识。安而不忘危,治而不忘乱,存而不忘亡。否则,就如奥斯本所说的那样,国家就像一艘庞大的远洋班轮,所有昂贵的东西都堆放在甲板上,但没有雷达和导航系统,也没有预防性保养维修。不去考虑未来的问题和机会,我们跟跟跄跄地从危机走向危机。①

政府应急管理贵在预防,只有增强忧患意识,坚持预防与应急相结合,常态与非常态相结合,做好应对突发事件的各项准备工作,才能做到防微杜渐,处变不惊,防患于未然。国外研究表明,危机困扰的时间,平均历时 8 周半,没有应变计划的危机,要比有应变计划的危机长 2.5 倍,也就是 21.25 周。危机后遗症的波及时间,平均为 8 周,没有应变计划的危机,也比有应变计划的危机长 2.5 倍,达 20 周。由此可见,对危机作了预防的组织遭受的损失相对较小。②

二是要积极运用先进的科学技术,提高应急反应能力。温家宝总理在全国应急管理工作会议上强调,要"高度重视运用科技提高应对突发事件的能力,加强应急管理科学研究,提高应急装备和技术水平,加快应急管理信息平台建设,形成国家公共安全和应急管理的科技支撑体系"。③

电子政务环境下的政府应急管理,必须依靠科技,加强公共安全科学研究和技术开发,采用先进的监测、预测、预警、预防和应急处置技术及设施,提高应对突发事件的科技水平和反应能力。

4.1.4 协调有序

协调就是连接、联合、调和所有的活动及力量。④ 只有实现协调有序,才能做到临危不乱。从政府应急管理的主体来看,政府应急管理不仅需要政府部门上下级之间的纵向协调,而且需要同一等级不同职能部门之间的横向协调;不仅需要政府部门内部之间的协调,而且需要加强政府与媒体、公众、国外政府及国际组织等之间的协调。从政府应急管理的流程来看,政府应急管理的每一个业务

① 见戴维·奥斯本、特德·盖布勒所著《改革政府:企业精神如何改革着公营部门》,上海市政协编译组、东方编译所编译,上海译文出版社 1996 年出版,第 204 页。

② 见郭济所著《政府应急管理实务》,中共中央党校出版社 2004 年出版,第 39 页。

③ 见《国务院召开全国应急管理工作会议——温家宝强调全面履行政府职能 努力提高应急体系建设和管理水平》,《人民日报》2005 年 7 月 25 日第 001 版。

④ 见 H·法约尔所著《工业管理与一般管理》,周安华译,中国社会科学出版社 1982 年出版,第5页。

环节包括预警、响应、善后等都需要彼此之间的协调配合,只有这样,才能真正实现政府应急管理高效有序的进行。

分工是协调的前提,协调是分工的提升。现代经济学奠基人亚当·斯密在其名著《国富论》中用一个制针业的例子生动地描述了分工是劳动效率提高的主要原因:"有一个小厂,那里只雇了十个工人,在这个小工厂里,有几个工人从事两三种不同的操作。尽管他们很穷,尽管他们连必要的机器设备都很差,但如果他们尽力工作,一天也能生产出十二磅针。以每磅中等型号针有四千枚计,这十个人每人每天就可以制造出四万八千枚针,这样,每人每天能制造出四万八千枚针的十分之一,即四千八百枚针。但是,如果他们都各自独立地工作,谁也不专门学做一种专门的业务,那么他们之中无论是谁都绝对不能一天制造二十枚针,也许连一针也制造不出来。这就是说,他们绝对不能制造出现在由他们的不同操作的适当分工和合作而制成的二百四十分之一,也许连这个数字的四千八百分之一也制造不出来。"[①]

就政府应急管理而言,由于参与政府应急管理的人员和力量来自各个方面,包括交通、通信、消防、信息、搜救、食品、公共设施、公众救护、物资支持、医疗服务和政府其他部门的人员,以及军队、武装警察官兵等,有的时候还有志愿者人员参加。因此,在政府应急管理过程中,分工合作显得特别重要,一旦突发事件发生,不同职能部门之间应实现协同运作,明确各自职责,优化整合各种社会资源,发挥整体功效,保证整个应急管理过程协调有序进行,只有这样,才能成功应对各种突发事件。根据笔者的实地调研,北京市通州区人民政府的应急管理,根据突发事件的不同类型,进行了明确的分工,具体落实到每一个职能部门。(见附件3)

4.1.5 运转高效

公共行政的职责目的就是高效实现和维护社会公共利益。突发事件的发生,具有突发性和紧迫性等特征,如果不及时决策,采取强有力措施加以控制,则会导致事态进一步恶化,给社会带来更加严重的后果。因此,紧急状态下,政府应急管理的首要目标是控制事态的蔓延,把突发事件控制在一定范围内,尽最大可能保护人民群众的生命财产安全。这就要求政府应急管理具有快速、高效的特点。正如孟德斯鸠所说的"行政贵乎迅速"。以浙江省为例,近年来,浙江省加快应急管理平台建设,积极运用各种技术手段促进政府应急管理高效运转。浙

---

① 唐日松译,华夏出版社2004年出版,第8页。

江应急平台的建设以浙江省电子政务外网为依托,应急值守和应急指挥有机结合,并借助浙江电信丰富的网络资源和全球眼、新视通、会易通、114号码百事通等业务优势,采用图像、话音、自动监测等多种技术手段对突发事件进行全方位动态监测预防并处置。[①]

又以广西南宁市城市应急联动系统为例。该系统建立后产生了明显的规模效益。系统建立前110、119、120和122四个报警服务台每天总共只能接听报警求助电话800个左右,系统启用后日均受理报警求助电话5 000多个,最多时达7 000多个,处理能力提高5倍以上。[②]

4.2　政府应急管理机制的理论模型构建

为了全面实现政府应急管理机制的价值目标,笔者构建出一系列政府应急管理机制的理论模型,包括政府应急管理机制的总体理论模型、政府应急管理组织机制的理论模型、政府应急管理运行机制的理论模型、政府应急管理保障机制的理论模型。然后通过模型要素分析,研究政府应急管理机制的具体构成及运作。

4.2.1　政府应急管理机制总体理论模型

政府应急管理机制建设是一项复杂的系统工程,是由一系列相互关联、为实现共同目标而联系在一起发挥功能的因素的集合。基于突发事件的生命周期和政府应急管理的业务流程,笔者在此初步勾勒出电子政务环境下政府应急管理机制的总体理论模型。如图4-1所示。

电子政务环境下的政府应急管理机制由三大部分构成:政府应急管理组织机制、政府应急管理运行机制和政府应急管理保障机制。其中,政府应急管理组织机制是政府应急管理的内核,是实现政府应急管理的前提和基础。政府应急管理运行机制是政府应急管理的关键,主要由预测预警机制、应急响应机制、善后处理机制三部分构成。政府应急管理保障机制,也可以称之为政府应急管理的防范准备机制,需要在平时做好相应的准备工作,主要由应急预案、应急法制、应急物资、应急资金、应急技术、应急通信、应急医疗卫生、应急队伍、应急交通运输、应急培训教育等十大基本方面构成,是政府应急管理的坚强后盾,政府应急管理高效、有序进行离不开强有力的保障措施。

---

① 见顾瑾《浙江打造全国首批应急管理平台》,《人民邮电》2007年2月14日第002版。
② 见郑祖辉《南宁市城市应急联动中心调研报告》,http://alexasi.bokee.com/viewdiary.12933713.html(检索日期2006年9月25日)。

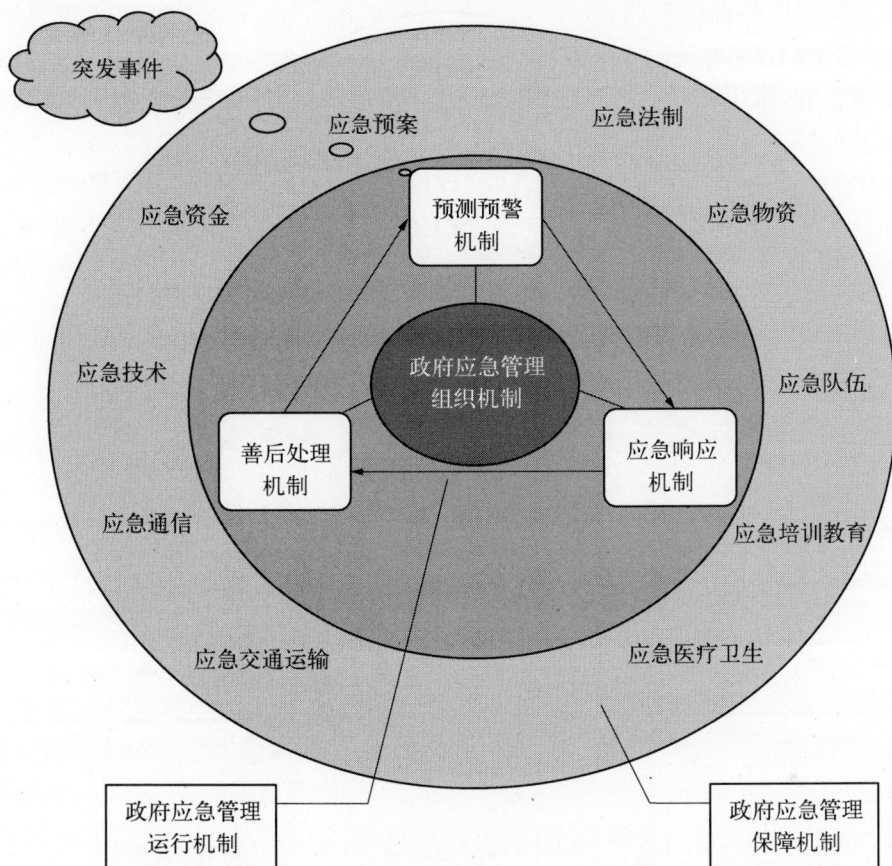

图 4-1　政府应急管理机制总体理论模型

4.2.2　政府应急管理组织机制理论模型

在电子政务环境下,为保证政府应急管理的高效运行,需要创新政府应急管理的组织结构,建立起适应时代发展要求的组织体系。为此,笔者设计了电子政务环境下的政府应急管理组织结构模型(见图 4-2)。

4.2.3　政府应急管理运行机制理论模型

基于政府应急管理的业务流程,笔者将政府应急管理的运行机制分为预测预警机制、应急响应机制、善后处理机制三个环节。所构建的理论模型如图 4-3所示。

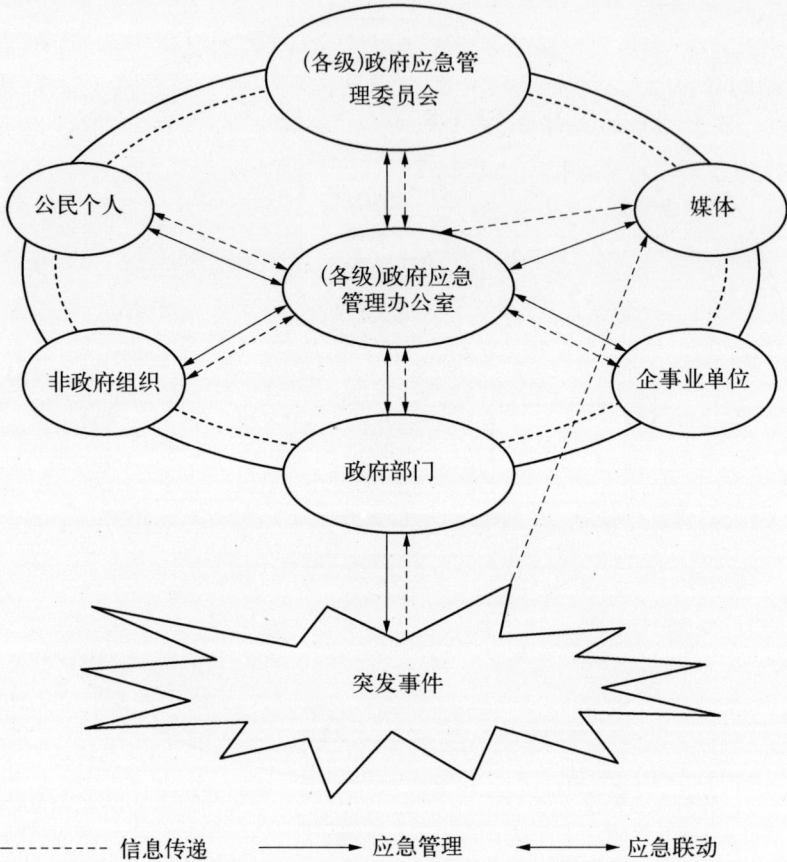

图 4-2　政府应急管理组织机制理论模型

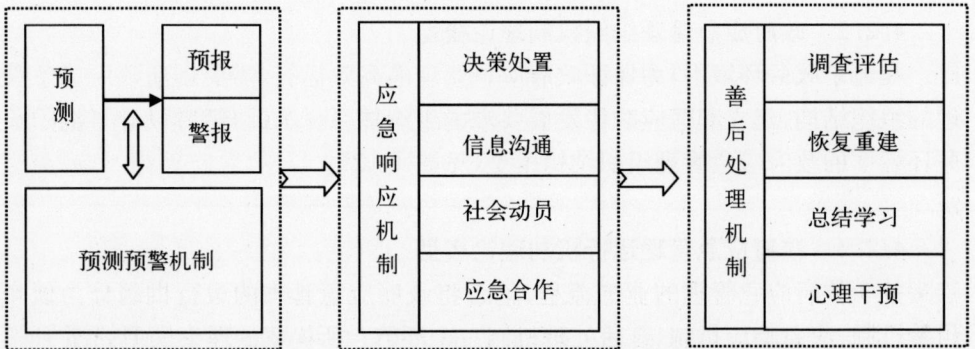

图 4-3　政府应急管理运行机制理论模型

4.2.4 政府应急管理保障机制理论模型

居安思危,思则有备,备则无患。在政府应急管理过程中,为保障政府应急管理机制的高效运行,还需要建立起完善的保障机制。对政府应急管理保障机制的研究,笔者拟从应急预案、应急法制、应急资金、应急技术、应急培训教育等十个维度进行考量。如图 4 - 4 所示。

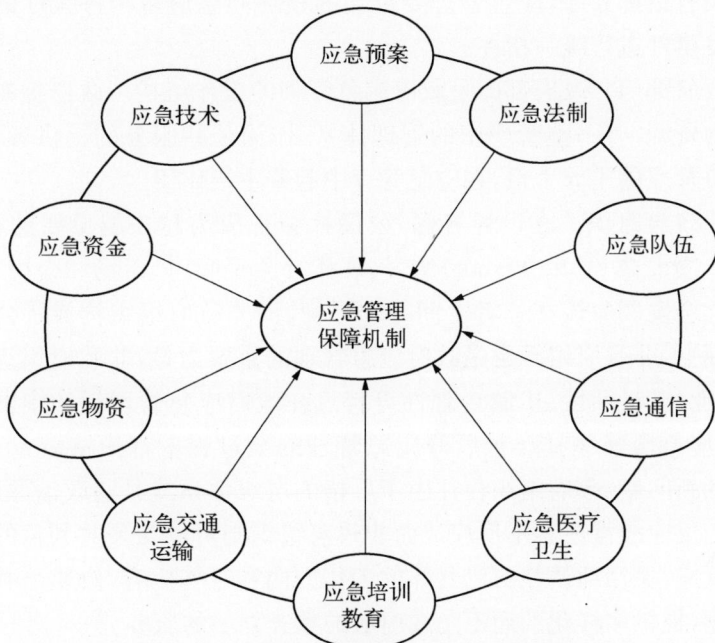

图 4 - 4 政府应急管理保障机制理论模型

4.3 政府应急管理机制理论模型的要素构成及内涵分析

4.3.1 政府应急管理组织机制

在笔者设计的政府应急管理组织结构模型中,政府应急管理的主体包括:(各级)政府应急管理委员会、(各级)政府应急管理办公室、政府部门、非政府组织、企事业单位、媒体、公民个人。各应急主体的职责分别如下:

关于(各级)政府应急管理委员会。(各级)政府应急管理委员会是政府应急管理的领导机构。根据我国应急管理实际,从中央至地方应设立四级应急管理机构,即中央、省、市、县(市、区)四级政府应急管理机构,每一层级的应急管理机构中必须有一个统一的应急管理领导机构,即应急管理委员会,由其统一领导本级政府应急管理活动,其中,中央一级应急管理委员会统一领导全国的政府应急管理工作。

关于(各级)政府应急管理办公室。在各级政府应急管理领导机构下设立专门的政府应急管理办公室(也可以称之为政府应急管理指挥中心),作为政府应急管理的日常办事机构,负责应急信息的汇总、应急管理的综合协调等工作。当突发事件发生时,政府应急管理办公室也是政府应急管理委员会的工作场所,在指挥中心设有指挥大厅,应急管理委员会的领导同志通过指挥大厅的应急指挥系统对突发事件进行统一指挥。

关于政府部门。政府部门是政府应急管理的工作机构。政府拥有大量的人力物力财力资源,有一整套严密的管理体系,作为公共服务的提供者,政府部门是政府应急管理的主导力量,在应急管理中起着主导作用。

关于非政府组织。在世界各国,公民社会正成为越来越重要的社会角色。正如朱莉·费希尔(Julie Fisher)所言,现代社会是政府、市场和公民社会的"三足鼎立",社会发展应该在三者之间寻求平衡,而非政府组织构成了公民社会的主体。实际上,非政府组织也是政府应急管理的重要力量,非政府组织由于具有公共性、专业化、灵活性、机制合理性等特点在政府应急管理活动中发挥着重要的作用,在应急预警、响应、善后等应急管理的全过程中都扮演着重要的角色。对于出现的新问题,政府组织往往由于严格的层级体系或某些政治原因、价值因素使得它们反应缓慢或者不反应。而非政府组织则可以在公共利益的旗帜下迅速地做出反应,灵活地调整自己具体的工作方向和工作内容,解决公共危机带来的社会问题,提供多样化的而不是政府般的整齐划一的服务。①

关于企事业单位。企事业单位不仅是本单位应急管理工作的责任主体,也要根据实际情况建立健全应急管理组织体系,在属地政府的领导下开展应急管理工作。同时,企事业单位也是政府应急管理中极其重要的组织力量。各种企事业单位参与到政府应急管理中来,可以在政府有关部门的领导下,提供强大的人力、物力、资源以及技术支持。

关于媒体。各种媒体在政府应急管理中也是一支不可忽视的力量。政府应急管理需要加强与媒体的沟通,充分发挥媒体在政府应急管理中的积极作用,即通过采集突发事件的信息,及时传递给其他的应急主体,是各应急主体之间信息沟通的桥梁。

关于公民个人。突发事件的公共性、危害性等特点表明,公民是突发事件的

---

① 见王绍光所著《多元与统一——第三部门国际比较研究》,浙江人民出版社 1999 年出版,第 54 - 55 页。

直接影响对象。突发事件的发生,对公民的生命财产安全构成了直接威胁。因此,公民在突发事件中的自救和互救能力直接影响着政府应急管理工作的开展。在政府应急管理中,如果离开了公民的参与与配合,政府应急管理是很难取得成功的。政府的工作就是要加强对公民的应急宣传教育,增强公民的危机意识和应急管理能力,从而使公民在面临突发事件时,能够配合政府开展应急管理工作。

总的来说,在防范和处置突发事件过程中,需要由政府应急管理委员会、政府应急管理指挥中心、政府机构、非政府组织、媒体、公民等各种不同性质的应急主体共同构成一个有机的组织体系,以共同应对各种突发事件。值得指出的是,在我国政府应急管理工作中,人民军队也是一支非常重要的突击力量,凭借其强大的组织能力、迅速的机动能力、专业的应急救援知识,在突发事件特别是重特大突发事件的应急处置过程中起着中流砥柱的作用。

4.3.2 政府应急管理运行机制

突发事件的发生发展过程,一般可以分为事前、事中、事后三个基本环节,与此相对应,政府应急管理的运行机制分为预测预警机制、应急响应机制、善后处理机制三个基本部分。

第一,预测预警机制。应急预警是指以先进的信息技术平台,通过预测和仿真等技术对突发事件发生发展的态势进行有效的监测,收集有关突发事件的征兆,通过一定的科学方法、技术进行分析处理、判断,并发出确切的警报,使政府和民众提前了解突发事件发生发展的状态,以便及时采取应对策略,防止或消除不利后果的一系列活动。

从预测预警的内容上看,主要包括"预测"和"预警"两个最基本的组成部分。其中,预测包括两层含义,一是监测,即对突发事件信息进行采集,这是预的前提;二是预料,这是对监测得到的信息进行分析、决策的过程。"预警"也就是预先警示的意思,是指根据预测的结果,按照规定的要求,采取一定的技术和方法,对有关部门及受众发布预警信息,提醒其提前采取措施,将突发事件造成的损失降低到最低。根据警示的严重程度可以分为两种方式:一种是预报,另一种是警报。预报和警报在发布预警信息的时间、方式等方面有着一定的区别。

第二,应急响应机制。由于并不是所有的突发事件的征兆都能被事先监测到,即使能够及时有效地被监测,也不可能都被有效地消灭在萌芽状态。因此,政府应急管理工作第二个基本环节就是应急响应,即对突发事件所作出的反应及采取的行动。美国安全部《全国突发事件管理系统》中"响应"的含义是:"致力于一场突发事件的短期的、直接的后果的行动。它包括拯救生命、保护财产和满足基本的人道需求的迅即行为；也包括实施紧急事态行动预案，以及旨在限制生命损失、人员伤害、财产损坏和其他不利后果的灾害减除行动。在形势需要时，应对行动还包括使用情报和其他信息减少突发事件的效力和后果，强化的安全行动，持续的对威胁的本质和源头的调查，进行中的公共卫生和农作物监督与检测过程，免疫、隔离或检疫，以及旨在先制（preempting）、阻断或瓦解非法行为的特殊的执法行动，并且捕捉现行罪犯押至法庭。"①

简而言之，应急响应就是对突发事件发生采取的措施与行动。为了有效应对突发事件，主要从决策处置机制、应急指挥机制、应急联动机制、应急沟通机制、应急合作机制、应急动员机制等方面加强应急响应机制建设。

第三，善后处理机制。亡羊补牢，犹未为晚。突发事件得到有效控制或平息后，并非意味着应急管理的终结，它只是标志着应急管理进入另一个阶段：善后处理阶段。为了使应急善后处理工作紧张有序地进行，就要建立健全善后处理机制。善后处理机制是指突发事件善后处理的组织及其相互作用关系。善后处理工作主要包括事后调查评估、恢复重建、总结学习、心理干预等方面内容。

4.3.3 政府应急管理保障机制

突发事件一旦爆发，有可能会造成不同程度的人员伤亡和财产损失。政府应急管理保障机制是保障政府应急管理顺利进行而制订出的相关制度和保证这些制度如何落实的运行办法，它是政府应急管理顺利进行的基本条件。为了保证政府应急管理工作有效开展，需要从应急预案、法制、物资、资金、技术、通信、医疗卫生、培训教育等方面建立健全应急保障体系。

4.3.3.1 应急预案

《现代汉语词典》对"预案"的解释就是"就是为应付某种情况的发生而事先制订的处置方案"。② 应急预案，又称应急计划，是针对可能发生的突发事件，为保证迅速、有序、有效地开展应急与救援行动、降低人员伤亡和经济损失而预先制订的有关计划或方案。它是在辨识和评估潜在的重大危险、事件类型、发生的可能性及发展过程、事件后果及影响严重程度的基础上，对应急机构与职责、人员、技术、装备、设施（备）、物资、救援行动及其指挥与协调等方面预先做出的具体安排。它明确了在突发事件发生之前、发生过程中以及刚刚结束之后，谁负责

---

① Department of Homeland Security, National Incident Management System, March 2004, p. 136.
② 见中国社会科学院语言研究所词典编辑室《现代汉语词典（修订本）》，商务印书馆出版 1996 年出版，第 1542 页。

做什么、何时做,以及相应的策略和资源准备等。①

　　应急预案是政府为了提高保障公共安全和处置突发事件的能力,最大限度地预防和减少突发事件及其造成的损害,保障公众的生命财产安全,维护国家安全和社会稳定,促进经济社会全面、协调、可持续发展,依据宪法及有关法律、法规,制订突发事件应对的原则性方案。应急预案是突发事件应急救援的行动方案或应急计划,是一套透明化、规范化的应急管理程序,在平时,政府有关部门及企事业单位要针对可能发生的突发事件,基于政府应急管理流程,遵循应急预案编制的一般步骤,建立健全应急预案体系。

4.3.3.2　应急法制

　　"没有规矩,不成方圆。"人类的一切活动都与制度有关,它是一种要求大家共同遵守的办事规程或行动准则,规范人和组织的行为,是行动的准绳和保障。许多情况下,制度也是某一领域的制度体系,如我们通常所说的政治制度、经济制度、法律制度和文化制度等。在政府应急管理过程中,只有建立起一系列科学完善的法律制度,才能在突发事件应急管理过程中做到有法可依、有章可循、依法应急,才能保障政府应急管理的科学性、规范性、有序性与可行性。

4.3.3.3　应急物资

　　所谓物资,也就是通常所说的生产上和生活上所需要的物质资料或物质资源。一旦突发事件发生,势必对事发所在地现有的各种物质资源造成不同程度的破坏,从而造成资源匮乏。为此,事发前,需要加强各种应急物资的储存,优化资源配置,以防不测;事发中,需要建立应急物资的调拨、运行机制,保证应急物资的有效供给;事发后,恢复重建、医疗急救等活动中也需要大量的应急物资作保障。可以说,在整个政府应急管理过程中,需要建立起完善的救灾物资生产、储存、调拨和紧急配送的物资保障体系。

4.3.3.4　应急资金

　　资金是一种非常重要的应急资源。应急物资的配置以及应急活动的开展,均离不开应急专项资金的投入。政府应急管理资金主要来源于财政拨款。为此,在政府应急管理中,需要将应急专项资金纳入各级政府的财政预算,为了保障应急专项资金的落实,还需要专门的立法来规范与保障。《中华人民共和国预算法》(以下简称《预算法》)中对应急管理专门资金有明确的规定,譬如,《预算法》第三十二条明确规定:"各级政府预算应当按照本级政府预算支出额的百分之一至百分之三设置预备费,用于当年预算执行中的自然灾害救

---

① 见刘铁民《突发公共事件应急预案编制与管理》,《中国应急管理》2007年第1期,第23页。

灾开支及其他难以预见的特殊开支。"在应急资金建设方面,应当根据《预算法》的有关规定,每年预安排相应比例的应急储备资金,作为应对包括自然灾害在内的各种突发事件的应急资金准备。同时,还需要建立起民间援助、社会救济等方面的制度,拓宽应急资金的来源渠道,以弥补政府财政的有限性。此外,还需要加强应急资金的监管,防止在应急管理过程中资金的非法滥用、挪用、贪污等现象发生。

4.3.3.5　应急技术

在当今电子政务环境下,各种现代信息技术在政府应急管理中应用越来越广泛,在突发事件的防范、应对处理过程中发挥了至关重要的作用。可以说,现代政府的应急管理,离不开科技的支持,没有现代技术力量的支撑,政府应急管理将寸步难行。《总体预案》的应急保障措施中就设有"科技支撑"环节并明确规定"要积极开展公共安全领域的科学研究;加大公共安全监测、预测、预警、预防和应急处置技术研发的投入,不断改进技术装备,建立健全公共安全应急技术平台,提高我国公共安全科技水平"。因此,在政府应急管理工作中,要不断加强应急管理的科技化、信息化建设,建立健全统一、完善、科学、实用的应急管理系统,提高应急管理的科学性与有效性。

4.3.3.6　应急通信

应急通信保障是指在突发事件应急管理过程中保障沟通顺畅,通信不中断。通信保障在政府应急管理过程中起着非常重要的作用,保障通信畅通是减少财产和生命损失的重要手段,是快速有效进行应急决策与应对处理的前提和基础。在2008年的北京奥运会,庞大而复杂的指挥调度系统发挥了重要的作用。而在汶川特大地震、玉树地震中,灾区的通信基本中断,给灾区的应急救援工作带了诸多不便和困难。目前我国应急信息系统的能力急需提升,发展应急通信技术,亟待建立一套空中与地面相结合、有线与无线相结合、固定与机动相结合的立体应急通信系统,全面提高应急通信能力。

4.3.3.7　应急医疗卫生

突发事件一旦发生,会造成不同程度的人员伤亡。以人为本,建立和完善医疗卫生保障体系,保障事发所在地公民的生命安全,是政府应急管理的首要任务。突发事件发生后,必须立即组建医疗救护小组,制订医疗救护方案,设计医疗救护流程,组织医疗救护队伍奔赴事发所在地,对伤员进行应急救治,尽最大可能减少人员伤亡。

突发事件爆发后,有可能会带来一些传染病等疫情,特别是自然灾害爆发后,这种现象比较常见,所以有了"大灾之后有大疫"这一说法。为了避免这种现象发生,在突发事件应急管理过程中,还需要做好卫生保障工作。各级卫生行政部门、疾控中心等卫生部门要高度重视救灾防病工作,增强责任感和使命感,做好抗大灾、防大疫的准备,加强灾区疫情的监测、防控、监督、检查等工作,确保人民群众的身体健康和生命安全。

4.3.3.8　应急队伍

政府应急管理工作的开展,离不开不同领域、不同职业的应急救援队伍。为了保证政府应急管理的有效开展,必须在平时加强应急队伍建设,为政府应急管理提供强有力的人员保障。在突发事件应急管理工作中,公安、消防、交警、医疗急救、市政等队伍是基本的抢险救援队伍,武警和民兵预备役部队是抢险救援的后备力量,人防、地震、防汛、森林消防、矿山、建筑工程等专业救灾队伍是突发事件应急行动的骨干力量。[①] 有关部门在平时应该加强应急救援队伍建设,制订各种切实可行的培训演练方案,加强专业技能培训和演练工作,提高队伍的应急反应能力与救援能力。

4.3.3.9　应急交通运输

一旦突发事件发生,势必对事发所在地的资源造成破坏,为了有效应对突发事件,必须从其他地区调拨各种物资予以支援,这就需要解决交通运输问题。为了迅速组织运输车辆和人员,高效、有序地做好事发所在地的应急救援工作,最大限度地减少突发事件所造成的人员伤亡和财产损失,维护人民群众生命财产安全和社会稳定,需要加强交通运输保障。

交通运输保障工作的开展,首先要成立起专门的应急保障机构,确定人员构成,并明确其职责;其次,为了确保交通运输保障工作的顺利开展,还需要制订专门的应急预案,明确规定交通运输保障的组织、运行、责任追究等事项。

4.3.3.10　应急培训教育

应急培训教育工作是政府应急管理的一项基础性工作。在当今高风险社会环境下,各种突发事件愈演愈烈,成因十分复杂。有效应对各种突发事件,成功开展自救和互救活动,需要基本应急管理常识。政府应急管理是一项实践性和专业性都很强的工作,做好这项工作需要专门的应急管理知识以及丰富的专业知识。为此,需要加强应急培训教育工作,为政府应急管理提供智力支持。

应急培训教育工作的开展,就其对象来说,不仅包括领导干部、普通工作人员,还应包括企业、普通公民、学生等其他一切组织和个人。因为在突发事件中,

---

① 见宋英华所著《突发事件应急管理导论》,中国经济出版社 2009 年出版,第 150 页。

不同的组织和个人扮演的角色各不相同,所起的作用也各不相同,均需要不同层次的应急管理知识或技能。同时,为了做好这项工作,也要注意方法,针对不同的培训对象,需要积极运用各种切实可行的培训方法,针对性地传授应急管理知识或技能,以达到增强危机意识与应急管理能力之目的。

5 政府应急管理组织机制

组织是人类最普遍的社会现象。W·理查德·斯格特认为,组织是意图寻求具体目标并且结构形式化程度较高的社会结构集合体。①

在电子政务环境下,政府应急管理应该具有与之相适应的组织结构,这种特定的组织结构与在特定的条件下,在特定的时间执行特定的任务相匹配,是适合应急管理任务的组织形式。可以说,只有建立健全政府应急管理组织体系,才能保证政府应急管理有效开展,政府应急管理组织是政府应急管理的内核,也是政府应急管理有效开展的前提和基础。

5.1 政府应急管理组织变革的缘由

5.1.1 危机环境的挑战

当今社会已经进入全球风险社会,包括自然灾害、事故灾难、公共卫生事件、社会安全事件在内的各种突发事件频繁发生,并且随着全球化的日益发展而变得更加复杂多样,政府应急管理正面临各种挑战。国务委员华建敏指出:"从国际来看,虽然和平与发展仍是时代的主题,但世界并不太平。局部战争和冲突依然存在,地区热点问题错综复杂;传统安全威胁与非传统安全威胁的因素相互交织;国际金融危机迹象加深,石油资源和水资源的争夺日趋激烈;跨国重大疫情传播不时出现;难以预料的全球性气候异常和难以控制的自然灾害时有发生。从国内来看,我国社会总体保持稳定,但整个公共安全形势不容乐观。重大自然灾害频发;重特大安全事故时有发生;公共卫生事件发生的不确定性增大,防控难度大;社会公共安全领域面临的情况和问题日益复杂等等。"②

---

① 见 W·理查德·斯格特所著《组织理论:理性、自然和开放系统》,黄洋译,华夏出版社 2001 年出版。
② 见华建敏《我国应急管理工作的几个问题》,《中国应急管理》2007 年第 12 期,第 6 页。

　　由于国际局势继续处于复杂深刻的变化之中,地区和国家安全形势不容乐观,国内目前正处于社会转型和经济转轨的特殊时期,生产力水平发展不平衡现象明显,政府应急管理基础薄弱,经济发展过程中各种矛盾越来越突出,从而影响着国民经济全面协调可持续发展。有学者对新世纪中国政府应急管理面临的全新挑战进行了归纳梳理,将其概括为两个基本方面:即转型期的挑战和全球化的挑战,转型期的挑战包括社会阶层分化和贫富差距的进一步扩大、环境压力日益加重、过于单一的增长目标带来的资源危机、安全事故的激增、因为城市拆迁和农村征地引发的突出矛盾、群体性突发事件的增加、腐败现象屡禁不绝等七个方面;全球化的挑战包括全球化对我国经济安全、政治安全、国防安全、文化安全、信息安全、公共卫生安全的冲击等六个方面。[①]

　　诸多挑战直接考验着政府应对突发事件的能力,政府作为突发事件应急管理的领导者,如果处置不力,不仅会给经济社会发展和人民群众生命财产安全带来严重后果和损失,也会直接影响政府的执政能力及其在公众心目中的形象和公信力。

　　可见,危机四伏的社会环境给政府应急管理带来了严峻挑战。应急管理组织结构是实现政府应急管理目标的重要保障。理想的组织结构必须能够实现其自身与外部环境的有效匹配。随着各种突发事件的频繁发生及其影响不断扩大,政府应急管理现有的组织结构呈现出不适应性,对其进行变革是适应环境发展变化的客观要求。为了适应国内外环境的发展变化,有效应对各种纷繁复杂的突发事件,保障人民群众生命财产安全和社会稳定,政府应急管理的组织体系有必要进行相应的调整与变革,只有增强忧患意识,更加重视政府应急管理组织体系的变革与创新,才能不断提高预防和处置突发事件的能力,为全面建设小康社会、加快现代化建设提供一个稳定、安全的社会环境。

5.1.2　传统政府应急管理组织的问题

　　我国传统的政府应急管理主体是以科层制为基础、以部门为龙头建立起来的,这种高度集权、高度机械化的组织,指挥统一,成员职责分工明确,能够在短时间内调动各种资源应对突发事件。由于突发事件发展变化的复杂性、危害的严重性,仅仅依靠以科层制为基础的政府应急组织远不能胜任突发事件的防范与应对。2008 年南方冰雪灾害的应急管理实践就表明,我国现行的以科层制为基础、以部门为龙头的突发事件应对组织机制存在很大问题。又以应急管理办

---

　　① 见万军所著《面向 21 世纪的政府应急管理》,党建读物出版社 2004 年出版。

公室为例,为了进一步加强应急管理工作,全面履行政府职能,我国政府于 2006 年在国务院办公厅设置国务院应急管理办公室(国务院总值班室),承担国务院应急管理的日常工作和国务院总值班工作,履行值守应急、信息汇总和综合协调职能,发挥运转枢纽作用。随后,各级地方政府也纷纷成立起应急管理办公室,作为常设的、专门的政府应急管理办事机构,但政府应急管理实践表明,这些应急管理办公室主要是一种协调性机构,在突发事件应急管理过程中不具备统一组织、指挥功能,政府应急管理普遍存在以部门职能为中心的部门主义倾向,缺少统一的应急指挥组织管理系统,条块分割、各自为政的现象还比较普遍。

在国外,尽管许多国家在政府应急管理方面走在时代前列,但由于受科层制组织结构的影响,政府在应对突发事件的作用力发挥上受到很大制约。以 2005 年美国新奥尔良州遭遇"卡特里娜"飓风为例,起初看来只是一般性的自然灾害,预警信号只能让州一级的政府开始组织应急,然而灾害出人意料的升级为一场浩劫,整个城市被破堤而出的洪水淹没,高度发达的文明瞬间变成了弱肉强食的丛林,各种类型的犯罪活动层出不穷,以至于联邦军队进入灾区的首要任务是打击犯罪而不是救灾。这场突如其来的灾难最终造成了 1 209 人死亡和 3 000 亿美元的经济损失,现实给科层制沉重的一击。应急程序上的繁文缛节使这个世界上最发达的"应急机器"变得迟缓,一部《民兵法》导致大批军队无法及时进驻新奥尔良帮助疏散居民和提供医疗援助。专业化分工导致责任互相推诿,部门之间争权夺利缺乏协调合作,单纯依靠政府力量无法最大限度的利用社会资源,同时,自下而上的请示过于冗余难以准确掌握与自上而下的命令过于笼统无法指导具体行动之间的矛盾,导致应急组织的大脑与肢体脱节。与此相反,以红十字会为代表的众多社会团体的出现使得灾区人民得到了极大的抚慰,他们以合作的方式组织起来,弥补了科层制组织的不足。[①]

5.1.3　电子政务发展的契机

电子政务是政府部门利用信息技术实现高效、透明、规范的电子化、网络化的内部办公,协同办公和对外服务的整个过程。近年来,随着电子政务的纵深发展,全球电子政务正在逐步走向成熟,电子政务已经成为世界各国政府行政管理改革的主要方向,各国政府都将建立政府网站、提供网络服务作为提高行政管理效率、密切政府与企业、公民关系的有效手段。对我国来说,发展电子政务是我国深化改革、扩大开放的必然要求,是我国提高国家信息化水平的基本路径,也

---

① 见熊炎《灾难应急管理中的组织演进》,《江西社会科学》2008 年第 10 期,第 218 页。

是推动政府职能转变、提高行政效率的重要举措。目前,电子政务已经逐步成为中国信息化的龙头和全国各级政府工作中的重要内容。电子政务开始向政府部门之间、政府与企业、政府与公众之间信息互动的更高层次发展,专业化的政府服务网站日益增多,服务内容更加丰富,功能也不断增强,互动性得到了很大提高。

2004 年 1 月 6 日,温家宝总理在全国贯彻实施行政许可法工作会议上指出:"推行政务公开,有计划、分步骤地推进电子政务建设,利用现代信息技术改进政府的组织和管理,及时把政府决策、服务程序、办事方法向社会公布,为人民群众提供公开、透明、高效的公共服务。"电子政务的可持续发展给政府应急管理工作带来难得的发展机遇,借助电子政务建设,推进政府应急管理工作开展,提高政府应急管理能力与水平。就政府应急管理组织机构而言,我国政府现有的应急管理组织结构模式是一种公共权力部门化的办公模式,协同处理能力不强,而电子政务的发展需要部门之间实现充分的信息共享与业务协同,这说明现阶段我国政府应急管理的组织结构与电子政务的工作形式还存在矛盾。为了适应电子政务发展的要求,一方面,需要进一步加强政府组织结构的改革,优化政府应急管理工作流程,实现政府应急管理组织结构模式的全面转变和效能提升;另一方面,通过积极应用现代信息技术,加强政府应急管理系统的建设,进一步拓展电子政务应用领域,实现电子政务与应急管理的有机结合,充分发展电子政务,也只有这样,才能通过电子政务更好地提高政府应急管理能力与水平,有效应对各种突发事件。

政府应急管理组织是政府管理组织体系的重要组成部分,电子政务的发展对于政府管理创新、行政体制改革具有积极的推动作用,同样,对于政府应急管理组织机构的建立具有积极的推动作用。电子政务环境下的政府应急管理,在组织机构建设上,要克服传统科层制组织模式的弊端,根据电子政务发展的客观要求,基于电子政务平台,建立起灵活、高效的应急管理组织。

5.2 政府应急管理组织的变革思路

5.2.1 重塑组织目标

组织目标是指一个组织未来一段时间内要实现的目的,它是管理者和组织中一切成员的行动指南,是组织决策、效率评价、协调和考核的基本依据。任何一个组织都是为一定的目标而组织起来的,目标是组织的最重要条件。无论其成员各自的目标有何不同,但一定有一个为其成员所接受的共同目标。在当今电子政务环境下,政府作为突发事件应急管理的领导者,应该充分认识到应急管理是其不可回避或忽视的一个重要任务,紧急情况下的应急管理与正常情况下的日常管理共同构成政府公共管理的基本内容。政府有关部门应该高度重视突发事件的应急管理,明确其奋斗目标和根本任务。

2006 年 7 月 6 日国务院发布的《国务院关于全面加强应急管理工作的意见》(以下简称《意见》),这是继 2005 年 4 月国务院颁布实施《总体预案》后,国务院下发的又一个重要指导文件,是落实《总体预案》的具体政策和措施。《意见》对"十一五"期间加强应急管理工作提出了明确的目标:建成覆盖各地区、各行业、各单位的应急预案体系;健全分类管理、分级负责、条块结合、属地为主的应急管理体制,落实党委领导下的行政领导责任制,加强应急管理机构和应急救援队伍建设;构建统一指挥、反应灵敏、协调有序、运转高效的应急管理机制;完善应急管理法律、法规,建设突发事件预警预报信息系统和专业化、社会化相结合的应急管理保障体系,形成政府主导、部门协调、军地结合、全社会共同参与的应急管理工作格局。这个目标就是政府应急管理组织在"十一五"期间要达到的具体目标。笔者认为,除了要实现这一具体目标外,政府应急管理组织还应有一个总的目标,或称之为根本目标、战略目标、终极目标,这一目标应该是:建设有中国特色的政府应急管理体系,有效应对各种突发事件。

5.2.2 优化组织结构

基于突发事件的分类与分级,政府应急管理组织机构的建立也需要进行相应的级别划分,以便使不同危害程度的突发事件有对应的管理部门负责。根据我国政府应急管理的实际情况,笔者认为,政府应急管理机构应建立四级架构模式。四级架构是指纵向层级结构而言的,即从中央到地方建立起中央、省级、市级、县级四个级别的政府应急管理机构。每一个级别的政府应急管理机构与同一级别的各个职能部门之间彼此相互联系,相互协调,相互合作,这些职能部门不仅接受上级职能部门的指导,而且在本级应急指挥部门的领导下,与政府应急管理机构协调合作,协同处理,共同实现政府应急管理目标,彼此之间构成一个纵横交错的网状体系,这种统一有序、协调合作的组织体系的构建,保证了政府应急管理的高效运行。随着信息化、网络化、全球化时代的到来,扁平化、网络化组织结构已经成为组织结构发展变化的一个新趋势。

5.2.3 创新组织工作模式

在传统环境下,政府对突发事件的应急管理,不重视事前的预防,是一种"事后救火型"的工作模式,是一种临时的、消极被动的应急行为。这种工作模式的弊端显而易见,资源浪费严重,效果不明显。在当今电子政务环境下,为了科学有效应对各种突发事件,政府应急管理组织必须在充分利用现代信息技术的同时,创新其工作模式。

首先,要加强应急法律体系建设,实现应急管理的经验化、强制性向法制化、规范化、科学化转变。在传统环境下,政府应急管理工作的开展,主要按经验办事,靠行政权力强制执行,应急管理的效果可想而知。而在当今电子政务环境下,这种应急管理模式显然需要转变,必须建立健全有关法律体系,依法应急。依法应急是依法治国战略的重要体现,也是依法行政的重要内容。政府应急管理组织要加强应急法律法规建设,建立健全应急法律法规体系,实现应急管理的法制化、规范化、科学化。

其次,要加强全程管理,提升应急管理水平。应对突发事件的政府应急管理,不能只注重事后的应急管理,而应该既注重事前预防又关注事后的每一阶段的管理,实现对突发事件的全过程应急管理,不忽视应急管理每一个阶段、每一个环节。同时,政府应急管理工作的开展,理应是一种全面的管理,从管理的对象来看,是对所有突发事件的管理,不同类型、不同级别的突发事件均属于政府应急管理范畴;从管理的内容来看,政府应急管理是一项庞大而复杂的系统工程,涉及的问题很多,需要持一种全面、系统的观点看待这项工作,而不能在工作中只注重于某些问题或问题的某些方面。

最后,要充分依靠技术的力量,增强应急管理能力。政府应急管理是一项实践性和专业性很强的活动,不同的突发事件,其应对机理各不相同,需要不同的应急技术作支撑。依靠科技的力量是当今电子政务环境下提高应急管理能力的重要手段。在"十一五"国家的各种科技规划中,都为公共安全领域的科技发展和管理研究设立了研究计划。在技术开发和工程实施方面,科技部和发改委已经分别在突发事件应急的技术研发和体系建设层面设立了相应的重大项目(例如国家科技支撑计划资助"国家应急平台体系关键技术研究与应用示范"重大项目)和建设规划予以支持,在部分领域利用已有技术初步建立了应急监测预警系统和应急信息系统平台。但客观来说,我国政府应急管理的总体技术水平还比较低,在政府应急管理工作中需要进一步加强科学技术的研究与应用,充分发挥科学技术在政府应急管理中的作用,提高政府应急管理的科技含量与技术水平。

5.3 政府应急管理组织体系建设的基本要求

加强应急管理组织体系建设是做好政府应急管理工作的根本保证。各级政府及有关部门要成立由本级政府主要负责人及相关部门负责人组成的突发事件应急指挥机构并设立相应的办事机构,同时设立相关类别突发事件应急指挥机构,组织、协调、指挥突发事件应对工作。目前,我国已经基本形成由中央、省、市、县四级政府应急管理机构的应急管理组织体系。在当今电子政务环境下,要构建起一个权责分明、组织健全、运行灵活、统一高效的应急管理组织体系,就必须根据《突发事件应对法》中关于突发事件领导机构和应急指挥机构设立及其职责的规定,严格按照"分类管理、分级负责、条块结合、属地为主"的应急管理体制原则进行,此外,还必须遵循以下几个方面的基本要求。

5.3.1 集中统一

管理需要统一领导、统一指挥。在法约尔所提出的十四条管理原则中就有"统一指挥"和"统一领导"原则。政府应急管理是一个复杂的系统工程,面临的问题很多,涉及的利益很广,任务重,压力大,必须要坚持集中统一的基本原则,以保证政府应急管理的有效性、有序性。为此,在构建政府应急管理组织体系时,要把建立一个国家层面的应急指挥机构作为首要任务,由其作为政府应急管理的决策、指挥核心,由行政首长担任最高指挥官和最终决策者。在我国,要在中央设立一个专门的应急指挥机构,如中央应急管理委员会,统一领导、指挥全国范围内的政府应急管理工作,中央应急管理委员会的最高指挥官由国务院总理担任。只有这样,才能保证政府应急管理的权威性、统一性。

纵观世界各国政府应急管理实践,各国都把应急管理作为政府管理职能的一个重要内容,均由行政首长担任最高指挥官和最终决策者,以及一个高层政府机构作为应急管理的决策核心。如美国危机管理体制是以总统为核心,以国家安全委员会为决策中枢,国会负责监督的综合性、动态组织体系。俄罗斯、日本也都是由总统或内阁首相作为应急管理的最高指挥官。

5.3.2 平战结合

关于公共危机管理中的"平战结合",有学者认为其有两层含义:第一,在经济建设与社会发展中,政府应该具有深刻的危机意识,居安思危,将常态管理与非常态管理二者统一、协调起来,本着"预防为主"的原则,争取在常态管理中使潜在的危机消弭于无形或者为成功地应对、处置公共危机奠定良好的基础,简言之,就是实现常态与非常态的一体化。比如,市政府为了确保城市的运行安全,在制订城市规划的时候,就要将抵御自然灾害的能力作为一个重要因素来加以考虑。第二,政府在公共危机管理工作中,从系统的观点出发,既考虑非战时紧急状态的需求,也考虑战时紧急状态的需求,实现应急与应战的一体化,以便在战时与非战时紧急状态下都能够迅速整合各种可动员的资源,提高国家经济与社会发展的整体抗逆水平,确保国家安全与公共安全,即实现应急与应战的一体化。①

在这里,笔者主要探讨第一层含义,认为政府应急管理的"平战结合"主要体现在两个方面:即在"平时",也就是突发事件爆发前,需要做好各项预防与准备工作,未雨绸缪,防患未然;在"战时",也就是突发事件爆发时做好各项紧急应对及善后处理工作。为了达到这一要求,就需要在构建政府应急管理组织体系时,考虑组织机构的设置问题,即根据"平战结合"的要求,在平时,主要由一些专门的、常设的应急管理办事机构,如应急管理办公室,负责平时的预防与准备工作,在"战时",应急管理的最高指挥机构,如应急管理委员会要担负起统一领导、统一指挥的任务。

5.3.3　协同处理

协调对于一个组织来说,是十分重要的。不管机构类型是什么,所有组织都需要垂直及水平协调机制。协调是指部门之间及各等级之间合作的质量。②

目前,我国政府应急管理存在一个很重要的问题就是缺乏有效的协调机制,其中既包括横向部门间的协调问题,也包括纵向部门间的协调问题。横向部门间的协调问题主要表现为同一级别的各部门之间往往各自为政,缺乏综合协调、沟通机制;纵向部门间的协调问题主要表现为上下级政府间的信息传递问题,信息上报不及时,谎报、漏报等现象严重,上级政府的政令不能有效的被贯彻执行。这些现象的存在都不利于政府应急管理,譬如 2001 年 12 月 7 日下午,北京全城开始普降小到中雪。因当时气温较低,地温在零下 4℃左右,积雪清除不及时,路面迅速结冰,形成"冰雪"现象。从 16 时起,随着晚高峰的到来,交通流量急剧上升,二环、三环、四环等快速路桥区,首先出现严重的交通拥堵,并迅速波及整个环路及其联络线,导致市区主要道路交通基本瘫痪,主干道平均车速不足 5 公里/小时。高峰时期,几乎所有路段都在堵车,城区的大街小巷成了一个个停车场,乘车出行在路上耗费的时间,比平时增长了 5~10 倍。同时,由于受降雪及路况、车况的影响,交通事故骤然增多。据统计,当日 14 时降雪至 24 时,城八区共发生交通事故 1 074 起,较往日上升 180%。③ 造成交通拥堵事件发生的一个很重要的原因就是相关部门协调不够,缺乏联合行动。

---

① 见王宏伟《公共危机管理中的平战结合:应急与应战的一体化》,《中国公共安全》(学术版)2007年第 2 期,第 45 页。
② 见达夫特所著《组织行为学》,杨宇译,机械工业出版社 2004 年出版,第 381 页。
③ 见唐龙《警惕突发公共事件》,北京出版社 2005 年版,第 107 页。

　　政府应急管理工作涉及面广,工作复杂,单靠政府某部门的力量是远远不够的,各级各部门一定要有大局观念、全局意识,加强纵向和横向的协调配合,确保及时、有序地做好各种突发事件的防范和处置工作,实现各部门间资源的整合与共享,以协调有序地应对各类突发事件,特别是跨行业、跨领域、跨地域的重特大事件。

　　根据政府应急管理部门之间的关系,政府应急管理的协调可以分为纵向协调、横向协调两种基本类型。

5.3.3.1　纵向协调

　　纵向协调是政府上下级间的等级协调。纵向协调要求在政府应急管理中,上级机关的指令要保证能得到快速有效的贯彻执行,从而实现统一领导、统一指挥。联合国前秘书长安南在《南亚地震灾难后加强紧急救援、恢复、重建和预防工作——巴基斯坦》报告(2006年)中指出,以灾害管理为重点的强有力的中央政府机构对于有效抗灾工作至关重要。虽然巴基斯坦军队成功地在困难条件下提供人道主义援助,但是巴基斯坦缺少文职政府灾害管理系统,这对人道主义活动和复原活动构成重大挑战。在危机一开始还不知道或不了解巴基斯坦在国家、地方或社区一级抗灾的能力。结果,机构体制临时设立,而人道主义局势本已十分复杂,要求很高,因此总的压力更大。不过,联邦救济委员会建立后,就能从各部委、省级政府、军队、联合国、非政府组织和民间社会汇集救济资源。建立专门从事备灾、抗灾和减少风险的文职机构系统,必将能够为巴基斯坦在未来增强减少灾害的能力发挥很大作用。①

　　在政府应急管理中,加强应急管理工作的统一领导,这是保证纵向协调的基本前提。同时,为了更好地发挥地方机构的积极性,还需要坚持分级管理与属地管理相结合的原则,这也是保证纵向协调的重要条件。政府应急管理的实践经验表明,突发事件发生后,主要依靠事件所在地的政府对事件负责处理,上级机构主要对事件的处理起指导和监督作用,可以根据地方政府的请求给予各方面的支持。以印度洋海啸为例,印度洋海啸灾难后的救灾工作中一个很重要的成功经验,就是及早与地方各级政府联系,加强中短期协调。在救灾工作中,受灾国政府没有把权力集中于中央,而是欢迎地方各级进行参与和协调,以推动救灾工作。比如,亚齐和雅加达的高级政府官员采取开放、接受和共事的态度,为在救灾初期建立强大的合作关系奠定了基础,从而在国家当局的全力支持下在地

①　见安南《南亚地震灾难后加强紧急救援、恢复、重建和预防工作——巴基斯坦》,联合国经济及社会理事会第六十一届会议,2006年7月3日至28日。

方一级举行了部门和军民协调会议。在印度,政府向受灾最严重的泰米尔纳德邦的纳格伯蒂讷姆区派遣富有经验的行政人员到地方协调救灾工作,并与非政府组织合作在区政府大楼设立了协调中心。①

安南在《南亚地震灾难后加强紧急救援、恢复、重建和预防工作——巴基斯坦》报告(2006 年)中指出,随着复原过程的展开,还必须把决策权下放给地震灾区的地方当局。巴基斯坦政府早期参与了复原规划。在救济阶段,政府成立了地震善后和重建管理局,把它作为与从事灾区复原工作的双边捐赠者、国际贷款机构、其他国际组织、国家当局和慈善组织联络的主要机构。政府认识到大多数重建活动都由省级和地方当局、受灾人口、民间社会组织和私营部门进行,因此成立了地区救济和灾区重建机构并指定震后重建和恢复工作管理局的相应部门负责监督省级和地方当局在每个灾区进行的复原活动。随着复原工作的深入展开,中央政府应当向这些地方机构进一步下放决策和管理权限。②

5.3.3.2 横向协调

横向协调是同一级别的各职能部门之间的无等级协调。也就是说,在政府应急管理中,同一级别的各种职能部门之间既需要合理分工,又需要密切合作。在电子政务环境下,实现政府应急管理横向协调,需要构建起多部门协同配合的应急联动机制。

"应急联动"这一概念最早出现于 20 世纪 60 年代,当时世界上许多国家都建立起城市应急联动系统。其原因是,城市居民希望在人身或财务受到侵害时,能够得到政府及时、高效的救助服务;政府也希望通过提供紧急救助服务的方式架起政府与市民的桥梁,更好地为市民服务,稳定社会;另外,利用这个系统,政府可以对重大突发事件实行统一指挥,以减轻各种灾害带来的损失。1967 年,当时的美国司法部建议全国采用统一的号码,用于公众报告紧急事件和紧急求助,取缔当时存在多个特服号码的状态,这一建议立即得到了联邦政府各部门的大力支持,并获得了国会的批准。经联邦通信委员会(FCC)的研究和论证,决定选用"911"作为美国统一的社会紧急救助特服号码。此后几十年,各州纷纷制定紧急处理的政策和法律,使系统更加完善。③

---

① 《印度洋海啸灾难后的工作报告:印度洋海啸灾难后加强紧急救援、恢复、重建、复原和预防工作》,http://un.cistc.gov.cn/embassymember/browse.asp?id=57690&site=5461&column=5464:6(检索日期 2006 年 11 月 18 日)。

② 见安南《南亚地震灾难后加强紧急救援、恢复、重建和预防工作——巴基斯坦》,联合国经济及社会理事会第六十一届会议,2006 年 7 月 3 日至 28 日。

③ 见程鸿《北京遭遇特大暴雨再次考验城市应急指挥能力 中国城市应急联动进行时》,http://www.forumabc.net/iems911/documents/0110.htm(检索日期 2006 年 12 月 1 日)。

我国于 1986 年开始建设公安 110 报警系统，其后相继建成了 119、120、122 等系统。一些城市的市政部门也设立了电话服务，如开通了 12345 市长热线，为广大市民提供救助服务，收到了良好的成效。但随着形势的发展变化，这些系统所存在的局限性也日益显露出来：一是各种系统分立，服务单一，不利于联合行动，不能提供综合服务；二是除 110、122、119 和 120 外，其他系统设施简陋，功能有限；三是没有统一的管理和指挥系统，不利于应对突发事件；四是没有统一的标准规范，重复建设，投资浪费，多个特服号码并存，不利资源共享，造成各个系统的重复投资和管理的分割，技术含量偏低。

随着社会不断进步，突发事件的种类及其成因更加复杂与多变，传统环境下单部门的应对机制已不能完全适应日益增多的突发事件处置的需要。当社会发生重大突发事件时，单凭政府的力量或某一职能部门的力量远远不能胜任，只有加强应急联动机制建设，实现多部门联合行动并广泛依靠社会力量才能共同解决，才能切实提高应急管理的效率和能力。

1998 年，国务院提出要在全国部署社会服务联合行动工作，希望通过各部门的联合行动，最终建立起一套社会化的公共救援体系。1999 年 10 月，南宁市市长林国强一行到美国芝加哥摩托罗拉公司总部和 911 应急中心，考察了这一世界上最先进的现代化管理系统。在国家有关部门领导及专家的指导下，结合南宁的实际情况，南宁市政府以社会联动系统的建设作为进一步加强社会治安综合治理、提高城市现代化管理水平的切入点。2001 年 11 月，中国第一套城市应急联动系统——南宁市城市应急联动系统开始运行。南宁市社会应急联动系统是一个基于 C4 I 概念（指挥、控制、通讯、计算机、信息）的信息系统，利用集成的数字化、网络化技术，将 110 报警服务台、119 火警台、120 急救中心、122 交通事故报警台、12345 市长公开电话、防洪、防震、防空以及水、电、气等公共事业应急救助纳入统一的指挥调度系统，运用统一的报警号码（已报国家信息产业部待批），共享各种资源，实现跨部门、跨警区以及不同警种之间的统一指挥协调，向公众提供紧急救助服务。①

5.4 政府应急管理组织体系的特征

从上述四级架构模式及其模型图可以看出，电子政务环境下的政府应急管理组织体系呈现出一些新的特征。

---

① 见南宁外宣办《南宁市城市应急联动系统情况介绍》，http：//www.china.com.cn/market/nann/425070.htm(检索日期 2006 年 10 月 2 日)。

5.4.1　以信息处理为基础

以信息处理为基础是构建该政府应急管理组织结构的出发点。在政府应急管理过程中，一个最基本的要求就是保障信息畅通。对政府应急管理部门而言，只有保障政府应急管理部门充分了解突发事件的状况，才能有针对性地采取应对措施，保障事件得到及时有力的掌控。在应急管理过程中，通过有效的信息传播为组织应对各种突发事件提供所必需的信息，从而帮助组织成员及时了解事件的变化情况，认清形势，采取相应的措施应对事件。信息的充分获取是应急决策的前提，恰当的信息传递及反馈是决策、协调的重要基础。

对公众而言，只有保障公众的知情权，才能避免谣言的产生和恐慌的扩散，促使公众配合政府采取措施，积极应对突发事件。政府部门利用信息发布机制对事件进行快速回应，通过媒体把事实和相关信息传递给公众，可以平息公众的恐慌情绪，维护社会的稳定和正常秩序，创造一个对政府有力的舆论环境。可见，信息及其传播是应急管理的重要因素。

因此，设计以信息处理为基础的组织结构模型，符合应对突发事件实际，有利于增强应急管理的有效性。传统的组织基本上是依赖于命令权的，命令由上而下。而以信息为基础的组织则依赖责任感，信息流是网状的，可以在任意两个组织机构或成员之间自由流动，信息流动的速度及共享的范围大大提高。这种网络化的组织结构有效实现了应急信息在组织结构的各个环节中全方位、多途径流动，强调了应急信息的共享，大大提高了应急组织的应变能力。

5.4.2　层级结构与网状结构相结合

层级结构与网状结构相结合是该组织结构模型的第二个特点，具体体现在两个方面：

从纵向来看，依据我国的基本国情，从中央到地方，设立中央、省、市、县四级应急管理机构，四级应急管理机构之间是一个具有隶属关系的层级结构，既坚持党和政府对应急管理的统一领导、统一指挥，又在统一领导的前提下实行以属地为主的分级负责，从而保证了政府应急管理工作的统一高效性。

从横向来看，在同一级别的机构设置上，并不是传统环境下的只有政府机构作为政府应急管理的主体，而是以政府机构为主导的前提下，把非政府组织、企事业单位、公民、媒体等也吸收进来，构成一个彼此相互联系的网状结构模型。处于网状结构中的组织机构可以很方便地与其他组织机构进行协调、配合，在坚持政府主导作用的前提下，实现多种应急管理力量的有效整合，形成应对突发事件的强大合力，实现政府应急管理的协同处理。一个以信息为基础的组织，其组织结构图看上去和传统的组织并没有什么两样,可是这种组织的行为却不相同,并且要求其成员也有不一样的行为,以信息为基础的组织结构是扁平的,管理级别比传统组织所需要的更少。[①] 与传统的金字塔式模式相比,扁平化组织结构的一个特点就是减少应急管理的中间层次。

5.4.3　静态结构与动态结构相结合

组织结构应根据政府应急管理的需要而确定,不同类型、不同严重程度的突发事件,其应急管理的组织结构是不同的。在设置政府应急管理的组织结构时,要基于政府应急管理的业务流程,根据不同应急管理阶段的特点,实现静态结构与动态结构的有机结合。静态结构是指不管处理何种类型的突发事件时都应有的机构,也就是专门的、常设的领导机构和日常管理机构。动态结构是指根据突发事件防范和处理的需要而临时设置的机构,这类机构在突发事件处理完毕时应予以撤销。如临时成立的应急指挥部、事故调查小组等。在这里,静态结构实际上也是常态的结构,而动态结构则是非常态结构。

电子政务环境下政府应急管理组织结构的建立,实现了静态结构与动态结构的有机结合。在这种组织结构体系中,既有应急管理委员会、应急管理办公室等常设的静态结构,又有事发时临时成立的、符合实际需要的现场指挥部、事件调查小组等,从而保证政府应急管理工作的长效性与灵活性。

---

① 见彼得·德鲁克所著《管理前沿》,闫佳译,机械工业出版社 2006 年出版,第 149 页。

6 政府应急管理运行机制

政府应急管理运行机制是保证政府应急管理有效运行的关键。本章对政府应急管理运行机制的探讨，主要基于政府应急管理的业务流程，从预测预警机制、应急响应机制、善后处理机制三大方面进行探讨。

6.1 预测预警机制

戴维·奥斯本和特德·盖布勒认为，政府管理的目的是"使用少量的钱预防，而不花大量的钱治疗"。[①] 可见政府应急预警工作的重要性，应急预警是政府应急管理的首要任务，其目的是为了有效地预防和避免突发事件的发生。

6.1.1 应急预测

"管理者应当预见将来"。如果说预见性不是管理的全部的话，它至少也是其中一个基本的部分。预测，即表示对未来的估计，也表示为未来做准备。因此，预测本身已经是开始行动了。[②]

预测是指有关部门及人员依据一定的技术方法，采集、分析突发事件信息，并进行预警决策的过程。预测包括监测、信息分析和预警决策三个环节。

6.1.1.1 监测

监测就是通过一定的技术方法对突发事件迹象进行监控，并采集相关信息

---

① 见戴维·奥斯本、特德·盖布勒所著《改革政府：企业精神如何改革着公营部门》，上海市政协编译组、东方编译所编译，上海译文出版社 1996 年出版，第 205 页。

② 见 H·法约尔所著《工业管理与一般管理》，周安华译，中国社会科学出版社 1982 年出版，第 46 页。

的过程。进行突发事件迹象监测时,要确立重点对象,一般应是重要影响因素,也就是要根据具体情况,把最可能引发突发事件的影响因素作为重点对象,并且要采取一定的技术方法对监测对象的活动过程进行全过程监视,对监测对象同其他环节和外部环境的相互关系进行监视。

6.1.1.2　信息分析

赫伯特·西蒙认为,在这样的世界上,稀缺的资源不是信息,而是信息处理能力。① 通过监测工作采集到有关突发事件的信息后,接下来的工作就是要对其进行分析处理。在信息分析阶段,主要应做好以下几个方面的工作:

一是突发事件迹象的识别。根据监测收集到的突发事件迹象信息,在比较分析的基础上,判断突发事件迹象的实际存在状态,具体确定和描述已经出现的突发事件迹象,为开展突发事件迹象诊断做好认识上的充分准备。

二是突发事件迹象的诊断。根据事件迹象识别的结果,利用与事件迹象相关的各种信息,对已被识别的事件迹象进行基本成因分析和发展趋势预测,为事件迹象的评价提供依据。对突发事件迹象的诊断,一方面要深入分析事件产生的原因。事件迹象诊断必须尽量从多方面找原因和根源,以便使应急预防与预警工作真正落到实处;另一方面要合理预测事件的发展趋势。首先需要明确的是,事件发展趋势是建立在准确的事件成因分析基础上的,这就要求分析事件迹象产生的原因必须深入、具体、客观;其次,事件的成因和过程都十分复杂,要运用科学的方法,以保证预测结论符合实际。

三是突发事件迹象的评价。对已被确认的主要事件迹象进行损失性评价,以明确在这些事件迹象冲击下会遭受什么打击,造成什么损失。事件迹象评价主要有两个方面:一是对现已被确认的事件迹象正在造成的损失进行评价;二是对现已被确认的事件迹象在将来一定时期内可能造成的损失进行评估、对事件迹象可能带来的损失的评价结论是进行应急管理工作的"决策"依据。

6.1.1.3　预警决策

运用决策论的相关原理,通过判断、估计事件爆发的概率及危害程度等,选择合适的预警方式,并提供相应的应对方案,然后将决策结果传递给警报系统,由警报系统决定采用预报的方式或警报的方式进行预警信息发布。

---

① 见赫伯特·西蒙所著《管理行为——管理组织决策过程的研究》,杨砾译,北京经济学院出版社1988年出版,第283页。

6.1.2　应急预警

预警一词,最早源于军事①,中国古代的烽火制度②就是一种典型的预警制度,即通过预警提前发现、分析和判断敌人的进攻信号,并把这种进攻信号的威胁程度报告给指挥部门,以便提前采取应对措施。随着社会的发展和技术的进步,预警一词广泛应用于政治、经济、社会、自然等多个领域,从预警的军事概念演变成为广义概念。

简而言之,预警就是对可能发生的突发事件或正在发生的突发事件进行预警信息发布的过程。根据其接受的对象不同可以分为对内警报和对外警报两种,对内警报就是信息上报,将预警信息上报给应急指挥决策机关,以便应急指挥部门采取相应的应对措施。对外警报就是将预警信息对外发布,其对象是各种媒体及广大公众等。

6.1.2.1　预警信息上报

通过信息上报工作,及时提供预警信息,有利于应急管理工作的早发现、早介入以及早解决。从目前我国实际情况看,政府不是没有信息报告制度,而是不规范、不统一、不标准,缺少严格具体的规定,不报、漏报、谎报等现象比较严重。比如在防治"非典"初期,有的只报告了确诊"非典"病例,没有上报疑似病例,有的发现病例不能及时上报,不报、漏报、瞒报、缓报等现象较为突出。针对这些问题,有关部门制订了严格的疫情报告制度,如零报告制度、24 小时报告制度等具体规则,政府掌握疫情信息的准确性大大提高,为正确决策提供了可靠依据。

笔者认为,信息报告制度对于增强政府应急管理的有效性、可控性,实现政府应急管理统一领导和统一指挥,有着至关重要的作用。建立健全信息报告制度,需要明确以下几个方面的内容:

一是明确规定信息上报的内容。明确规定与突发事件有关的信息中哪些需要上报,哪些不需要上报。关于信息上报内容的确定,要区分不同类型、不同级别的突发事件。以重大食品安全事故信息报告为例,《国家重大食品安全事故应急预案》③中明确规定了三种报告的基本内容。初次报告应尽可能报告事故发生

---

① 《传号信狼烟——狼烟与狼粪考证》,http://www.klaudius.org/category/zeitgeist/page/4/(检索日期 2006 年 12 月 3 日)。

② 中国古代的烽火制度起源很早,西周时就已存在,一直延续到明清时期,与我国封建社会相始终。汉代边塞亭燧上的警戒信号大约有六种,即蓬、表、鼓、烟、苣火、积薪。白天举蓬、表、烟,夜间举火,积薪和鼓则昼夜兼用。明代对举烽报警有严格规定:来敌百人以下举 1 烽放 1 炮、500 人 2 烽 2 炮、千人以上 3 烽 3 炮、5 000 人以上 4 烽 4 炮,万人以上 5 烽 5 炮。长城沿线每隔 10 里就有 1 座烽火台,这样,几千里的防线上,数小时以内就可知道敌情,进而形成了一个完整的报警系统。

③ 《国家重大食品安全事故应急预案》,http://www.gov.cn/yjgl/2006-02/27/content_21274.htm(检索日期 2006 年 4 月 16 日)。

的时间、地点、单位、危害程度、死亡人数、事故报告单位及报告时间、报告单位联系人员及联系方式、事故发生原因的初步判断、事故发生后采取的措施及事故控制情况等,如有可能应当报告事故的简要经过。阶段报告既要报告新发生的情况,也要对初次报告的情况进行补充和修正,包括事故的发展与变化、处置进程、事故原因等。总结报告包括重大食品安全事故鉴定结论,对事故的处理工作进行总结,分析事故原因和影响因素,提出今后对类似事故的防范和处置建议。

二是明确规定信息上报的时间。突发事件的突发性、不确定性等特点决定了应急管理的紧迫性,而有限时间内的决策依赖于突发事件的信息上报。为此,需要严格规定各种不同程度突发事件的上报时间。《总体预案》规定:"特别重大或者重大突发事件发生后,各地区、各部门要立即报告,最迟不得超过 4 小时,同时通报有关地区和部门。应急处置过程中,要及时续报有关情况。"[1]《国家重大食品安全事故应急预案》规定:"事故发生地人民政府或有关部门应在知悉重大食品安全事故后 1 小时内作出初次报告;根据事故处理的进程或者上级的要求随时作出阶段报告;在事故处理结束后 10 日内作出总结报告。"[2]可见信息上报的时间要求就是"快",在应急管理过程中,时间就是生命,突发事件的应对就是要强调时间和效率。

此外,还要明确规定由谁上报及上报的对象、上报的手段、上报的责任等等。

6.1.2.2 预警信息发布

1959 年毛泽东同志就在写给胡乔木和吴冷西的一封信中,说"广东大雨,要如实公开报道。全国灾情,照样公开报道,唤起人民全力抗争。一点也不要隐瞒。政府救济,人民生产自救,要大力报道提倡"[3]。可见信息公开对于应对突发事件的重要性。在政府应急管理中,由于信息不报、谎报、隐瞒等现象比较普遍,导致信息不对称,因为信息不对称,公民的知情权得不到应有的保障,政府应急管理也就很难取得民众的支持,应急管理的效果可想而知。随着政治民主化进程加快,向社会提供真实可靠的公共信息是政府和媒体的社会责任。信息公开是政府取信于民,高效有力地处置各种突发事件的前提和基础,尤其在全球化时代,这些信息不仅关系到本国公民的健康和生命安全,还直接同外国公民的健康

---

① 《国家突发公共事件总体应急预案》,http://www.gov.cn/yjgl/2005-08/07/content_21048.htm(检索日期 2006 年 4 月 16 日)。

② 《国家重大食品安全事故应急预案》,http://www.gov.cn/yjgl/2006-02/27/content_21274.htm(检索日期 2006 年 4 月 16 日)。

③ 见毛泽东所著《毛泽东新闻工作选》,新华出版社 1984 年出版,第 214 页。

和生命安全相联系。

信息公开是有效应对突发事件的重要条件。国内外的实践表明，必须建立起紧急状态下的应急信息发布机制，及时发布有关信息，全面、准确地报道相关事件，增强信息的快捷性、权威性和准确性，确保公众的知情权，正确引导舆论导向，从而使公众保持良好的心态，有效地同政府合作。

在政府应急管理过程中，无论是事前，还是事中、事后，政府都要在第一时间向公众发布权威信息，增强突发事件处理的透明度，以赢得信任与配合。只有充分尊重公众的知情权，才能取得民众的信任与有力配合。罗伯特·达尔指出，充分的知情应是"在合理的时间范围内，所有成员都有同等的有效的机会来了解各种备选的政策以及可能的结果"。[①]美国危机管理专家奥古斯丁对危机处理有一个最基本的经验："说真话，立即说。"[②]因此，突发事件发生后，有关部门在第一时间做好信息上报工作的同时，也应在第一时间做好信息发布工作，因为及时、准确、客观、全面地向公众发布事件信息，能够避免误信谣传，避免猜测性、歪曲性的报道，稳定人心，调动公众积极参与应对。在电子政务环境下，预警信息发布主要应做好以下几个方面的工作：

一是把握预警的级别。预警级别的划分要统一、规范，尽量与国际接轨。2003 年 SARS 危机后，我国政府决定参照国际惯例，在全社会范围内建立危机预警机制，以应对如火山般潜伏的各种公共危机。中国政府建设的危机预警体系根据严重性和紧急程度分为四级：一般（Ⅳ级）、较重（Ⅲ级）、严重（Ⅱ级）和特别严重（Ⅰ级），并分别以蓝色、黄色、橙色和红色表示。

二是明确预警的内容。预警信息的发布，内容要客观、准确、全面、权威。具体包括突发事件的类别、预警级别、起始时间、影响范围、初步核实情况、政府应对措施、公众防范措施和发布单位等方面的内容。

三是选择预警的方式。不同等级的突发事件，需要以不同的方式向利益相关者发布预警信息。大众媒体、文件、会议、海报、告示、警笛、钟声、授权发布、散发新闻稿、组织报道、接受记者采访、举行新闻发布会等发布形式都可以视具体情况灵活采用，都可成为发布预警信息的渠道或载体，使公众及时了解权威、准确、全面的应急信息，了解事情真相，从而引起警觉，并采取预防和控制行动。尤其是在电子政务环境下，预警信息的发布更应该充分利用网络、手机短信等工具，切实增强应急预警信息发布的时效性。

---

① 见麦金生所著《哈佛肯尼迪政治学院读本》，四川大学出版社 1998 年出版，第 60 页。

② 见诺曼·R·奥古斯丁所著《危机管理》，北京新华信商业风险管理有限责任公司译、校，中国人民大学出版社 2001 年出版，第 33 页。

以气象部门为例,随着社会需求的不断增强和气象现代化建设的不断推进,气象部门加强了气象预警信息发布平台建设,初步形成了涵盖广播电视、手机短信、网络等媒体的气象预警信息发布平台。广播电视天气预报成为人们获取气象信息的主要平台,手机短信成为气象信息预警的主要手段,互联网站成为气象预报预警信息发布的生力军。此外,气象部门与许多报纸合作开辟气象专栏、建设 121 电话平台、在城市主要街道建设气象信息显示屏和气象预警塔、在沿海建设海洋气象广播电台等等,实现了气象预报预警信息"无微不至、无所不在"。[1]

案例简析　松花江水污染事件[2]

2005 年 11 月 13 日下午 1 点 40 分左右,中国石油天然气股份有限公司吉林石化分公司双苯厂硝基苯精馏塔发生爆炸,造成 8 人死亡,60 人受伤,直接经济损失 6 908 万元,并引发松花江水污染事件,造成哈尔滨等大城市自来水水源地水质恶化,全城断水数天。从这起环境污染事件中可以发现有关部门的应急预警工作还存在以下几个方面的问题:

① 预警信息发布不及时。吉林省、吉林市等地方政府高层和国家安全生产管理总局、国家环保总局等高层职能部门在爆炸事件之后几天内,竟然都没有发布信息承认爆炸可能会造成水污染。在 9 天过后,也就是 11 月 23 日,国家环保总局才在其网站上发布声明:"中国石油吉林石化公司爆炸事故发生后,监测发现苯类污染物流入西流松花江,造成水质污染。松花江污染超标 108 倍。"导致错过了事故控制处理的有利时机,加大了事故处理的难度。

② 信息不公开现象严重。爆炸发生地的吉林省政府和吉林市政府都对下游的黑龙江省政府和哈尔滨市政府等封锁消息。所以黑龙江省政府和哈尔滨市政府最初得到的信息多半来自新闻媒体,而且不翔实,也无从得到证实。吉林市委宣传部的负责领导竟然在媒体的不断追问之下"三缄其口"。政府的失语导致种种猜疑开始在公众中间流传,开始出现局部的公众恐慌。

③ 信息发布不准确。吉林石化发生爆炸后,有关企业负责人和环保部门随即发布了"爆炸仅造成二氧化碳,不会对大气和水体造成污染",强调污染物流入松花江"低于国家限制的标准"。11 月 15 日兼顾吉林市环保事务的吉林市副市长王伟曾向媒体强调"爆炸并没有造成污染,我们也决定不进行大规模疏散活动"。11 月 21 日下午和 22 日上午,哈尔滨市政府在 10 小时内发布两次说法不

---

① 《气象预警信息发布平台建设初具规模》,http://www.gov.cn/ztzl/content_355068.htm(检索日期 2006 年 9 月 27 日)。

② http://news.enorth.com.cn/system/2005/11/22/001169976.shtml(检索日期 2006 年 12 月 1 日)。

一的停水公告又加深了市民的恐慌。这种故意隐瞒事实，没有将事件的真实情况实事求是地向公众披露，从而导致更大的灾难。

④信息发布手段不充分。对于突发事件预警系统来说，预警信息的发布理应选择最权威、接受面广的渠道进行发布，比如开新闻发布会、电视讲话等，而国家环保总局却仅选择网站的方式，无论是从公众接受的广度，还是公众认可的可信度等方面均是值得质疑的。

⑤发布预警信息的机构不协调。当水污染被媒体曝光后，政府无法继续沉默，于是便纷纷出面发布相关信息，黑龙江、吉林两省政府、两省环保局、国家环保总局、水利部等都争先恐后地公布松花江水污染的程度、污染带到达哪里、如何追究责任人等。而没有考虑各不同主管部门或职能机构的责任与义务，没有明确什么部门该发布什么样的信息，彼此之间不协调，没有形成共同应对污染事件的合力。

⑥预警信息发布不全面。在这次事故处理的初期，哈尔滨市人民政府发布的停水公告宣布全市"停水4天"，却没有告知市民停水后应该如何应对，因此，当公告发布后，哈市各大商场、超市突然人流涌动，瓶装水卖没了，桶装水卖没了，面包卖没了，奶品告急，饮料告急，方便面、罐头告急……一线卖场连续传来断货的通报。面对这始料不及的抢购风潮，很多商家一时手足无措。在供水危机出现时，电视上还不时出现地震导致楼房倒塌的画面。面对突如其来而又说法不一的停水公告，结合现实经验，更加深了市民对地震的谣传。全面性是预警信息发布工作要考虑的一个很重要的因素，全面的预警信息发布不仅要包括与事件有关的信息，让公众知道事件发生的真相，而且还要包括对事件如何应对的措施，让公众知道应对事件的注意事项，并且事故灾难发生后，公众的心理情绪发生了很大的变化，处在深深的恐惧之中，这时政府部门应通过各种权威媒体报道一些与事故处理有关的真实感人事迹，通过领导出面讲话、安慰公众的情绪等方式激励公众与困难作斗争，只有这样，才能万众一心，众志成城，战胜危机。

6.1.3 应急预警系统①

6.1.3.1 应急预警系统的内涵及其功能要求

为了增强预测预警的有效性，需要建立起科学的应急预警系统。应急预警

---

① 该内容主要来自于作者在中国人民大学攻读博士学位期间参与一个科研项目研究时的部分研究成果。该项目是：中国人民大学公共管理学院张成福教授主持的教育部哲学社会科学研究重大课题攻关项目"国家公共危机安全管理系统研究"。作者参与了项目中关于"中国公共危机安全管理系统的预警系统"的研究，撰写出4万余字初稿。

系统是指组织为了能在突发事件来临时尽早地发现突发事件的来临,建立一套能感应突发事件来临的信号,并判断这些信号与突发事件之间的关系的系统,通过对突发事件风险源、突发事件征兆进行不断地监测,从而在各种信号显示突发事件来临时及时地向组织或个人发出警报,提醒组织或个人对突发事件采取行动。应急预警系统是应急管理系统的重要组成部分,对于增强政府应急管理的科学性、有效性起着非常重要的作用。在电子政务环境下,要提高政府应急管理的能力和水平,需要充分利用电子政务技术,加强应急预警系统的研发。预警系统的建立主要依靠各种现代科学技术手段,以自动化的信息管理系统为平台。

应急预警系统的建立,首先需要明确其功能要求。有效的应急预警系统至少要具备以下三个最基本的功能要求:

第一,及时性。应急预警系统的第一要务就是建立灵敏快速的信息搜集、信息传递、信息处理、信息识别和信息发布系统,这一系统的任何一个环节都必须建立在及时的基础上,失去了及时性,应急预警系统也就失去了任何意义。因为应急预警系统的建立,就是要提前发布预警信息,提醒有关方面做好防范准备,如果不能做到这一点,应急预警系统这个"报警器"就没有发挥任何作用。

第二,准确性。应急预警系统不仅要求能快速搜集和处理信息,还要对复杂多变的信息做出准确的判断,判断是否正确,关系到整个应急管理的成败,还要在短时间内对复杂的信息作出正确判断。这就需要事先针对各种突发事件制定出科学、实用的信息判断标准和确认程序,并严格按照制定的标准和程序进行判断,避免信息判断及其过程的随意性。

第三,公开性。即突发事件信息一经确认,就必须客观、如实地向社会公开发布。一个应急预警系统如果不能有效地对外发布预警信息,就失去了建设的意义。建设应急预警系统的目的就是为了监测突发事件征兆,提前发布预警信息,提醒有关部门和人员提前做好各种防范准备,尽可能减少损失。信息公开不仅是保障公民知情权的需要,也是动员全社会力量的需要。战胜突发事件不能仅靠政府的力量,而需要广泛动员全社会的力量共同应对,而信息不公开,不仅不利于突发事件的应对,还会加大突发事件处理难度。

6.1.3.2 应急预警系统的建设原则

应急预警系统在建设过程中应遵循以下几个基本原则。

1. 合法性原则

在政府应急管理过程中,政府应急管理权力行使的合法性显得特别关键。

紧急状态下,政府虽然拥有了许多特殊权力,但不能误用、滥用应急管理权,必须坚持依法应急。应急预警系统的建设也要坚持合法性原则,符合国家的法律、法规,依法建立。坚持合法性的目的就是为了提升应急预警系统的法律地位,使应急预警系统获得法律规章制度的保护,从而保证应急预警系统的权威性。

2. 可靠性原则

应急预警系统实际上是由多个不同子系统构成的信息系统,各子系统之间组合方式的不同直接影响着系统的可靠性,因而必须考虑预警系统各子系统的构成及相互联系,考虑影响系统可靠性的因素,通过运用技术方法加以解决,以提高系统的可靠性。否则,如果系统十分脆弱,可靠性和稳定性很差,不仅达不到预警效果,反而浪费大量人力、物力和财力。

不仅在系统设计时要考虑可靠性,在应急预警系统的运行过程中也要注意维护系统的可靠性,加强对系统的维护,避免出现系统故障,根据突发事件发生发展的实际情况,随时纠正预警系统在设计中存在的问题,避免因设计不完善而引发反应迟缓或反应过激。

3. 经济性原则

应急预警系统项目的开发,要注意坚持经济性原则。也就是说,要使产生信息的价值大于产生预警信息的成本,保证系统的经济性。为此需要做好项目的成本预算工作,虽然突发事件带来的危害是严重的,为有效应对各类突发事件,最大可能地减少各种有形和无形的损失。应急预警系统的建设也一样,不仅要考虑预警的成效,也要考虑应急预警系统的建设成本。理想的目标是低成本的建设,高效地识别并解决问题。

4. 可操作性原则

可操作性是指应急预警系统的建设要符合现阶段我国的国情和不同地区的实际情况,建立在相应的人员和物资储备基础上,操作简单,容易实施。可操作性是应急预警系统能用于实际的基本要求。操作便利、易于掌握是预警系统具有使用价值的体现。应急预警系统的最终目的是减少应急造成的损失,维护社会的可持续发展。因此,可操作性是检验应急预警系统实用性的重要指标之一。为了保证系统的可操作性,要保证相关资源的可利用性,预警必须建立在相应的物资储备、人员和技术条件可被利用的基础上。

6.1.3.3　应急预警系统的工作流程

1. 信息采集、加工

信息采集、加工是应急预警系统获取突发事件相关信息的基本手段。有关部门及人员需要长期跟踪和收集相关的预警信息,并对信息进行相应的鉴别与处理,从而找出危机因素,及时预警。应急预警的过程就是一个采集并处理信息的过程,主要体现在预警需要有一定的信息作为基础,并对信息进行分析、推断与转化。预警最终输出的是警报信息以及相关的对策建议信息,这种预警信息是原始信息经推断处理后的有用信息,是一组具有警示性的信息。

进行应急预警,必须掌握信息、处理信息、转化信息,因而需要运用信息论的知识,把握信息运动规律,滤除伪信息和信息中的噪声,使原始信息转化为意识信息,转化为有用的信息。1948年,美国科学家申农提出信息论,研究信息传输和信息处理系统中一般规律。信息论可分为狭义信息论和广义信息论。狭义信息论主要研究通讯和控制系统中信息传递的共同规律,以及如何提高信息传输系统的有效性和可靠性。广义信息论是利用狭义信息论观点来研究一切问题的理论,它研究机器、生物和人类对于各种信息的获取、交换、传输、存贮、处理、利用和控制的一般规律,设计和制造各种智能信息处理和控制机器,以便部分模拟和代替人的功能,从而提高人类认识和改造客观世界的能力。

2. 监控

突发事件监控,即对可能引起突发事件的各种因素和事件表象进行严密的监控,搜集有关突发事件发生的信息,特别是要监控掌握能够表示事件严重程度和进展状态的特征性信息,对事件的演化方向和变化趋势作出分析判断,以便使突发事件处理指挥机构能够及时掌握事件变化的第一手材料。

3. 协调

应急预警系统的功能发挥,离不开有关部门的协作和配合。以地质灾害的预报为例,地质灾害预报服务工作是气象部门气象服务内容的延伸和拓展,气象部门要做好地质灾害的预警服务工作,离不开国土资源部门(地质部门)、政府救灾管理部门等有关部门的协作和配合。

不仅各部门之间需要彼此协调,应急预警系统的各子系统之间也需要相互协调、相互配合,形成一个紧密配合的有机整体。

4. 预测

应急预测是对监测得到的信息进行鉴别、分类和分析,运用一定的预测方法,譬如时序预测法、专家预测法、德尔菲预测法等,对未来可能发生的突发事件类型,对突发事件发生的概率值和可能造成的社会危害的影响值作出估算。

5. 决策

应急预警也是一种决策分析。应急预警决策要充分运用决策论的原理,通过决策分析,估计突发事件爆发的概率及危害程度等,以选择合适的预警方式,并提供相应的应对方案。决策分析按照决策人对于周围环境认识的程度分为确定型决策、不确定型决策和风险型决策三类。在确定型决策中,环境条件是确定的,对于各种方案可以得出确定的结果,决策者可从中择优,得到满意的结果。在不确定型决策中,环境条件不确定,可能出现不同情况,且各种情况出现的概率也无法估计,从而各方案得出的结果也不确定。在风险型决策中,环境条件不确定,但能估计各种情况出现的概率,可以通过决策分析为合理选择方案作出决策。应急预警决策属于第三类——风险型决策。

6. 发布

预警信息发布是应急预警系统中一个很重要的功能,通过将预警信息及时发布,提醒有关部门和人员提前做好防范准备,以减少危机造成的损失。在发布这一环节,明确突发事件发布机构、发布渠道、发布内容等是至关重要的。从世界范围看,各国政府在突发事件信息的发布中一个较为普遍和成功的做法,即遵循一个信息发布的梯度规则,也就是说首先由谁来代表政府发布信息、发布什么样的信息,然后是谁,体现一定的梯度差异,遵循一定的规则。

6.1.3.4 应急预警系统的设计原理

1. 组织机构

应急预警系统的设计是一项复杂的系统工程,需要投入大量人力、物力、财力进行系统研究,为此,需要建立一定的组织机构来具体负责。组织机构的建立是应急预警系统设计的前提和基础,通过成立一定的组织机构,配备必要的专业人员并明确其职责,应急预警系统的设计才有组织保障。

2. 子系统

在设计应急预警系统时,要明确系统的构成,由哪些子系统有机组成。为满足上述基本功能,至少要设计四大系统模块,即信息采集、加工系统模块、预测系统模块、决策系统模块、警报系统模块。应急预警系统是一个有机的整体,为保证系统的高效运行,各子系统之间要相互配合,为实现共同的目标而进行协作。

3. 计算机与网络技术

应急预警系统的设计,离不开计算机与网络技术的支撑。高速、安全、可靠、易用的计算机与通信网络系统是设计应急预警系统的基础条件之一。

不同类型应急预警系统的设计,对计算机软硬件系统、网络的要求也不一样。一般来说,支持应急预警系统的计算机操作系统主要有 VMS、UNIX、Windows NT 和 Linux。每种系统的优缺点各不相同。

由于应急预警系统是一个不断采集、加工信息的系统,因此海量的存储设备必不可少,以保存采集和加工后的信息。目前市场上的海量存储产品主要有磁带库、光盘库、磁盘阵列等。此外,为保证应急预警系统及其信息的安全,需要考虑加密模块的设计,积极采用各种信息安全技术,保证系统和信息的安全。

4. 数据库

数据库系统在应急预警中作用是不言而喻的,数据库系统的使用为应急预警系统的预警决策提供了支持,为及时的预防和应对赢得了时间。应急预警系统的数据库建设至少包括四个方面:常规数据库、模型库、预案库、决策库。其中,常规数据库存储的是一些基本的社会和地理信息,如建筑、人口、交通情况等,此外还包括公共安全信息;数学模型库包括信息识别与提取模型、事件发展与影响后果模型、人群疏散与预警分级等模型;预案库包括针对可能发生的事故灾害预先制订的应急预案或方案。在公共危机预警过程中,决策系统根据不同的数学模型和相应的资料判断危险扩散的方向和速度以及范围;在预警决策的时候,存在各种情况变化,需要采取不同的决策方案,这时就需要调用决策库。

5. 模型库

模型库通过提供灵活、动态的构模功能增强预警能力。它包括预置模型、用户自定义模型的模块,完成模型运行所需输入数据的自动提取及运算结果的存储。为用户提供构模语言,根据用户的申明及知识库中的知识自动构造问题解答途径,使预警系统表现智能化。

6. 方法库

这是共享的公共模型资源,包括数据统计分析、计量经济分析、系统动力学、层次分析法、多目标决策和动态规划等方法,使用户可用上述数学工具来分析数据、构造模型。

6.1.3.5 应急预警系统的逻辑结构

应急预警系统是一个复杂的信息系统,主要由信息收集、加工、存储子系统、预测子系统、决策子系统、警报子系统等构成。如图 6-1 所示。

1. 信息采集、加工、存储子系统

(1)信息采集子系统

广泛收集相关的信息是进行应急预警的前提。该系统的任务是对有关突发事件风险源和突发事件征兆等信息进行收集。根据这个要求,信息采集子系统要收集三个方面的信息:一是预警对象及领域选择,即这种信息收集工作以哪些

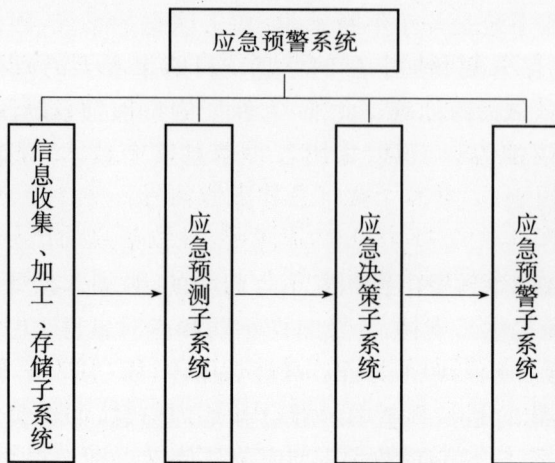

图 6-1 应急预警系统逻辑架构图

对象为重点,以什么样类型的情况和内容为重点;二是预警目标选择,即初步判断这些对象可能引发哪类突发事件;三是预警的重点选择,即确定哪一个对象最为重要,哪一种潜在的突发事件可能构成重大影响等。

信息采集的途径有多种,既包括传统的大众媒体,又包括新兴的互联网;既包括利益相关者的抱怨与批评等外部渠道,又包括组织内部所提供的数据以及内部人的看法、建议等;既有日常的信息传递和沟通渠道,又有特定时期的专项调查等。总之,要从多种渠道、多种角度收集相关的信息,以便从中发现突发事件的先兆。

在信息采集时要注意信息传递的障碍,这些障碍可以分为人为的障碍和非人为的障碍。人为的障碍一般是由于所要传递的信息与信息传递者之间有利益上的相关性,传递者就根据自己的需要对信息进行加工处理(如增加、删除、篡改等),使信息在传递过程中失真,从而影响了应急预警系统的准确性。解决的办法是,通过选择合适的传递者和规章制度的重新制定,来减少或消除信息与信息传递者之间的利益相关性。非人为的障碍一般是由于系统本身存在的缺陷或干扰所导致的,这就要求系统设计要完善,并有很强的抗干扰能力。

(2) 信息加工子系统

信息加工子系统的任务是对收集来的信息进行整理、归类、信息识别和信息转化等方面,应急预警系统收到警报后一般需要对信息进行整理和分类,使之更有条理、更清晰。通过数据库、计算机辅助系统、信息技术网络等多种现代化信息手段,对信息进行分类收集、整合与筛选。尤其是在指标性应急预警系统中,信息与突发事件之间缺乏显而易见的联系,信息的整理和归类就显得更为重要。

① 对信息的真实性进行甄别。对于收集到的危机信息,需要有一个去伪存真的甄别过程,排除那些虚假信息。对信息进行整理和归类之后,信息就显得非常清晰和有条理,也就能够从整体上把握所收集到的信息。当然这还不够,系统还需要对信息进行识别,以排除干扰信息和虚假信息。信息传递过程中由于人为的因素或沟通过程存在的"噪声"和沟通障碍,导致信息的部分或全部内容丧失真实性,也可能是在信息传递过程中自然产生的,那么,如何识别虚假信息呢?

第一,对虚假信息的识别可以通过审视信息的来源、信息传递过程的各个环节以及信息传递者加以判断。如信息的来源缺乏客观性,信息的传递经过许多环节,信息传递过程有许多"噪声",信息的传递者与信息之间有很强的利益相关性,那么信息的可靠性和真实性就非常值得怀疑。通过仔细审视这些过程,就可以发现信息是如何失真的,真正客观的信息是什么,并决定如何改进信息传递过程。

第二,虚假信息也可以通过信息之间的比较而发现。如果所收集的信息之间存在很大的矛盾,就要怀疑这些信息的真伪。经过信息的整理和分类,并对信息进行识别之后,应急预警系统就拥有了一些较为全面、真实、有用的信息,此时系统就可以将这些信息转化为一些简单、直观的信号升指标,为系统进行决策做好准备。

② 对信息进行归类。在对突发事件相关信息的真实性进行确认的基础上,需要对不同的信息进行分类,做到信息的系统化、条理化,以便于应急评估工作的开展。

(3) 信息存储子系统

信息存储是有组织的信息的一种表现形式,是一种异时信息利用行为。信息收集子系统的收集工作会源源不断地产生大量有关突发事件征兆的原始观测数据,与此同时,信息加工子系统也会不断地将这些原始数据加工成为一系列有序信息,为了把这些数据和信息有效地保存起来,以供当前利用或以备将来利用,这就是信息存储子系统的任务。信息存储的最终目的是为人们的异时、异地利用提供方便。

2. 应急预测子系统

科学的预测是应急管理的前提。该子系统根据数据的分析,通过选取合理的预测方法,预测突发事件爆发的可能性及其危害程度,预测突发事件的演变、发展和趋势等,为预警决策提供科学的依据。

（1）预测子系统的主体职能

应急预测子系统的主体职能有五项：

其一，在风险向突发事件转化的临界，敏锐地发现突发事件的征兆，并根据对征兆的分析，得出或验证有关突发事件演进的初始判断。

其二，即时预测突发事件的发展速度和影响程度，以规划突发事件应对的总体原则和可行步骤。突发事件的"度"决定了应急管理的"度"，依据前者的变化趋向确定后者"行"与"止"的边界，是应急预警应着力解决的一个基本问题。

其三，调查研究利益相关者的态度和行为，在监测中发现主要矛盾、重大损害和紧迫问题，以制定针对性策略，实现重点突破。

其四，追踪预测突发事件议题，了解议题的形成原因、传播机制和变化趋向，为有效设置、引导或改变议题提供决策资讯。

其五，收集和利用与突发事件密切相关的其他信息。如类似突发事件的应对案例与历史纪录、压力团体的法规政策与管理规章、市场格局的形成和发展态势以及应急预警的相关知识等。

（2）应急预测的分类

按预测方法和性质分类，预测可分为定性预测、定量预测及综合预测。

定性预测主要是依靠人的观察分析能力，借助于经验和判断能力对事物未来表现的性质进行推测和判断。主要方法有主观概率法、调查预测法、德尔菲法、类推法和相关因素分析法。

定量预测也称统计预测，主要依靠历史统计资料，运用数学、概率论和数理统计方法建立可以表现变量之间数量关系的模型，并利用这一模型预测对象在未来可能表现的数量。主要方法是时间序列分析和回归分析。

综合预测是指以上两种方法的组合应用。

按研究对象的不同，预测可分为社会预测、经济预测、科学预测、技术预测及军事预测等。

按预测期限长短，预测可分为短期预测（1年左右）、中期预测（2～5年）、长期预测（5年以上）。这里长短之分因预测对象而异。

（3）预测的基本步骤

第一，确定预测目标。

第二，收集、整理历史资料。编制时间序列，收集的历史资料的时间应尽可能符合实际需要。在这个过程中要注意两点：资料不可比时应整理为可比资料，时间序列中的极端值应剔除。

第三，绘制统计图，确定时间序列构成和影响因素。

第四,分解时间序列,选择预测方法,确定预测模型。

第五,外推预测,估计预测误差。

第六,提出预测报告和策略性建议,追踪检查预测结果。

(4) 实现有效预测的五类信息

先决信息:即有关模型化所需的准备性信息。如模型化的简单设想,原始概念、框架、草图,有关的经济理论、事实和一般规律,以及必要的数学知识等方面的信息。

外界环境信息:即有关原型外延的信息。其中包括定义明确的原型界限,原型外部对原型的影响、作用,以及他们之间的相互作用。

内部结构信息:即原型体系内部的结构信息。其包括原型的组成方式,原型元和子原型存在的形式等。

原创性状信息:即原型作为一个整体状况方面的信息。其中包括原型存在的目的、形式、行为、形状、特征以及发展趋势和变异、消亡的条件等。

数量信息:即已数量化或可数量化的信息。其包括现在的、历史的、不同空间的原型及模型化的数据资料、图表以及原型的量变规律,乃至数量化及收集方式等。

当以上五类模型化信息失真时,预测就不能正常地发挥作用。

3. 应急决策子系统

这里所说的决策,实际上就是预警决策。决策系统的功能是根据信息加工子系统的结果,决定是否发出警报和发出警报的级别,并向警报子系统发出指令。

在制定决策依据时,要决定应急预警各个级别的临界点,这些临界点需要指标达到何种水平。如果信号或指标无法直接显示突发事件是否发生,而只是表明突发事件发生有多大的可能性,那么也可以根据突发事件发生的可能性大小确定不同应急预警级别的临界点。比如说,突发事件发生的可能性很大就发出红色警报,表明要高度警惕突发事件的发生。可能性大小也可以精确地用概率来表示,例如,可能性大要求概率在80%以上,有可能要求概率在60%~80%之间。在具体的决策中,系统根据信号或指标的水平判断是否达到了突发事件警报的临界点,达到了哪一个临界点,从而决定是否发出突发事件警报和突发事件警报的级别。

4. 应急警报子系统

应急警报子系统主要是判断各种指标和因素是否突破了突发事件警戒线,根据判断结果决定是否发出警报,发出何种程度的警报以及用什么方式发出警报等。警报子系统的职能是:根据应急评估的结果,对突发事件发生概率较低,但危害程度较大的潜在突发事件向社会发出预报,提请有关部门及人员注意,并提前采取预控措施。对发生概率高、危害程度较大的突发事件,需要立即进行警报,向广大潜在受害者和事件反应者告知突发事件已经发生,以及拟采取的应对措施。

预报与非紧急状况相对应,是一种经常发布的突发事件预测报告。有关部门将根据发布的突发事件预报,调整和修订突发事件预控计划,以常态管理方式继续进行突发事件预控;警报与紧急状况相对应,警报一旦发出,公共部门的正常工作秩序就要被打破,并且要立即紧急动员,抽调人、财、物,迅速投入反突发事件斗争。所以,两种应急预报形式所反映的管理方式是不同的,所得到的结果也是不同的。不能用预报代替警报。是预报还是警报,管理者必须做出准确的判断。

塞万提斯曾经说过:"事先的警告乃是最佳的准备。"这句话实在是不证自明的,因为在大部分情况下,假设事前我们能够预测未来事态的变化信息,则人们便能作更好地适应。[①]

警报子系统的功能是对应急管理部门和潜在受害者发出明确警报,使他们能够及时采取应对措施。这就要求应急警报具有清晰、确定的特征,简单明了,具有较强的感官刺激性,不能有歧义和含糊。此外,应急管理部门还要对突发事件潜在受害者及公众进行培训和教育,使他们能准确理解不同突发事件警报的含义。以国际海啸预警系统为例。国际海啸预警系统于 1965 年成立,由地震与海啸监测系统、海啸预警中心和信息发布系统构成。当任何参加这个组织的地震台站监测到一次大的地震,地震仪器触发警报,台站的值班人员立刻分析地震记录,并将他们的数据发送到太平洋海啸预警中心(PTWC)。根据收到的地震台站的报告,或者根据自己的地震台站触发记录结果,PTWC 的工作人员将上网查询来自美国国家地震信息中心(NEIC)的有关此次地震的邮件。如果 NEIC 的地震信息系统还没有发送电子邮件报告,PTWC 的地球物理学家便会登录到 NEIC 系统,使用国家地震台网(NSN)的数据进行地震定位。PTWC 设置了警报阈值,大约 6.5 级或者更大地震时将激活预警系统。地震的位置和大小确定之后,就要决定进一步的行动。如果地震是在太平洋海域内或其附近,并且震级达到了 6.5 或更大,但小于或等于 7.5(在阿留申群岛是小于或等于 7.0),那么就要向预警系统的各成员国发布海啸信息公告。当地震的震级大于 7.5(在阿留申群岛是大于 7.0),就要向各成员国和预警发布机构发出海啸预警公告,通知他们

---

① 见阿尔文·托夫勒所著《未来的冲击》,蔡伸章译,中信出版社 2006 年出版,第 233 页。

海啸可能已经形成,要求他们将预警信息转发给公众,以采取必要的防范措施。如果地震看起来足够大,能够引发海啸,并且发生在海啸可能产生的地区,PTWC会检查震中附近的潮汐台站自动发来的潮汐数据,看是否有海啸产生的迹象。如果这些数据显示海啸已经形成,并对太平洋部分或所有地区的人们构成了威胁,PTWC将发布海啸预警公告,该预警公告也可能升级为整个太平洋范围的海啸预警公告。海啸预警发布机构需要预先制订详细的应急预案,将危险地区的人们疏散。如果潮汐数据表明是一个微不足道的海啸,或者海啸还没有形成,PTWC将发布消息,取消其先前发出的海啸预警。①

6.2　应急响应机制

应急响应的目标就是要控制和减少突发事件的危害。在应急响应过程中,要进行紧急决策,针对性地启动应急预案,对事件进行紧急处置,并根据事件的严重性和紧急程度,实施有效的信息沟通、社会动员与应急合作等措施,以求尽快控制和平息突发事件,恢复事前正常的社会秩序和稳定。

6.2.1　决策处置机制

6.2.1.1　应急决策

在政府应急管理过程中,政府是统一的指挥者和组织者,面对突发事件,如果其态度积极,决策果断,措施得力,就会赢得公众的支持与配合,增强公众和组织对政府的公信力,就会在公众心目中树立“责任政府”的良好形象,反之,如果决策不力,不仅不利于事件的处理,也损害了公众的根本利益。因此,正确决策是各项工作成功的重要前提。为保证政府应急管理有效实施,需要建立健全应急决策机制,推进应急决策的科学化、民主化。在电子政务环境下,应急决策机制的建立,应注意加强以下两个方面的工作:

一是应急决策方式的选择。要实现应急决策的科学化、民主化,首先得考虑选择科学、有效的决策方式。不考虑决策的具体内容,决策的过程可以分为程序化决策和非程序化决策两种基本方式。

美国的詹姆斯·斯通纳等人指出,程序化决策是根据成文的或不成文的政策、程序和规则制定的,这些规定通过排除和限制其他选择从而简化了经常发生的问题需做出的决策。程序化决策主要是用来解决经常发生的复杂的或简单的

---

① 见刘瑞丰《国际海啸预警系统(ITWS)》,《地震地磁观测与研究》2005年第26卷,第1期,第3—7页。

问题。如果一个问题经常发生,并且它的因素可以确定、预见并且可以分析,那么,这样的问题就应该通过程序化决策处理。非程序化决策专门处理不常见的或是特殊的问题。如果一个问题的解决方法没有包含在成文的规定中,或者这个问题需要特殊对待时,那就必须通过非程序化决策来解决。[①]

程序化决策是一个例行程序的过程,管理者事先已经制订好各种突发事件的决策方案,当某一类型突发事件发生时,由计算机系统自动调出相应的决策方案,管理者根据系统提供的决策方案来指挥、控制应急管理活动。然而,由于人的有限理性、突发事件的不确定性等原因,管理者不可能预测出所有未发生的突发事件,不可能事先制订出一系列万能的应急决策方案以应对千变万化、意料之外的突发事件。在这种情况下,对于非常规性的决策,就需要用到非程序化决策。非程序化决策通常用于应对特殊的、意料之外的突发事件,它一般发生于管理者没有现成的决策方案可以使用的情况下,以弥补程序化决策的不足,并与之形成互补,共同构成突发事件的决策。应急决策过程中,要充分利用这两种基本方式,实现程序化决策与非程序化决策有机结合。

总起来说,不管采用哪种决策方式,都要依具体情况而定,都必须在有限的时间内以恰当方式进行,任何决策延误必将给应急管理带来诸多不利影响和损失。

二是应急指挥决策支持系统的构建。随着信息处理技术的发展,我们的能力正在不断加强,其中包括考虑备选方案及其后果,考虑它们的相对优劣和相互关系的思考能力,还包括把整个问题的各个部分纳入一个综合模型,从而不断丰富对各个部分的理解的能力。[②] 在当今电子政务环境下,政府应急决策的科学化、民主化的实现,离不开电子政务技术的支持。为此,需要加强应急指挥决策支持系统的构建。应急指挥决策支持系统是辅助决策者通过数据、模型和知识,以人机交互方式进行应急决策的计算机应用系统。它是管理信息系统(MIS)向更高一级发展而产生的先进信息管理系统。它为决策者提供分析问题、建立模型、模拟决策过程和方案的环境,调用各种信息资源和分析工具,帮助决策者提高决策水平和质量。以合肥非典防治决策支持系统[③]为例。合肥于 2003 年 5 月 9 日在全国率先推出具有拓展性和实用性的非典防治决策支持系统。该系统采用地理信息系统技术,以数字合肥的阶段性建设成果为基础,以合肥市电子地图

---

　① 见詹姆斯·斯通纳所著《管理学教程》,刘学译,华夏出版社 2001 年出版,第 197 - 198 页。

　② 见赫伯特·西蒙所著《管理行为——管理组织决策过程的研究》,杨砾译,北京经济学院出版社 1988 年出版,第 296 页。

　③ 见陈利《安徽首家"防非"决策支持系统问世——利用网络抗击非典》,http://www. mapwindows. com/News/GISnews/2003/Gisnews2003051204. htm(检索日期 2006 年 10 月 16 日)。

为基本平台,由组织机构、文件管理、防治救治、入城检查、随访工作、物资保障等子系统和电子地图等部分组成。该系统可充分发挥信息技术优势,整合每天合肥地区八区三县、112 个乡镇街道、4 个定点医院、20 个发热门诊、11 个检查道口和数百个防非小分队的调查数据,通过电子地图进行实时动态数据的显示,并对各类专题信息根据时间段、地域范围等条件进行查询、统计、分析,为合肥市非典防治决策发挥了重要作用,受到了合肥市政府、安徽省政府、世界卫生组织的好评。

应急指挥决策支持系统通常由数据库和数据库管理系统、模型库和模型库管理系统、用户界面即对话生成管理系统三个基础部分所构成。应急指挥决策支持系统的建设,对突发事件的应急指挥决策具有重要意义:① 通过建设顺畅的突发事件信息报送通道,保障应急指挥中心及时、准确、全面地掌握最新的突发事件信息,为应急指挥决策提供可靠的信息数据源保障。② 以 GIS 为中心,通过地理参照,建立起突发事件相关信息数据资源的有效关联与联系,有效组织管理的信息数据资源,为应急指挥决策提供数据基础保障。③ 运用 GIS 的可视化与空间分析功能,通过对突发事件信息数据资源的分析与可视化,为应急指挥中心的应急指挥提供辅助决策与预案分析支持,保障应急指挥决策的科学性。④ 通过信息发布与指挥调度平台,及时传达应急指挥中心的指挥决策,保障应急措施的及时、准确、有效执行,提高应急指挥的效率。

6.2.1.2 应急处置流程

基于突发事件的生命周期,应急响应的运作流程基本上可以分为接警、响应级别确定、报警、应急启动、救援行动、扩大应急等过程。

第一,接警。事故灾难发生后,报警信息应迅速汇集到应急救援指挥中心并立即传送到各专业或区域应急指挥中心。性质严重的重大事故灾难的报警应及时向上级应急指挥机关和相应行政领导报送。接警时应做好事故的详细情况记录和联系方式等。

第二,响应级别确定。应急救援指挥中心接到警报后,应立即建立与事故现场的地方或有关应急机构的联系,根据事故报告的详细信息,对警情作出判断,由应急中心值班负责人或现场指挥人员初步确定相应的响应级别。

第三,应急启动。应急响应级别确定后,相应的应急救援指挥中心按所确定的响应级别启动应急程序,如通知应急救援指挥中心有关人员到位、开通信息与通信网络、调配救援所需的应急资源(包括应急队伍和物资、装备等)、派出现场指挥协调人员和专家组等。

第四,救援行动。现场应急指挥中心迅速启用,救援中心应急队伍及时进入事故现场,积极开展人员救助、工程抢险等有关应急救援工作,专家组为救援决策提供建议和技术支持。

第五,扩大应急。当事态仍无法得到有效控制,向上级救援机构(场外应急指挥中心)请求实施扩大应急响应。在扩大应急阶段,通过各种社会力量的共同应对,将突发事件进行控制处理直至结束。

6.2.2 信息沟通机制

沟通是指一个组织成员向另一成员传输决策前提的过程。没有沟通显然就没有组织。因为没有沟通,群体不可能影响个人的行为。因此,沟通对组织来说绝对必要。不仅如此,特定沟通技巧的效力,在很大程度上将决定着决策制订职能在整个组织里能够有以及应该有的分布方式,一个人能否制订某项决策,往往是随条件而定,取决于其他人能否把将制订一项明智决策所必需的信息传输给他;而他能否把决策传输给他希望影响其行为的组织其他成员。[①]

沟通其实就是信息的交流,是指信息的发送者将某一信息传递给客体或对象,以期取得客体或对象做出相应反应的过程。在这个过程中,信息的传递离不开一定的信息通道,也就是说,需要通过一定的途径或媒介将信息从信息源发送给接收者,然后将接收者对信息做出的反应反馈回来。因此,应急沟通的过程是由各种要素组成的,包括发送者、接收者、信息、渠道、噪音、反馈和环境。如图6-2表明所有这些要素是如何共同发挥作用的。

其中,发送者是指应急信息的提供者,主要指各级政府应急管理部门及相关政部门。接收者是指应急信息的接收者,包括社会公众、企业、群众性组织、国外政府、国际组织等。信息包括与突发事件信息及其处理相关的各种信息。渠道即信息经过的路线,是信息由发送者到达接收者的手段。沟通的渠道有很多,我们熟悉的大众传媒中的收音机、电视机、录音机、报纸、杂志、固定电话、手机、网站等都是信息沟通的常见渠道。不同类型渠道直接影响着沟通效率的高低。反馈即信息接收者对信息发送者所作出的反应。噪音即阻止理解和准确解释信息的障碍。[②] 阻止信息沟通的障碍包括各种主观和客观的因素,如技术标准的原因,渠道的选择等。环境即沟通发生的地方和情景。环境的不同对沟通产生的影响也各不相同。

应急管理需要社会各方面共同努力,不同的社会力量形成良好的社会关系

① 见西蒙所著《管理行为》,詹正茂译,机械工业出版社2004年出版,第193页。
② 见桑德拉·黑贝尔斯、里查德·威沃尔所著《有效沟通》,李业昆译,华夏出版社2002年出版,第9页。

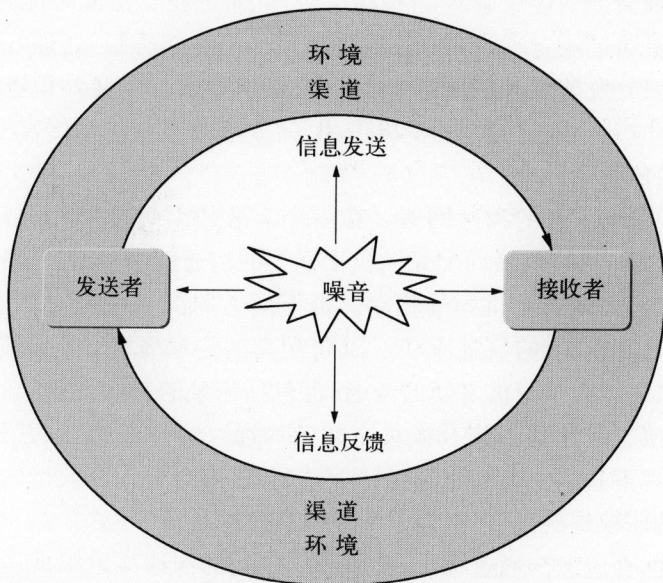

图6-2　沟通要素

是应对突发事件的关键。[1] 良好社会关系的形成离不开有效的沟通。在危机管理中,沟通是最重要的工具。如果身陷危机情境的人,与危机有牵连的人和管理危机情境的人之间没有沟通的话,就无法评估危机及其影响。[2]

　　电子政务环境下的应急沟通,需要加强以下几个方面的工作:

　　一是要处理好政府与媒体的关系。在政府应急管理过程中,媒体是信息发送者发送信息的重要渠道,是政府信息发布的平台,媒体不仅可以及时监视可能导致突发事件发生的各种潜在因素,而且在突发事件发生过程中作为政府和公众的代言人,通过传递信息、疏导情绪,发挥积极的引导作用、动员作用等。托马斯·杰斐逊早在1787年就写道:"如果只剩下没有报纸的政府和无政府的报纸两种选择,那么我毫不犹豫地选择后者。"[3]可见媒体对保障公民知情权的重要性。在政府应急管理中,媒体同样具有重要的现实意义,政府作为应急管理的主导力量,在控制新闻传播导向、创造媒体公正介入的程序等方面负有重要责任。政府与媒体的关系,本质上是政府与人民的关系。如果政府与媒体的关系处理不好,则会由于媒体的推波助澜而导致事件进一步恶化,如果处理得当,有效的引

①　Jill Saito,Coordinating Emergency Management,Homeland Security,Volume 6,2002,p. 1.
②　见罗伯特·希斯所著《危机管理》,王成译,中信出版社2000年出版,第140页。
③　见米切尔·罗斯金所著《政治科学》,林震译,华夏出版社2001年出版,第188页。

导以及监督,则会推动应急管理的共同应对,同舟共济。由此可见,在政府应急管理过程中,要通过建立政府与媒体的良好互动与合作机制,处理好政府与媒体的关系,既要充分发挥媒体在政府应急管理中的积极作用,又要积极采取措施遏制媒体在政府应急管理过程中的消极作用,树立起政府权威和传媒的公信力,保证传播链条的畅通无阻。

二是要构建全方位的沟通网络。在一个有效的组织中,沟通是全方位流动的:自上而下、自下而上、横向交叉。自上而下的沟通就是在组织职权层次中,信息自高层次机构朝低层次机构的流动。自下而上的沟通就是从下级到上级、按组织职权层次逐渐向上的信息流动。横向交叉的沟通既包括信息的横向流动,即在同一层次的组织及成员之间的沟通;也包括信息的斜向流动,即处于不同层次的、没有直接隶属关系机构及成员之间的沟通。这种沟通方式用来加速信息的流动,促进理解,并为实现组织的目标而协调各方的努力。大量的沟通工作并不是按组织的职权层次进行的,而是跨指挥系统的流动。①

笔者认为,在应急沟通过程中,必须借助不同的沟通渠道组成一个科学有效的沟通网络。通过这个沟通网络平台,大家都能了解到真实的信息。因此,电子政务环境下政府应急管理沟通网络的构建,可以采取轮式沟通网络的模型。如图 6-3 所示。轮式沟通网络属于控制型网络,在这种沟通网络中,政府应急管理机构借助统一的沟通平台,既可以实现政府内部纵向和横向的有效沟通,也可以实现政府内部与外部的良好沟通;既保证了沟通信息的权威性,又保证了沟通信息的快捷性。由政府机关负责信息的统一发布,并借助统一的沟通平台及时反馈外界的信息,从而实现良好的互动,具有集中化程度高,解决问题速度快等优点。

6.2.3　社会动员机制

所谓社会动员,是指有目的的引导社会成员积极参与重大社会活动的过程。社会动员具有鲜明的特征:第一,广泛参与性,就是说作为社会机体最基本的构成分子亦即社会成员必定是广泛或较为广泛地参与重大的社会活动。第二,在于一定程度的兴奋性,即社会动员从整体上呈现出一定的兴奋性。第三,目的性,即社会动员是为了实现特定的目标而形成的一种社会群体性的行为。第四,秩序性,一般来说,正常的社会动员是有组织、有秩序地进行,而不是杂乱无章、

---

① 见海因茨·韦里克所著《管理学——全球化视角》,马春光译,经济科学出版社 2004 年出版,第 343-345 页。

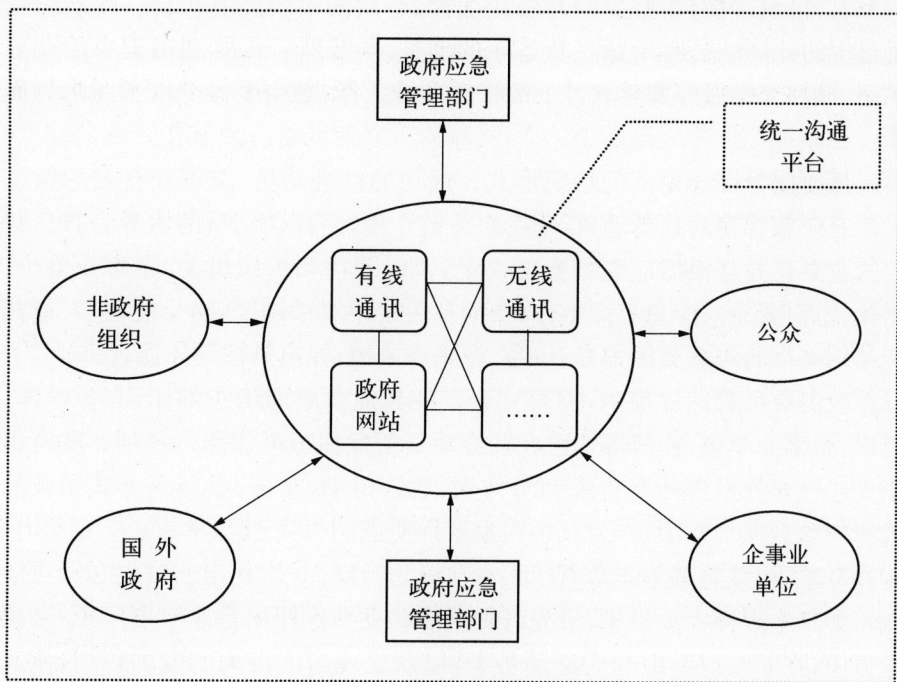

图6-3 轮式沟通网络模型

失去控制的进行。[①]

近代以来的世界历史表明,社会发展使得社会各阶层的利益联系变得更为紧密和复杂,社会发展程度越高,就越需要有效的社会动员。动员的形式和规模,决定社会发展的速度与特征,特别在发展中国家,动员乃是实现赶超必不可少的条件。在中国革命战争年代,"组织千千万万的民众,调动浩浩荡荡的革命军",是取得胜利的基本保证[②];改革开放前,激发并调动一切积极因素,为社会主义建设事业服务,则是各项工作的"一个基本方针"。[③]

根据环境的不同,社会动员一般可以分为紧急状态下的社会动员和正常状态下的社会动员两种类型。正常状态下的社会动员主要以利益诱导为主要手段,政府一般情况下不直接运用强制手段。而紧急状态下的社会动员主要以精神激励为主要手段,发动和组织各种社会力量积极参与。紧急状态下的社会动员坚持"集体利益高于个人利益"的原则,为保证社会动员的有效性,对不服从动

---

① 见吴忠民《重新发现社会动员》,《理论前沿》2003年第21期,第26页。
② 见《毛泽东选集(第1卷)》,人民出版社1991年出版,第115页。
③ 见《毛泽东选集(第5卷)》,人民出版社1977年出版,第267页。

员的个人、组织,政府在必要时可使用法律、行政的手段强制执行。政府应急管理过程中的社会动员属于紧急状态下的动员,与政府日常管理过程中的社会动员不同。因此,要做好紧急状态下的社会动员工作,必须要做好以下两个方面的工作:

一是要创新社会动员的组织形式。成功的社会动员,离不开有效的组织保证。政府应急管理的社会动员,政府起关键作用,是社会动员的主导力量。政府部门的主要任务是根据应急指挥的决定,及时动员和组织机关、企事业单位、社会团体、志愿者参与应急救援工作,依据有关法律规章制度,向公民、法人或其他组织征用必要的应急救援物资、设备、设施和场地,并出具征用凭据。

在政府应急管理过程中,需要充分发挥其他非政府组织的作用,各媒体、民间组织、企事业单位、社区等均可在社会动员中发挥积极作用。各种非政府组织或个人通过充分发挥社会自我调节作用,通过捐助、支援、参与等方式积极加入到政府应急管理工作中来,为减轻突发事件造成的损失而发挥自己应有的力量。从国外经验看,危急时刻非政府组织往往极为活跃,并表现出及时、高效、灵活等优点。如日本阪神大地震中,最先赶到现场并发挥作用的是非政府组织;韩国金融危机中,在非政府组织的广泛动员下,民众表现出了极大的爱国热情,掀起了捐赠高潮,其场面十分感人。①

二是要设计科学的社会动员方案。社会动员方案是启动、实施社会动员的准则、行动指南。为保证社会动员的有序性,必须建立起一个科学的、有效的、完备的、具有可操作性的社会动员方案。其主要内容应该包括:① 明确规定社会动员的条件,即在什么情况下需要社会动员,什么情况下启动社会动员令;② 明确规定社会动员的范围。要依据突发事件的危险程度、波及范围、人员伤亡等情况,确定社会动员的范围;③ 明确规定社会动员的启动程序。全市范围内的社会动员,由市政府报请国务院批准。市应急委员会办公室负责全市社会动员工作,会同宣传部门搞好宣传教育,制订社会动员方案,协调各相关委办局开展工作。区县范围内的社会动员,由各区县政府报请市政府批准,报国务院备案。局部小范围内的社会动员,由各区县决定并组织实施,报市政府备案;④ 明确规定社会动员的方式。社会动员的方式有很多,如群众性的学习讨论、开会、报告等,这些方式对政府应急管理的社会动员来说,不可或缺,在电子政务环境下,政府应急管理的社会动员要坚持和发扬我国在社会动员方面的优良传统,同时也要大力创新社会动员的方式方法,综合利用经济、政治、法律等手段,充分发挥各种传播

---

① 见龙太江《社会动员与危机管理》,《华中科技大学学报》(社会科学版)2004 年第 1 期,第 41 页。

媒介在政府应急管理社会动员中的作用,充分利用新闻、广播、电视、录音、多媒体以及互联网等传播媒介进行广泛的社会动员。

6.2.4 应急合作机制

哪里有参与管理的组织,哪里就有协同配合的工作方式。任何组织都需要注意外部世界,因为在那里可发现组织的关联因素、机会和威胁。对于公共组织来说,情况尤其如此,它们受到外部团体影响的程度大于私营部门。[①]

全球化时代,局部危机极有可能变成区域性、全国性、甚至全球性危机。有的危机的超国家属性决定了危机需要世界人民和各国政府携起手来共同解决。除了主权国家之间的合作之外,国际组织、国际非政府组织都是解决危机的重要力量。国际经验表明,国际组织和国际非政府组织都是解决危机的重要力量。[②]

全球化的另一面是社会动荡、国家主义、种族矛盾、恐怖主义、环境恶劣以及资源争夺。要应对全球化危机管理带来的挑战,就需要军事、政治和私营企业开展前所未有的合作。没有一个政府和国家能够单独解决所有的可能问题,即使美国政府也不例外。[③]

应急合作的加强,需要扩大合作主体,拓展合作领域,既要加强国内合作,同时也要加强国际合作,创新合作方式,通过建立有效的合作机制,增强应对突发事件的合力。

关于加强国内合作。在政府应急管理过程中,必须加强国内政府与非政府组织之间的合作,唯有合作才能有效应对各种突发事件。联合国前秘书长安南在《南亚地震灾难后加强紧急救援、恢复、重建和预防工作——巴基斯坦》报告(2006 年)中指出,国家非政府组织、志愿者和民间社会团体在救济和复原活动中的作用必须得到进一步承认,必须让它们更好地参与目前救济工作。国家非政府组织和民间社会团体,包括有组织和自发的志愿者,都对救济活动提供了重要的支持。社区组织是第一批接触灾民的机构。这些团体的参与将有助于加强经济能力、促进地方社区的参与并将确保地方备灾机制能充分关注多灾地区居民。[④]

关于加强国际合作。全球化条件下,政府处理突发事件也应该具有全球化意识,必要时可以聘请相关国际组织的专家作顾问,主动寻求国际援助,共同应

① 见欧文·E·休斯所著《公共管理导论》(第二版),彭和平译,中国人民大学 2001 年出版,第223 页。

② 见丁元竹所著《中国 2010 年风险与规避》,中国大百科全书出版社 2005 年出版,第 278 页。

③ 见道格拉斯·霍姆斯所著《电子政务》,詹俊峰译,机械工业出版社 2003 年出版,第 122 - 123 页。

④ 见安南《南亚地震灾难后加强紧急救援、恢复、重建和预防工作——巴基斯坦》,联合国经济及社会理事会第六十一届会议,2006 年 7 月 3 日至 28 日。

对突发事件。譬如美国疾病预防控制中心(CDC)是美国公共卫生危机管理体系三个组织中的另外一环,为了加强国际合作,CDC 在它的紧急事件运作中心(EOC)成立了国际联合小组。[1]

事实证明,联合国、非政府组织和国家政府之间事先安排的伙伴关系对于确保紧急情况初期作出迅速有效的国际应急反应至关重要。例如,与国际人道主义伙伴关系[2]发展的待命伙伴关系便于住宿、办公设施和通信设备的立即部署,这对于建立工作和生活设施极其宝贵。同样,联合国救灾援助协调系统、联合国卫星图像项目[3]和非政府组织之间事先存在的伙伴关系可以迅速散发卫星图像和提供其他地理信息系统服务,帮助在边远地区查找地震幸存者。[4]

在全球化条件下,突发事件往往不是孤立的,地区性突发事件能演变为国际事件,反之也会引发区域危机。在巨大的灾难面前,国际社会更需要联合行动,集中力量来研究、预防和抗御灾害。加强在应急管理领域的国际合作与交流,是各国政府处理重大突发事件,避免其带来大的恐慌和破坏的重要环节。

最后,要创新合作方式。不同组织之间的合作,其合作方式各不相同,要不断探索新的合作方式,以追求更好的合作效果。以自然灾害的国际合作为例。联合国减少灾害问题世界会议(2005 年 1 月 18 日至 22 日在日本兵库县神户市召开)通过的《减少灾害问题世界会议报告》指出,在减少灾害风险方面,需要加强国际和区域合作和援助,特别是通过以下途径:[5]

——转让知识、技术和专门知识,以增强在减少灾害风险方面的能力建设;

——交流研究结果、经验教训和最佳做法;

——汇编所有灾害等级的灾害风险和影响方面的资料,以便为持续发展和减少灾害风险的工作提供信息;

——提供适当支持,以加强各级减少和管理灾害风险、提高认识活动和能力

---

① 见王茂清所著《政府危机管理》,合肥工业大学出版社 2005 年出版,第 109 页。

② 国际人道主义伙伴关系(人道伙伴关系)是一个非正式的组织网络,参加网络的各组织应请求提供资产,支持联合国,特别是联合国救灾援助协调小组的应急任务。联合国国际开发部、丹麦紧急情况管理局和瑞典救援事务局在 1995 年建立了人道伙伴关系。1998 年挪威民防和紧急情况规划部和芬兰内务部芬兰救援部队参加了人道伙伴关系。荷兰外交部作为非行动成员参加,比利时和爱沙尼亚等其他国家表示很大的兴趣。澳大利亚、中国、日本、新西兰、大韩民国和新加坡等成立亚洲太平洋人道主义伙伴关系,为亚洲太平洋区域建立了多国合作的类似模式。

③ 联合国卫星图像项目是联合国的一项主动行动,使人道主义能够获得卫星图像和地理信息系统服务。联合国卫星图像项目由联合国训练研究所(训研所)执行并由联合国项目事务厅(项目厅)管理。此外,公营和私营组织的伙伴都是联合国卫星图像项目的合伙者。

④ 见安南《南亚地震灾难后加强紧急救援、恢复、重建和预防工作——巴基斯坦》,联合国经济及社会理事会第六十一届会议,2006 年 7 月 3 日至 28 日。

⑤ 《减少灾害问题世界会议报告》,http: //www. unisdr. org/eng/hfa/docs/final-report-wcdr-chinese. pdf:10(检索日期 2006 年 11 月 18 日)。

开发措施方面的治理,提高发展中国家的抗灾能力;

——充分、迅速和有效落实执行增加优惠的重债穷国倡议,考虑灾害对发展中国家造成债务难以持续承受的影响;

——提供资金援助,减少现有风险,避免产生新的风险。

6.3 善后处理机制

善后一般是指处理事务的后续问题,妥善处理事情发生后的遗留问题。亡羊补牢,犹未为晚。突发事件得到有效控制或平息后,并非意味着应急管理的终结,它只是标志着应急管理进入另一个阶段:善后处理阶段。为了使应急善后工作有序地进行,就要建立健全善后处理机制。善后处理机制是指突发事件善后处理的组织及其相互作用关系。善后处理工作主要包括调查评估、恢复重建、总结学习、心理干预等方面的内容。

在全国抗震救灾总结表彰大会上,胡锦涛总书记指出:"自然灾害给人类带来磨难,同时又促使人类更加自觉地去认识和把握自然规律、增强抵御自然灾害能力,进而推动人类文明进步。一个善于从自然灾害中总结和汲取经验教训的民族,必定是日益坚强和不可战胜的。"[1]可见,通过建立健全善后处理机制,及时开展调查评估,认真总结经验教训,对于进一步增强危机意识和提高应急管理能力来说具有重要的现实意义。正如诺曼·R·奥古斯丁所说的那样,每一次危机既包含导致失败的根源,又孕育着成功的种子。发现,培育,以便收获这个潜在的成功机会,就是危机管理的精髓。[2]

6.3.1 调查评估

调查评估是政府应急管理工作的一个重要环节,是做好政府应急管理善后处理工作的第一要务。《总体预案》中明确提出要对特别重大突发公共事件的起因、性质、影响、责任、经验教训和恢复重建等问题进行调查评估。《突发事件应对法》中规定,国家建立重大突发事件风险评估体系,对可能发生的突发事件进行综合性评估,减少重大突发事件的发生,最大限度地减轻重大突发事件的影响。突发事件应急处置工作结束后,履行统一领导职责的人民政府应当立即组织对突发事件造成的损失进行评估,组织受影响地区尽快恢复生产、生活、工作

---

① 《全国抗震救灾总结表彰大会隆重举行 胡锦涛发表重要讲话》,http://news.xinhuanet.com/newscenter/2008-10/08/content_10166392.htm(检索日期2009年1月18日)。

② 见诺曼·R·奥古斯丁所著《危机管理》,北京新华信商业风险管理有限责任公司译、校,中国人民大学出版社2001年出版,第5页。

和社会秩序,制订恢复重建计划,并向上一级人民政府报告。《国务院办公厅关于加强基层应急管理工作的意见》中明确提出"要制定客观、科学的评价指标和评估体系,将基层应急管理工作开展情况作为县、乡级人民政府和基层单位领导班子综合考核评价的内容"。这些法律、法规和预案中的规定,充分肯定了调查评估在政府应急管理工作的重要地位。政府应急管理工作是一项复杂的系统工程,事件千变万化,成因错综复杂,任务紧迫艰巨,加强应急管理的调查评估工作,是在政府应急管理中贯彻落实科学发展观的客观需要,是不断完善政府应急管理职能,提升政府应急管理效能,推进政府应急管理工作长远科学发展的必然选择。

突发事件具有突发性、不确定性、复杂性、危害性等特点,在突发事件应急处置工作过程中或结束后,需要及时、客观、公正地对事件发生及其处置工作进行全面调查评估,包括突发事件的起因、性质、过程、影响范围和信息报告、应急绩效、事故的损失和责任等方面内容。通过调查评估,可以掌握突发事件造成的各种损失,分析事件发生的真实原因,判断应急措施及相关制度的科学性、有效性,从而推动政府应急管理工作不断进步。与应急响应相比较,对事故的调查评估,对责任者的追究和处理,会牵动错综复杂的利益关系,可以说,也是一项十分棘手与复杂的工作。为此,需要做好以下几个方面的工作。

1. 要成立专门的、独立的调查评估机构

这是保证调查评估工作长效开展的根本,也是保证调查评估结果客观公正的前提。根据我国政府应急管理实际,笔者认为,根据分级管理的原则要求,在政府应急管理过程中,突发事件的调查评估机构可以分为两种类型:

第一种类型是重大突发事件的调查评估机构。对于那些危害严重、影响深远的重大突发事件的调查评估,应该由国务院直接成立专门的调查机构,即调查小组,小组成员由国务院直接任命,小组成员构成要精干高效,科学合理,与所发生的突发事件没有任何利益瓜葛,以确保调查活动的顺利开展,确保能够真正、独立、彻底地查明事情真相,追究有关人员的责任,从而保证调查结果的公正性、透明性、科学性与权威性。譬如 2010 年 3 月 28 日,山西王家岭煤矿发生特大透水事故,153人被困井下,通过过紧急救援,截至 4 月 5 日共有 115 人获救。在抢险救援的过程当中,4 月 13 日,国务院华晋焦煤公司王家岭矿"3·28"特别重大透水事故调查组正式成立,国家安全监管总局局长骆琳任组长。同时,调查组也邀请最高人民检察院派员参加事故调查。①

---

① 《国务院成立调查组追究王家岭矿难责任》,http：//news. 163. com/10/0413/10/6453DBAO000146BD. html(检索日期 2010 年 4 月 13 日)。

第二种类型是一般突发事件的调查评估机构。对于一般性的突发事件的调查评估,应该由省级应急指挥委员会组织成立专门的调查机构,调查机构的组成人员应该是多方面的,既有公安、检察、法院等系统的政府职能部门的人员参加,又有非政府组织、媒体、公民代表以及相关专家参加,保证调查机构人员的科学性、代表性与广泛性。同时也应该赋予调查机构充足的调查权力,保证调查机构的独立性,否则很难保证调查工作科学、有效、有序地进行,很难保证调查结果的公正性。如对广东九江大桥坍塌事故的调查,完全是由广东省政府方面自己主导的,事故调查领导小组组长是广东的一位副省长,副组长则是省安全监管局局长,这首先就违背了"任何人都不能担任自己的法官"的原则,使得调查结果无法获得必要的公信力;此外,参与调查的 10 位"国内知名桥梁专家"对事故调查采取了令人难以置信的草率态度:只用了短短一天时间,就做出了"九江大桥的设计和质量均没有问题"的结论。显然,这样的结论对公众和舆论都不会有任何说服力。①

2. 要建立健全突发事件的调查评估制度

为了保证调查评估工作的规范性、科学性,还需要建立健全科学的调查评估制度,明确调查评估的一般程序与方法,明确调查人员的职责、权利与义务,明确调查的对象与内容。只有这样,才能保证调查工作的制度性、科学性。

为了保证调查评估工作的客观性,规范政府应急管理行为,需要从以下几个方面加强调查评估制度的建立:

① 目标管理责任制。应急管理任务较重的安全生产、公安、水利、环保等部门在岗位责任制的基础上,普遍实行目标管理责任制,在党政部门大力推行目标管理。安全监管总局自 2002 年在全国首次实行安全生产控制指标考核制度以来,目前已形成了较为完善的安全生产控制指标体系。各地、各有关部门按照国务院同意的控制指标要求。层层分解,逐项落实。2007 年与 2002 年相比,事故总量下降 52.8%,事故死亡人数下降 27.2%,煤炭百万吨死亡率下降 69.9%,万车死亡率下降 62.8%,效果明显。②

② 党政领导干部考核制。近年来,我国改革发展进入新的阶段,各地以科学发展观统领经济社会发展全局,应急管理工作纳入干部政绩考核体系在实践中不断完善。2006 年有关部门印发了关于地方党政领导班子和领导干部综合考核评价试行办法,明确提出将"把握和处理各种利益关系及突发事件,维护社会稳定"作为领导班子评价要点,将"处置突发事件能力"作为领导干部评价要点,将

---

① 见郭松民《凤凰大桥垮塌,湖南应如何应急善后》,http://www.sznews.com/zhuanti/content/2007-08/14/content_1428406.htm(检索日期 2009 年 4 月 27 日)。

② 见王守兴《完善绩效评估机制》,《实现应急管理科学发展》2008 年第 12 期,第 36 页。

"社会治安综合治理情况"和"群众信访事件处理情况"作为群众评价内容。①

③ 行政问责制。问责制度是国家政治制度和国家监督体系的重要组成部分,是否形成健全并有效的问责制度是衡量成熟法治国家的重要标志。② 2007年2月27日,中国共产党第十七届中央委员会第二次全体会议通过《关于深化行政管理体制改革的意见》提出,推行政府绩效评估和行政问责制度,建立科学合理的政府绩效评估指标体系和评估机制,健全以行政首长为重点的行政问责制度,明确问责范围,规范问责程序,加大责任追究力度,提高政府执行力和公信力。一些不该发生的突发事件由于监管不力而发生,突发事件发生后应急处置不力,这些行为都需要行政问责,譬如"非典"事件中,因防治非典不力,两名正省部级主要领导被免职。

此外,还需要建立健全应急预案管理评估制度、应急物资储备管理评估制度、应急队伍管理评估制度等。

3. 要制定一套科学的调查评估指标体系

党的"十七大"提出要"完善体现科学发展观和正确政绩观要求的干部考核评价体系"。绩效评估成败的关键是能否科学地测评一个地区、一个部门的工作绩效状况,绩效指标是测评的依据。要结合应急管理工作实际,认真分析涉及预防、预警、处置和恢复重建等环节指标的特点和要求,科学确定绩效指标的结构和比重,处理好工作过程指标与绩效指标的关系;搞好定量绩效指标与定性指标相结合;把持指标的可测量和可操作性。③

评估指标体系是保证调查评估工作科学性的核心,是决定应急管理评估成败的关键。由于突发事件种类繁多,成因复杂,建立评估指标体系时,需要基于评估对象,基于政府应急管理业务流程,综合运用各种评估方法,合理确定评估流程,科学设置评估指标层级结构,合理设计各级指标内容以评分等级。

6.3.2 恢复重建

"一个灵活的社会通过冲突行为而受益,因为这种冲突行为通过规范的改进和创造,保证了它们在变化了的条件下延续下去。"④突发事件的发生,给社会正常的生活秩序造成了失衡和混乱。因此,政府有关部门在对受灾情况、重建能力以及可利用资源评估后,就要积极开展恢复重建工作,尽快恢复社会正常秩序和

---

① 见王守兴《完善绩效评估机制》,《实现应急管理科学发展》2008年第12期,第36页。
② 同上。
③ 同上。
④ 见科塞所著《社会冲突的功能》,孙立平译,华夏出版社1989年出版,第114页。

生产状态,尽最大可能减少突发事件带来的损失和影响。

灾后恢复重建是一项既艰巨又复杂的战略任务。为了做好这项系统工程,在恢复重建过程中,应该要注意以下几个方面的工作:

一是要坚持统一规划、统筹兼顾的基本方针。灾后恢复重建工作,要按照属地管理的原则,由事发地政府具体负责,认真制订灾后重建和恢复生产、生活的各项计划,迅速采取各种有效的措施,组织开展各种形式的恢复与重建工作。

二是要坚持有序推进,把保障民生作为恢复重建的基本出发点。灾后恢复重建工作千头万绪,需要解决的问题多而复杂,必须分清事情的轻重缓急,以人为本,坚持有序推进,把保障民生作为恢复重建的基本出发点。譬如自然灾害的发生很有可能会破坏灾区人民的住房,那么,恢复重建工作,首先,要把住房重建放在突出和优先位置,通过政府补助、银行贷款、个人自筹、社会帮扶等形式,有效推进灾区住房重建工作。学校、医院等公共服务设施建设是民生工程的重要内容,也是恢复重建的紧迫任务。在恢复建设过程中,坚持从实际出发,加强资源整合,优化布局结构,严格执行强制性标准规范,优先安排重建资金,确保建成最安全、最牢固、群众最放心的建筑。基础设施直接关系到灾后恢复重建的顺利推进,也关系到灾区的长远发展。基础设施恢复重建坚持把恢复功能与发展提高相结合,优先安排与民生直接相关和保障恢复重建的重点项目,并积极推进对灾区发展具有基础性、先导性、支撑性的新建项目。产业重建是发展灾区经济、扩大灾区就业、维护灾区稳定的关键。根据资源环境承载能力、产业政策和就业需要,合理引导受灾企业原地恢复重建或进入工业园区新建,推进经济结构调整,发展特色优势产业。①

三是要坚持自救与他救相结合的基本模式。一方面,需要充分发挥灾区干部群众的积极性、主动性、创造性,这是实现灾后恢复重建的根本力量;另一方面,"一方有难,八方支援",要充分依靠外来力量,通过财政支持、对口支援、社会援助、国际援助等多种方式,帮助灾区人民更快更好地实现重建家园。以汶川特大地震的对口支援为例,2008 年 6 月 11 日,国务院印发汶川特大地震灾后恢复重建对口支援方案,确定由 20 个省市对口支援受灾严重的四川、甘肃、陕西的 24 个县(市、区)。

6.3.3　总结学习

从字面上来理解,"危"意为威胁、危害,"机"意为机会、机遇。凡事都有其两

---

① 《国家发展改革委推进灾后恢复重建综合宣传材料》,http://news.sohu.com/20091209/n268815289.shtml(检索日期 2010 年 3 月 12 日)。

面性,危机虽然带来危害,但同时也能增强人们对危机的认识和了解,为提高危机应对能力奠定了基础。因此,在突发事件的善后处理阶段,离不开总结学习。

温家宝总理指出:"一个民族在灾难中失去的,必将在民族的进步中获得补偿。关键是要善于总结经验和教训。"[①]通过总结经验教训,反思存在的问题,化"危"为"机",寻找发展的机会、机遇,进而改进工作中的不足,改善应急管理措施与方法,提高政府应急管理能力与水平,尽可能杜绝和减少类似灾难、事故的再次发生。托马斯·库恩(Thomas S. Kuhn)指出:"危机是新理论出现的前提条件。危机的意义就在于:它指出更换工具的时机已经到来了。"[②]

灾后的总结学习是一项必不可少的基础性工作,需要认真对待。第一,要善于总结。对于突发事件的善后总结,一方面,要深刻总结汲取事件的教训,分析事件产生的原因或暴露出的问题,针对带有普遍性的问题,对相关领域及相关工作提出相应要求,并且开展相关检查工作,真正做到举一反三,吸取教训。另一方面,应急管理是一门新兴学科,需要善于总结应对突发事件过程的成功经验、典型经验,并且上升为系统理论,从而丰富和发展应急管理学科理论,同时,应急管理作为近年来国内外管理领域普遍关注的一项新事业,面临的问题有很多,需要开展的探索性工作也不少。为此,需要善于总结应急管理的成功经验,固化应急管理工作的实践成果,并用以指导实践,为预防和应对类似突发事件提供有益借鉴。

第二,要深入学习。在善后处理过程中,特别是灾后的恢复重建阶段,要避免有令不行、有禁不止、顶风违纪现象,需要深入学习,学习党和政府的有关文件精神,以求统一思想,统一认识,确保各项灾后重建工作措施的落实和有序开展。通过学习突发事件应对过程中涌现出的先进事迹和典型人物,以先进人物为榜样,弘扬先进人物精神,不断开拓进取,扎实开展善后处理工作。

6.3.4 心理干预

突发事件的发生,特别是重大突发事件的发生,除了给事发所在地的居民带来身体上的危害以外,还会对其精神造成带来不同程度的刺激和影响,很多人会惊魂未定、惊慌失措、心烦意乱、精神混乱,从而产生不同程度的心理危机。以地震灾害为例,"5·12"汶川特大地震的爆发,不仅造成了惨重的人员伤亡和财产损失,而且给灾区人民带来严重的精神冲击和心理创伤。李文峰等人对亲历地

---

① 见温家宝《一个民族在灾难中失去的必将在进步中获得补偿》,http://news.sina.com.cn/c/2003-06-18/0451229900s.shtml(检索日期2006年11月18日)。

② 见托马斯·库恩所著《科学革命的结构》,金吾伦译,北京大学出版社2003年出版,第70-71页。

震的 220 例住院及门诊患者进行了问卷调查和访谈,调查发现此 220 例患者均存在轻重程度不等的创伤后应激障碍和适应障碍,表现为反复重现创伤体验、不可抑制地回想受创伤的经历、反复出现创伤性内容的噩梦、错觉、幻觉或幻想形式的创伤性事件重演的内心体验、难于入睡或易惊醒,注意力集中困难,遇到与创伤事件有些相似的场合(如余震)时,产生明显的生理效应,如心跳加快、出汗及面色苍白等;适应障碍主要表现为情绪障碍。抑郁心境主要表现为情绪不高,对日常生活丧失兴趣,自责,有无望及无助感,可伴睡眠障碍、食欲减退及体重减轻。焦虑主要表现为紧张不安、担心、害怕及敏感。有的患者则表现为抑郁和焦虑的混合状态。[①]

危机管理专家罗伯特·希斯指出:“每个人都会在一定程度上遭受危机的压力,并面临着各种不确定性而身心不安。人们在遭遇危机、进退无门、命在旦夕之时,心理上都可能受到影响,这意味着他们对自己以及周围世界的信念、看法会受到极大震撼,甚至因此而改变。由于信息的迷失,危机会对心理感觉和大脑处理这些刺激及与之相关的思考能力造成猛烈的冲击,人们的思想会麻木,甚至自我封闭。在极端状况下,处于这种状态的人可能会休克,表现为精神恍惚,甚至是身体行动僵化。”

有研究指出,处于危机状态的当事人容易出现焦虑、忧郁、恐慌、无助等消极情绪,这些负性情绪的持续存在容易进一步引发各种行为问题和心理障碍。如果危机发生后不能得到适当的干预,约有 12% 的当事人会出现自杀行为。[②]

可见,突发事件的善后处理,还需要高度重视心理干预问题的研究,需要对受灾群众采取宣传疏导和心理危机干预措施,通过建立健全心理干预机制,采取多种切实有效的干预手段,给予受灾公民心灵关怀与帮助,帮助其摆脱阴影,消除危机状态。

心理干预是对有心理危机的人所采取的一种帮助活动,其目的是通过各种方式来抚慰心灵创伤,帮助有心理危机的人消除危机状态,恢复心理平衡和健康。心理干预工作的开展,不仅是医护人员的事情,而且需要社会各方面力量的广泛参与,需要采取个体心理干预与团体心理干预相结合、自我心理干预与他人心理干预相结合、专业心理干预和非专业心理干预相结合等多种方式。

---

① 见李文峰《四川地震灾后心理干预的有效性研究》,《包头医学院学报》2009 年第 3 期,第 28 页。
② 见崔书涛所著《危机干预与自杀预防》,人民卫生出版社 1997 年出版,第 102 页。

7 政府应急管理保障机制

加强政府应急管理保障机制建设,提高综合应急保障能力,是有效应对突发事件的根本保证。政府应急管理保障不仅是资源或资金上的保障,而且应该根据政府应急管理的需要,构建起一套包括应急预案、应急法律、应急资金、应急物资、应急技术等多种保障措施在内的、全方位的保障体系。

7.1 应急预案保障

"一案三制"是我国应急管理体系建设的核心内容。其中,应急预案是突发事件应急管理工作的重要基础,也是我国应急管理体系建设的首要工作,在其内容中就规定了应急保障的各项具体措施。但在这里,笔者准备把应急预案建设放在保障机制里面谈,因为从宏观上看,应急预案也是保障应急管理工作有计划、有步骤进行的一项极其重要的基础性工作,需要平时做好,战时启动。

7.1.1 应急预案的功能

应急预案的使用最早体现在军事上。在我国春秋末期,著名军事家孙武在《孙子兵法》中就强调了谋略和计划对决定战争胜负的重要作用。他提出,道、天、地、将、法是战略谋略和计划的重要组成部分,"凡此五者,将莫不闻,知之者胜,不知之者不胜"。"夫未战而庙算胜者,得算多也;未战而庙算不胜者,得算少也。多算胜,少算不胜,而况于无算乎! 吾以此观之,胜负见矣。"由此可见,事先制订周密详细的计划和方案是多么的重要。①

凡事预则立,不预则废。应急预案是应对突发事件的行动纲领,是成功处置各类突发事件的前提和基础。一套严密、有效的应急预案对处置突发事件起着

---

① 见郭化若所著《今译新编孙子兵法》,中华书局出版 1962 年出版,第 41 - 42 页。

决定性的作用。其主要表现在：一是有利于掌握应急行动的主动权。二是有利于促进对可能发生的突发事件进行掌握和熟悉。三是有利于增强训练的针对性。四是有利于对突发事件规律和处置对策进行研究。史蒂文·芬克(Steven Fink)指出，每一个当权的人"都应当像认识到死亡和纳税是不可避免的并必须为之做计划一样，认识到危机也是不可避免的，也必须为之做准备"①。

7.1.2　应急预案的编制

一般来说，一个完整的突发事件应急预案体系通常包括以下几个部分：

一是总体应急预案。总体应急预案是各级人民政府突发事件应急预案体系的总纲，明确各类突发事件分级分类和应急预案框架体系，规定各级政府应对特别重大突发事件的组织指挥体系、工作机制等内容，是指导预防和处置各类突发事件的总体规范性文件。如国务院于 2006 年 1 月 8 日发布的《国家突发公共事件总体应急预案》，是全国应急预案的总纲，明确了各类突发公共事件分级分类和预案框架体系。

二是专项应急预案。专项应急预案主要是各级人民政府及其相关部门为应对某一类型或某几种类型突发事件而制订的涉及数个政府部门职责的应急预案。至今为止，国家有关部门已经先后制订出几十种专项应急预案。如《国家突发公共卫生事件应急预案》、《国家自然灾害救助应急预案》、《国家食品安全应急预案》等等。

三是部门应急预案。部门应急预案是各级人民政府有关部门根据总体应急预案、专项应急预案和自身职责，为应对某一类或几种类型突发事件而制订的设计单个政府部门职责的应急预案。如铁道部制订的《铁路防洪应急预案》、《铁路破坏性地震应急预案》、《铁路地质灾害应急预案》等。

四是地方应急预案。地方应急预案是下级人民政府根据上级人民政府的总体应急预案、专项应急预案而制订的相应应急预案。地方应急预案具体包括：省级人民政府的突发事件总体应急预案、专项应急预案和部门应急预案；各地州市、县市区人民政府及其基层政权组织的突发事件应急预案。如《北京市突发公共事件总体应急预案》、《湖南省人民政府突发公共事件总体应急预案》等。

五是企事业单位应急预案。企事业单位应急预案是各单位应对突发事件的操作指南。企事业单位的应急预案依照有关法律、法规，参照政府应急预案，结

---

① 见诺曼·R·奥古斯丁所著《危机管理》，北京新华信商业风险管理有限责任公司译、校，中国人民大学出版社 2001 年出版，第 13 页。

合各自特点和实际情况制订。

六是重大活动应急预案。为了保证大规模的集会、庆典、会展和文化体育等重大活动的顺利进行以及人员生命财产安全,主办单位应按照"谁主办、谁负责"的原则,根据有关法律、法规和政府相关应急预案,结合自身实际制订起有关应急预案。2012 年 6 月 16 日 18 时 37 分,神舟九号飞船发射成功,开创了中国航天史上崭新一页。为了保障发射成功,发射场系统为神舟九号发射任务制订了107 份详尽的应急预案。为了保证天宫一号与神舟九号载人交会对接成功,所制订的应急预案达 270 种。为了保证神舟九号顺利返回地球,着陆场系统为之制订了 33 项应急预案。笔者从广西壮族自治区疾病预防控制中心了解到,为迎接2004 年 11 月 3~6 日在南宁市举办的首届中国—东盟博览会,广西壮族自治区卫生部门为做好博览会期间传染病疫情、食物中毒等突发公共卫生事件的防控工作,保障参加博览会中外嘉宾、工作人员的身体健康,特制订了中国—东盟博览会疾病预防控制总体方案,在总体方案的指导下,分别制订了传染病预防与控制方案及实施方案和实施办法等共 22 个。笔者从北京市公安局交通管理局石景山交通支队了解到,为确保中非论坛①期间地区安全,石景山交通支队结合本区道路交通情况制订了应急预案,召开全区各街道、系统交通安全主管领导会和全体干警动员大会,对峰会期间全区交通安全工作进行动员部署。

我国政府应急预案建设工作起步于 2003 年,当年 11 月,国务院办公厅成立应急预案工作小组,2004 年 1 月,国务院召开了国务院各部门、各单位制订和完善突发事件应急预案工作会议。从 2004 年起,国务院把制订完善突发事件应急预案、建立健全突发事件应急机制、提高处置突发事件的能力,作为政府工作的重要任务,组织各部门和地方政府制订突发事件应急预案,并着手应急体制、机制和法制建设工作。2005 年,国务院先后发布了《总体预案》和 25 个专项预案,有关部门发布了 80 个部门应急预案,各省级地方政府的总体应急预案编制和发布工作也基本完成,全国应急预案框架体系初步建立,形成了"一案三制"为核心的应急机制。②

尽管我国的应急预案体系建设取得了显著成绩,但预案体系建设工作的任务仍然十分艰巨。"横向到边、纵向到底"③的应急预案体系尚未形成。重点企事业单位、街道(乡镇)、社区(村)的应急预案编制工作刚刚启动。就应急预案的内容来说,不少应急预案只是对突发事件的应对进行了一些粗线条的描绘,内容不够详细,缺乏可操作性;并且对应急预案演练缺乏统一规划、指导、监督和评估机制等等。因此,需要大力加强应急预案体系的建设,健全与完善各种突发事件的应急预案,增强应急预案的科学性、全面性和可操作性。以环境突发事件应急预案为例。据悉,截至 2006 年 11 月,全国共报告突发性环境事件 36 起,其中特大事件 3 起,重大事件 10 起,而全国只有 14 个省建立有应对环境突发事件的应急预案。[①] 为此,应该在《总体预案》的整体框架下,进一步加强专项应急预案、部门应急预案、企事业单位应急预案、基层单位应急预案和重大活动应急预案的编制工作,指导专业部门、社区、企业和学校等制订和完善相关应急预案,在编制预案时,需要考虑以下几个方面的基本要求:

一是系统性。各级政府要抓紧总体应急预案及其有关配套的应急保障行动方案的制订修订工作,加快制订修订一批专项应急预案,进一步做好部门应急预案、重点企事业单位应急预案制订、修订工作的督促检查,各市、县(市)政府要积极推动和帮助乡镇政府及其城乡社区等基层组织做好重点领域应急预案制订修订工作,努力增强预案体系的系统性,做到纵向到底、横向到边、相互衔接。

二是科学性。应急预案的编制需要借鉴国内外的成功做法,掌握和遵循各类突发事件发生、发展的规律,对可能发生的各种情况提出相应的应对处置安排,制订具有较强针对性和预见性的应急预案,努力提高应急预案的科学性。

三是可操作性。国际灾难恢复协会董事会主席兼首席执行官 John 认为,必须制订翔实的灾难恢复预案,要越详细越好,而且要对预案进行反复的测试,并模拟灾难发生时可能出现的种种情况。[②]

在制订应急预案时,必须要保证其具有可操作性。应急预案是为了付诸实践后达到预期目的或效果,任何一个不可操作或操作性不强的预案,是没有应用价值的,对事件的处理没有指导意义,只能是浪费大量的人力、物力和财力。

闪淳昌指出,编制应急预案必须与实践相结合,与国情相结合;必须做好应急资源的普查和整合;必须对全国应急管理的领导机构、办事机构、地方机构、专家组逐一明确;必须对应急运行机制,包括信息报告、应急管理工作流程等规范化、制度化;必须不断从各地各部门培训演练和实践中,以至国外的重大案例(比

① 《建立及时的信息报告机制》,http://gzdaily.dayoo.com/gb/content/2005-12/02/content_2323781.htm(检索日期 2006 年 9 月 27 日)。

② 见《应急预案越详细越好——访国际灾难恢复协会董事会主席兼首席执行官 John》,《中国计算机用户》2006 年第 29 期,第 32 页。

如抗击台风、印度洋海啸等)中吸取有益经验和做法,以完善应急预案,深化应急管理规律性的认识。[①] 可见,所编制的应急预案应符合应急管理工作的实际,具有实际使用价值,能在应对突发事件过程中起到切实有效的作用。

7.1.3 应急预案的演练

应急预案的演练对于应急管理来说是非常重要的,对于人的心理影响是非常大的,当突发事件发生时,受过演练的人们不会感到过于震惊,不会没有一点心理准备,会凭着已接受到的演练和教育,有意识地对其作出反应,开展自救和救助他人。

因此,应急预案编制好后,就要加强平时的应急演练,应急预案制订部门(单位)根据各自特点,定期组织开展应急演练,编制应急演练操作指南,提出应急演练频次、组织策划、现场控制、演练效果评价等方面的总体要求,指导开展应急演练工作,检验应急预案的可行性与实用性。在演练过程中,参与者一定要非常严肃认真地对待,通过应急预案的演练,不断提高各级领导干部、管理人员、应急救援人员的指挥水平和专业技能。同时还可以发现问题,以便及时修订,使预案更趋完善,以求当突发事件发生时,能有效应对。2006 年以来,中国人民银行相继对已经制订的《支付清算系统危机处置预案》、《发行库、发行基金调运和供应危机处置预案》、《货币金银管理信息系统应急预案》和《人民币银行结算账户管理系统应急预案》开展了应急演练,检验了应急预案的实用性和可操作性。[②] 银监会也制订了较完备的金融应急预案演练计划,通过以点带面,层层推进的方式,分步推进应急预案演练工作,金融应急管理能力得到显著提高。[③]

7.1.4 应急预案的修订

计划应当是相当灵活的,能顺应人们认识而适当的调整,这些调整由于环境的压力或其他某种原因而成为必要。[④] 在美国和欧洲,每隔一段时间,由政府部门组织关于公共安全和公共政策的总结会议,专门讨论各类危机事件(包括自然灾害)涉及的社会公共安全的相关问题,修订法律法规,检查总统令执行情况,对

---

① 见闪淳昌《利在当代 功在千秋——国家突发公共事件应急预案体系建设回顾》,《中国应急管理》2007 年第 1 期,第 22 页。

② 《积极开展应急演练》,http：//www. gov. cn/ztzl/content_355038. htm(检索日期 2006 年 9 月 27 日)。

③ 同上。

④ 见 H·法约尔所著《工业管理与一般管理》,周安华译,中国社会科学出版社 1982 年出版,第 48 页。

社会因受到地震、传染病、战争、恐怖、生物侵害等作出的应急预案进行研讨。①

灵活性与准确性是行动计划的基本特征之一。因此,对于应急预案来说,其建设不是一劳永逸的,所制订的预案也不是一成不变的,应急预案制订出来后,既需要定期进行应急演练,也需要定期进行修订,以增强应急预案的针对性、操作性和实用性。我国各级政府印发的"突发公共事件应急预案管理暂行办法"规定,应急预案原则上每年至少要组织一次应急演练,应急预案每 3 年要修订 1 次。应急预案制订部门(单位)按照要求定期或适时修订应急预案,必须从本地实际出发,注意总结和汲取处置突发事件的经验教训,针对实际情况的变化和预案中存在的问题,及时修订和完善预案,切实增强应急预案的可操作性、实用性。

在应急预案建设过程中,各级政府应急管理办事机构应当加强对应急预案的指导、检查和监督,对应急预案修订情况进行监督检查,对未按要求修订的应当及时提出纠正建议,定期对各类应急预案的可行性进行评估,进一步明确应急预案责任主体职责,理顺应急预案之间的关系,并加强衔接。

7.2 应急法制保障

依法管理一切社会事务是法治社会的基本特征。德鲁克(P. F. Drucker)指出:"权力必须具有合法性,否则,它就只有力量而无威信,只有强权而无正义。"②我国非典防治工作初期阶段公共应急法制保障不力的种种情况表明:没有完善的公共应急法制就没有高效的突发事件政府应急管理,完善的公共应急法制是国家公共应急系统中最重要的非技术支撑体系之一,是有效化解公共危机的一个重要保障机制。③ 为了使政府应急管理走向规范化、法制化轨道,必须加强应急法制建设,为政府应急管理提供一个良好的法制环境,使政府应急管理在法制化轨道上健康有序地进行。所谓应急法制,即应对各种突发事件的法律保障体系。应急法制是政府应急管理合法运行的有力保障,也是政府应急管理的基本依据。突发事件的成功应对,需要构建起一套有效的政府应急管理机制,而政府应急管理机制的构建与健康运行,必须有应急法制作支撑。在政府应急管理过程中,政府应急管理的依法进行,社会公共利益和公民合法权益的维护,突发事件或紧急情况的控制和消除,紧急情况下各种社会关系的协调,正常社会秩序的恢复,均离不开应急法制的保障。

---

① 见王茂清所著《政府危机管理》,合肥工业大学出版社 2005 年出版,第 13 页。
② 见德鲁克所著《管理前沿》,闫佳译,机械工业出版社 2006 年出版,第 132 页。
③ 见莫于川《建议在我国行政程序法典中设立紧急程序条款》,《政治与法律》2003 年第 6 期,第 8 页。

7.2.1　我国应急法制建设的概况

党和国家历来高度重视应对突发事件的应急法制建设,不断建立健全应急法制保障体系,特别是改革开放 30 多年以来,我国的应急法制建设取得了显著成绩。据统计,目前我国已经出台涉及突发事件的应急法律 35 件、行政法规 36件、部门规章 55 件,党中央、国务院及部门文件 113 件。[①] 这些法律、行政法规、规章和文件,均不同程度地对突发事件的应对作出了规定。概括起来,主要表现在以下几个方面:

一是以宪法为龙头的一些基本法中部分条文涉及政府应急管理有关内容。现行宪法对战争、动乱、暴乱或者严重骚乱引起的紧急状态作了原则规定。香港特别行政区基本法、澳门特别行政区基本法也有相应规定。戒严法根据宪法的有关规定,对实施戒严的具体问题作了明确规定。譬如《中华人民共和国香港特别行政区基本法》第十八条规定:"全国人民代表大会常务委员会决定宣布战争状态或因香港特别行政区内发生香港特别行政区政府不能控制的危及国家统一或安全的动乱而决定香港特别行政区进入紧急状态,中央人民政府可发布命令将有关全国性法律在香港特别行政区实施。"《中华人民共和国澳门特别行政区基本法》第十八条规定:"在全国人民代表大会常务委员会决定宣布战争状态或因澳门内发生澳门政府不能控制的危及国家统一或安全的动乱而决定澳门进入紧急状态时,中央人民政府可发布命令将有关全国性法律在澳门实施。"

二是防震减灾法、防洪法、消防法、安全生产法、传染病防治法、突发公共卫生事件应急条例等有关法律、行政法规对某些突发事件的应急制度作了规定。

三是有关部门规章和文件建立了反恐怖、群体性治安事件、民族或者宗教因素引发事件、劫机等人为事件方面的应急制度;城市供水、城市燃气、水库大坝安全、铁路运输安全等技术事故方面的应急制度;外汇电子数据备份与电子系统故障等方面的应急制度。

2007 年 11 月 1 日正式施行的《突发事件应对法》对突发事件的预防与应急准备、监测与预警、应急处置与救援、事后恢复与重建等应对活动进行了系统的规定与规范。《突发事件应对法》的出台,标志着我国应急法制建设进入一个新的里程碑,在我国应急法律体系中起着主导作用,对于规范政府应急管理行为,确保政府应急管理的正当性、合法性与合理性具有重要的现实意义。

---

① 见顾林生、刘静坤《论紧急状态法的定位及性质》,《福建公安高等专科学校学报》2005 年第 1 期,第 5-10 页。

7.2.2 应急法制建设存在的问题

从国外应急法制建设的实践来看，一个最突出的特征就是：大多数国家都有一部专门应对突发事件或紧急状态的法律，已经建立起一套比较完善的应急法律保障体系。以美国为例，1976 年美国国会通过了《国家紧急状态法》，这是美国影响最大的应对突发事件的法律，该法对紧急状态的宣布程序、实施过程、终止方式、紧急状态期限以及权力都作了详细规定。除《全国紧急状态法》总体法案外，还有地震、洪灾、建筑物安全等相关问题的专项法案。"9·11"之后，又陆续颁布了《使用军事力量授权法》、《航空运输安全法》、《国土安全法》等相关法律，形成了一个比较完善的应急法律保障体系。而从我国应急法制建设的现状来看，以《突发事件应对法》为核心的应急法律保障体系已经初步建立，但政府应急管理法律保障体系建设依然任重道远，有些法律虽已出台，但针对性、实用性不强，缺少保证监督机制，执行不力；有些法律法规则需要进一步完善。概括起来说，目前我国应急法制建设存在的问题主要体现在两个方面：一是应急管理的法制尚不健全；二是现行应急管理的法制执行不到位。

我国政府应急法制的不健全，主要体现为某些领域的应急管理法制仍不完善，甚至存在空白。以公共卫生紧急法制建设为例，我国《传染病防治法》第 3 条规定，国务院和国务院卫生行政部门可以根据情况增加传染病病种并予公布。但是，哪些情况下必须或可以增加，通过何种程序（例如应否经过公开听证）来增加，如果必须增加而有关部门不作为或拖延作为时应承担何种责任等等，有关法律却未作出明确规定，给重大突发事件的政府应急管理实践和责任的追究造成困难。①

现行应急管理法制执行不到位的主要表现为有法不依、执法不严、行政不作为、难获救济等方面。以公共卫生应急法律规范实施情况为例，《传染病防治法》第 22 条、第 23 条规定，"不得隐瞒、谎报或者授意他人隐瞒、谎报疫情"，但 2003 年 SARS 危机期间，正式公布的北京地区 SARS 病人和疑似病人的数量在 2003 年 4 月 20 日于北京召开 SARS 新闻发布会前后差别极为悬殊，已在一定程度上影响到人民群众对于政府的信任。有关方面对此做出的解释是北京地区众多医院分属北京市、卫生部等部委和部队这样三个条块，各自收治和留置观察的病人难以准确统计并及时公布出来。但实际上十多年前出台的我国《传染病防治法实施办法》第 34 条至第 39 条已规定，军队的医疗保健和卫生防疫机构发现地方

---

① 见陈煜儒《政府法治新课题：大力加强公共应急法制建设——访中国人民大学法学院教授莫于川》，http://www.legaldaily.com.cn/bm/content/2003-05/07/content_26492.htm（检索日期 2006 年 9 月 12 日）。

就诊的传染病病人、病原携带者、疑似传染病病人时,应以法定通讯方式和在法定时限内向发病地的卫生防疫机构报告疫情并接受当地卫生防疫机构的业务指导。可见,实际上当时已有相关法律规范和法定制度,统一地进行数据统计本不成问题,主要问题还是出在有的地方、部门及公务人员有法不依、执法不严、各行其是。①

与日常管理不同,政府应急管理面临的是各种突发事件,所处的环境是一种特殊状态,在这种状态下,政府需要采取一些特殊的措施,但特殊措施的实施也不能与法律相违背,应急权力的行使也需要依法进行。依法行使应急管理权是现代民主宪政原则的基本要求。突发事件属于非常规状态决策和非程序性问题,因此,在应急管理过程中,政府应急管理权力行使的合法性特别重要。紧急状态下,政府虽然拥有了许多特殊权力,但不能误用、滥用应急管理权,必须坚持依法应急的原则。

7.2.3　应急法制建设的基本思路

突发事件的发生,势必对现有的法律秩序和社会秩序造成冲击。为了尽快控制和消除事件的影响,政府有关部门需要立即采取非常规措施。而这种非常规措施有可能与现行法律条款发生冲突,为了对政府应急管理行为进行法律保护和法律授权,国家需要加强应急立法工作,通过建立健全应急法律保障体系,为政府应急管理"保驾护航"。

应急法制的建立与健全,要坚持以《突发事件应对法》为龙头,根据《突发事件应对法》及其《实施办法》等法律法规,结合实际情况,推进预防与应急准备、预警与应急响应、处置与应急救援、评估与恢复重建及应急保障等相关环节的性法规、规章的制定工作,逐步完善各层次、各领域的应急法律规范。当前,《突发事件应对法》已经出台,但如果与之相配套的法律法规没有制定出来的话,没有不同层次、不同领域的具体的应急法律规范,则不能构成一个完整的应急法律保障体系,就会形成应急管理的法律漏洞、空白。目前需要加快制定的一些具体的应急法律包括《恐怖事件应急法》、《灾害救助法》、《行政补偿法》、《社会公共安全法》等。

7.3　应急物资保障

应急管理是一个复杂的多目标优化问题,在应急管理资源有限的情况下,必

---

① 见莫于川《公共危机与应急法制建设》,《临沂师范学院学报》2005 年第 1 期,第 121 页。

须解决资源的整合利用问题。通过整合现有突发事件应急处置资源,建立分工明确、责任到人、优势互补、常备不懈的突发事件处置保障体系。所谓整合,是指从整体的角度,依据一定的目的需要、理论设计,把不同实践要素按照合理的活动程序、配置比例,将各种片断或分散的对象元素或单元再建构,使之具有可以发挥功能的总体性能。[①]

　　笔者认为,政府应急管理是一项系统工程,需要大量的物质资源作支撑。在资源有限的状况下,如何立足于现有资源,加强分布于各级各部门的应急物资的整合,建立健全应急物资保障体系,实现各类应急物资综合动态管理和资源共享,以最少的成本投入,发挥最大的管理效能,这是政府应急管理物质资源保障理应追求的目标。

7.3.1　成立应急物资保障工作机构

　　成立专门的应急物资保障工作机构,这是突发事件应急物资保障工作开展的组织保证,也是切实提高应急物资保障能力的基本前提。工作机构一般可分为两大基本类型:一是领导机构。主要由政府领导和主要政府职能部门所构成。其职责主要是:负责审核应急物资储备规划及方案,确定应急物资总量及应急物资储备的品种、数量、金额,并监督检查落实情况。统筹应急物资的使用调配,统筹规划应急物资仓储场地布局,及时向上级应急物资储备工作领导小组报告事态变化情况,请求支援。二是专门的管理机构。其职责为:及时收集、初审各成员单位应急物资储备的品种、数量、金额,协同有关部门核定实施应急物资储备各项费用开支,检查各部门应急物资储备情况,管理应急物资储备信息,掌握应急物资生产状况,及时、准确为领导机构提供应急物资储备动态,提出对实施应急储备工作单位和个人的奖惩意见。

7.3.2　应急物资保障机制

　　为了提高预防和处置突发事件的物资保障能力,建立健全突发事件应急物资保障体系,需要加强应急物资保障机制的建设。应急物资保障机制中,要明确规定应急物资保障工作的基本原则、组织机构、应急物资储备、调拨等管理方法。

　　在我国,为了确保应急措施及时、有力,按照国务院的要求和部署,有关部门积极建立应急物资保障机制,应急物资保障工作取得明显进展。有关部门组织

---

① 见任皓、邓三鸿《知识管理的重要步骤——知识整合》,《情报科学》2002 年第 6 期,第 35 页。

编制了《国家粮食应急预案》、《国家医药储备应急预案》、《国家物资储备应急预案》、《煤电油运综合协调应急预案》，建立了物资保障的基本应急管理制度和运行机制。①

为了进一步增强应急物资保障能力，实现应急物资的有效整合与充分共享，电子政务环境下的应急物资保障工作，还需要建立健全以下工作机制：建立健全应急物资生产、储备、征用及紧急配送机制；建立健全应急物资储备补充、更新、轮换、调运等管理制度，完善应急物资紧急生产、政府采购、征收征用、余缺调剂与调运机制；整合应急实物储备资源，充分利用各级政府、部门和企业物资储备资源，建立区域间、部门间应急物资余缺调剂和联动工作机制。

7.3.3 应急物资的储备与调配

在我国，《突发事件应对法》中明确规定国家建立健全应急物资储备保障制度，完善重要应急物资的监管、生产、储备、调拨、紧急配送体系。在这里，笔者重点对应急物资的储备与调配工作进行研究。

首先，要做好应急物资的储备工作。应急物资的储备是提供应急物资保障的前提和基础。没有应急物资的储备，应急物资保障就成了无源之水。因此，需要根据工作方案的要求做好应急物资的储备工作。

一般来说，应急储备物资包括应急期间需要的处置突发事件的专业应急物资、在突发事件发生后用于救济的基本生活物资及与人民生产生活息息相关的重要物资三大类。各级政府职能部门要适时新建综合应急物资储备库，调整或增加专业应急物资储备品种和数量，做好应急物资储备工作，形成布局合理、种类齐全的专业应急物资储备体系。

为满足处置突发事件在第一时间对物资和医药用品的需要，美国建立了应急物资和医药用品储备。美国太平洋地区应急管理办公室分别在瓦湖岛和关岛建有应急物资储备仓库，主要储备发电机、防水油布、帐篷、瓶装水、床等物资，以应对突发事件发生时的第一需要。发生灾害时，办公室迅速对灾害情况及物资需求做出评估，及时提供物资救助。其中，医药储备主要是应对可能发生危及公众安全或健康的突发事件，如传染病、生物或化学恐怖袭击。一般是由地方政府向州政府报告，州评估后即刻向国土安全部或国家疾病预防控制中心提出动用储备的要求，国土安全部、卫生部等部门评估后迅速确定一个行动方案。决定动

---

① 《保障应急物资充足供应》，http：//www.gov.cn/ztzl/content_355057.htm（检索日期 2006 年 9 月 27 日）。

用储备后,由国家疾病预防控制中心具体组织配送国家医药储备。无论何时何地发生的突发事件,都能为州和地方公共卫生机构供给和再供给医药用品。①

其次,要做好应急物资的调配工作。突发事件的爆发具有不确定性,爆发后又会造成应急资源严重缺乏,为了解决资源不足问题,需要加强应急物资的调配工作,建立互相协调、互相联系、反应灵敏的物资调配网络。管理者有权处理的资源和投入都相当有限,管理者的职能并不是建立空想的完美计划,而是通过有效地利用可用的有限资源,力争最大限度地实现政府目标(假定已经就这些目标达成了一致)。② 2005 年 11 月 26 日,九江发生 5.7 级地震,国家物资储备局迅速行动,快速调运有关应急物资,26 日至 30 日先后调运单帐篷 3 000 套、棉帐篷 8 500套,占全国调运九江灾区帐篷的 55.6%,在灾区抗震救灾中发挥了重要作用。此次应急物资发运速度之快、数量之大,在我国救灾史上尚属首次。③

以美国为例,美国医药储备的调用有两种方式,一种是由专人负责,储存在固定地点的医药用品。它把医药用品、解毒剂和医疗器械等组装成重达 50 吨的救援包,其中包含有 130 个储备容器,随时准备在接到指令后的 12 小时内分发到指定地点,国家医药储备物资抵达指定的接收和存储地点后,国土安全部将其移交给州或地方当局,由州和地方当局再进行分发;另一种就是利用商业运作模式,由生产或经营厂家管理和维持,需要时以电子订单通知固定或不固定厂家,一般要求厂家在 24 小时或 36 小时送达指定地点。④

总的来说,各级政府和有关部门要建立应急保障所需的应急资源生产能力和储备等动态数据库,建立健全紧急状态下的资源征集、调用工作机制,做好应急处置所必需的重要物资等资源的合理储备工作,建立健全国家重要应急物资监测网络、预警体系和应急物资生产、储备、调拨及紧急配送体系,确保应急所需物资和生活用品的及时供应。

7.4　应急资金保障

政府是突发事件应急管理的主导力量,为了保证应急管理的有效开展,需要充足的财政投入作支撑。国务院研究室主任魏礼群指出:"要建立健全国家、地

---

① 《美国政府应急管理机制考察报告(摘要)》,http://yxj.ndrc.gov.cn/yjxt/t20050715_36898.htm(检索日期 2006 年 9 月 28 日)。
② 见西蒙所著《管理行为》,詹正茂译,机械工业出版社 2004 年出版,第 242-243 页。
③ 《保障应急物资充足供应》,http://www.gov.cn/ztzl/content_355057.htm(检索日期 2006 年 9 月 27 日)。
④ 《美国政府应急管理机制考察报告(摘要)》,http://yxj.ndrc.gov.cn/yjxt/t20050715_36898.htm(检索日期 2006 年 9 月 28 日)。

方、企业、社会相结合的风险防范和应急保障资金投入机制。各级政府要按照事权、财权划分原则,分级负责应急管理工作中应由政府负担的资金投入,并纳入本级财政预算。要健全应急管理资金拨付制度,支持财政困难地区提高应急管理能力。"①笔者认为,做好应急资金的保障工作,需要做好以下几个方面的工作。

7.4.1 应急资金保障预案

为了有效预防和处置突发事件,保证为突发事件发生后及时提供财政政策和资金支持,保障应急管理工作顺利开展,保护公民生命财产安全,维护经济社会稳定,各级政府财政部门需要编制应急资金保障预案。其内容应该包括:应急资金保障的工作原则、组织机构、应急资金的准备、拨付、监管等方面的内容。应急资金保障预案的制订为突发事件应急管理提供了坚实的财政政策和资金支持。"5·12"汶川特大地震波及自贡市,造成部分房屋倒塌、人员伤亡,造成一定的经济损失。灾情发生后,自贡市立即启动了财政应急保障预案,成立突发公共事件财政保障协调小组,做好抗震救灾资金的应急保障工作。截至 2008 年 5 月 13 日上午 10 时 30 分,市、县(区)两级已拨付救灾资金 1 700 万元,其中市本级 1 324万元,县(区)376 万元。②

7.4.2 应急资金的预算

在每年制订财政预算时,需要规定处理突发事件的经费预算,明确应急资金的储备与支出等问题。在我国,1995 年 1 月 1 日起施行的《中华人民共和国预算法》第 32 条明确规定:"各级政府预算应当按照本级政府预算支出额的百分之一至百分之三设置预备费,用于当年预算执行中的自然灾害救灾开支及其他难以预见的特殊开支。"③根据应急资金保障预案的规定,应急资金预算基本上包括三个方面:即应急基本支出预算、应急项目支出预算、应急救助基金预算。其中,应急基本支出预算包括应急管理部门的人员经费、公用经费等;应急项目支出预算主要包括用于突发事件的预案维护、演习、物资准备、相关科研及成果转化等专项资金的预算;应急救助基金预算主要是指对那些从多渠道筹措的突发事件救助基金的预算,对于多渠道筹措的突发事件救助基金,要实行专户管理,封闭运

---

① 见魏礼群《全面履行政府职能 提高应急管理能力》,《中国应急管理》2007 年第 1 期,第 16 页。
② 自贡市启动财政应急保障预案确保抗震救灾资金. http://www.sc.gov.cn/zwgk/zwdt/szdt/200805/t20080515_278703.shtml(检索日期 2008 年 9 月 10 日)。
③ 《中华人民共和国预算法》,http://www.ccgp.gov.cn/xgfg/yusuan.htm(检索日期 2006 年 10 月 1 日)。

行,制订科学合理的资金使用计划。

7.4.3 应急资金的筹措

应急资金的投入,不能仅仅依靠政府财政的力量,而要充分发挥市场的作用,建立多元化的应急资金筹措方式,多渠道引入应急资金,以保证应急费用的足额、及时到位。在抗击"非典"、防治禽流感等重大突发事件的应急处理中,财政部门通过制定税收优惠、补贴等财税政策措施,减轻了重大突发事件的不良影响,促进了经济社会协调发展。在防控高致病性禽流感的过程中,中央财政设立20亿元禽流感防控基金,并实施了阶段性减免税政策,切实保障了高致病性禽流感防治工作的需要,促进家禽业恢复发展。[①]

在应急资金筹措方式上,还要按照现行事权、财权划分原则,分级负担处置突发事件所需财政负担的经费。同时本级财政部门也要积极向上级财政部门和对口主管部门提出申请,以获得更多的资金支持。除了财政部门的应急资金保障外,社会捐助资金、信贷资金和保险资金也是一些重要的应急资金来源。总之,要建立起结构合理、力量多元的应急资金支持体系,保障应急管理资金的有效供应。

7.4.4 应急资金的管理和监督

为了保证应急资金科学、合理使用,防止挪用、乱用、非法侵吞等现象发生,还需要建立健全应急资金管理使用监督制度和应急资金管理办法,规范应急资金的管理和监督。财政、监察、审计等部门应加强对应急资金的专项管理和监督,保证专款专用,提高资金使用效益。应急资金的管理、使用,要实行专人、专账管理,以保证资金的安全、有效,并且各应急资金使用单位要定期向财政部门报告有关应急资金的使用情况,财政部门、审计部门要及时对应急资金的使用情况进行检查、清算、审核,对资金使用情况进行绩效评估,对应急资金管理、使用过程中的违法、违纪行为,要按照国家有关规定进行严肃处理。

7.5 应急技术保障

随着社会信息化步伐加快,信息技术在教育、医疗卫生、防疫监控、应急处置和救治、环境保护等领域得到了广泛应用。譬如,印度洋海啸灾难后,联合国联

---

① 《确保应急管理资金及时到位》,http://www.gov.cn/ztzl/content_355056.htm(检索日期2006年9月27日)。

合后勤中心为了协助在各人道主义参与者之间收集和交流资料,联合国启动了虚拟现场作业协调中心,这是一个能提供实时协调的网上资料交流的服务。另外,联合国还在印度尼西亚和斯里兰卡设立了人道主义信息中心,以协助信息的交流。在印度尼西亚建立了一个机构间紧急电信网络,为协调和业务管理提供了通信基础设施。①

在电子政务环境下,政府应急管理机制的技术保障,主要包括技术的研究及应用、应急管理信息系统开发、应急管理网络基础设施建设三个方面。

7.5.1　加强应急管理技术的研究及应用

应急管理的高效进行,离不开科技的支撑。Robert L. Popp 等人认为,在 21 世纪,信息技术和社会科学技术是应对各种恐怖活动的两个关键技术。②

范维澄指出:"以公共安全的国家需求为出发点和立足点,以我国重大突发事件的预防控制与应急为主线,针对公共安全领域的若干'瓶颈'技术和核心技术问题,紧密结合我国国情,坚持以需求为导向、以应用为核心,技术创新与产业化建设结合,加强公共安全关键高新技术的自主原始创新、集成创新和消化吸收再创新,发展突发事件的预防及风险治理、监测监控、预测预警、决策指挥、救援处置和恢复重建等关键环节的核心技术,包括:全方位无障碍检测探测与精确定位技术,多尺度动态预测、模拟仿真、综合评估与快速预警技术,智能决策、科学指挥和综合救援技术,突发事件应急相关的技术、装备、仪器和工具;发展以地理信息系统为载体,综合信息获取、数据库、预测预警和应急预案,智能生成决策方案的集成技术;研发集中体现应急技术原始创新和集成创新的国家应急平台体系关键技术和装备,形成应急平台设计制造的工程技术能力。进而以高技术的创新与突破支撑和引领安全产业发展,把我国逐步建设成为公共安全的技术及产业强国。"③

电子政务环境下的政府应急管理,一方面要加强应急管理技术的应用,充分应用先进科学技术,如卫星定位技术、地理空间信息技术等,提高应对突发事件的技术水平和能力;另一方面,要依托具有雄厚实力的科研院所、高等院校和检测检验机构,组建一批具备应急快速检测检验、科学实验和模拟仿真计算能力的

①　《印度洋海啸灾难后的工作报告:印度洋海啸灾难后加强紧急救援、恢复、重建、复原和预防工作》,http://un.cistc.gov.cn/embassymember/browse.asp?id=57690&site=5461&column=5464:3-4。
②　Robert L. Popp,John Yen,Emergent Information Technologies and Enabling Policies for Counter-Terrorism. Wiley-IEEE Press,2006,p.3.
③　见范维澄《公共安全科技与教育面临的机遇和挑战》,《中国应急管理》2007 年第 1 期,第 29 页。

应急技术支撑实验室,提高应急领域科技研发能力。在技术研发过程中,要对常见突发事件的监测、预警、预防、控制技术组织联合攻关,提高早期发现、防范和处置能力;重点开展地震、火灾、矿山事故、危险化学品泄漏、放射性物质泄漏、交通运输事故、特种设备事故、群体性中毒、重大疫病情、生物安全及社会安全等领域的重大应急装备和防护产品研发,完善应急科技成果转化机制,促进应急产业发展;建立城市防灾及应对社会安全事件的技术支撑体系,大力发展城市综合防灾与维稳保障新技术。

以公安部门为例,公安信息化显著提高了公安机关侦察破案打击犯罪的能力和水平。随着"金盾"工程建设的全面推进,2005年1月至12月,全国共抓获网上逃犯23 859人,公安机关每天平均抓获的网上逃犯超过了654人(比上年增加118名);铁路公安机关抓获各类逃犯19 721多人,各地旅店管理系统自动报警抓获跨省逃犯近8 000人。全国犯罪现场指纹实现了联网自动对比,2005年共对比中刑事案件约56 765起,侦破案件58 499起,其中涉及命案461起。依托全国侦破杀人案件信息系统,快速开展串并侦查,对疑难案件侦破发挥了重要作用。[①]

在应急管理技术的研究和应用过程中,要考虑两个方面的要求:一方面,要注意应急技术装备的实用性,要能被使用者熟练使用。V. Andersen等人认为,现代信息技术在应急管理中的应用,可以大大提高应急管理的效率和功能。但技术装备要想对应急管理发挥作用,对使用者来说,不仅是有效的,而且应该是简单的、易操作的。使用技术装备的技能应该要通过实际演练获得,因为对使用者来说最重要的是在事件发生前能熟练地使用它。[②]

另一方面,要加强应急管理技术的标准化建设。在技术研发过程中,为了保证技术的规范性与实用性,还需要加强应急管理技术规范和标准化体系建设,通过统一技术标准,以便于应急管理工作的协调与配合。联合国前秘书长安南在《印度洋海啸灾难后的工作报告:印度洋海啸灾难后加强紧急救援、恢复、重建、复原和预防工作》中指出,在印度洋海啸灾难后的救灾工作中,电信系统难以调动,数据收集、分析和传播因缺乏标准和体系而无法顺利进行。要克服这种困难,联合国必须认识到这种服务在危机最初阶段的战略价值,为尽早部署人道主义共同事务建立机制和标准。[③]

---

① 见国务院信息化工作办公室《中国信息化发展报告2006》,电子工业出版社2006年出版,第54页。

② V. Andersen, Information technology for emergency management　final report of the NKA project INF 600, Roskilde: Riso Library, 1990, p. iii.

③ 《印度洋海啸灾难后的工作报告:印度洋海啸灾难后加强紧急救援、恢复、重建、复原和预防工作》, http://un. cistc. gov. cn/embassymember/browse. asp?id=57690&site=5461&column=5464: 7。

7.5.2　积极开发应急管理信息系统

为深入贯彻落实《国务院关于实施国家突发事件总体应急预案的决定》和全国应急管理工作会议精神,第二届中国政府电子政务论坛于 2005 年 8 月 19 日至20 日在北京举行。该届论坛将主题定为"突发事件应急管理信息系统建设与应用",重点研讨当前我国突发事件应急管理信息系统的管理体制、资源整合、网络平台、平战结合、应用标准体系建设和功能评估等问题。论坛紧紧围绕主题,既介绍了正在制定的国家"十一五"规划和科技中长期规划中应急管理信息系统建设规划的总体框架构想,也介绍了国务院有关部门应急管理信息报送系统、预测预警系统、无线指挥系统和视频监视系统的建设情况,以及借助应急管理信息系统提高政府应对突发事件能力的有益做法;既从技术角度分析应急管理信息系统的应用标准和功能评估体系,也结合实际工作,探索应急管理信息系统建设资源整合的有效途径。①

政府应急管理的有效开展,离不开准确而及时的信息支撑。因此,应急管理信息系统的建设,其根本的目的就是要实现信息共享,为政府应急管理提供充足的信息保障。日本京都大学 Kameda 教授研究提出的 DRH(Disaster Reduction Hyperbase)计划,就是意识到发展灾害信息共享平台的重要作用,强调通过网络服务推动科学技术的应用和推广。②

《突发事件应对法》第三十七条明确规定:"国务院建立全国统一的突发事件信息系统。县级以上地方各级人民政府应当建立或者确定本地区统一的突发事件信息系统,汇集、储存、分析、传输有关突发事件的信息,并与上级人民政府及其有关部门、下级人民政府及其有关部门、专业机构和监测网点的突发事件信息系统实现互联互通,加强跨部门、跨地区的信息交流与情报合作。"可见,各级政府应在建设突发事件管理基本信息库的基础上构建各级国家突发事件信息系统,加强人防、卫生、公安、交通等相关职能部门的信息系统之间的整合,保证突发事件信息被全面、准确并及时地集中起来,确保突发事件信息传递畅通无阻,实现突发事件信息共享。③

在政府应急管理过程中,如果不能实现信息的充分共享,则会影响应急管理的实际效果。以"9·11"事件为例。美国"9·11"独立调查委员会指出,我们必

---

① 见《第二届中国政府电子政务论坛提出 加强政府应急管理信息系统建设 切实提高应对突发公共事件能力》,《人民日报》2005 年 8 月 22 日第 002 版。

② 见史培军《探索发展与减灾协调之路——当前国际减灾领域的研究进展与发展趋势》,《中国应急管理》2007 年第 1 期,第 33 页。

③ 见向立文《突发事件信息管理机制研究》,《图书情报工作》2009 年第 53 卷,第 7 期,第 56 页。

须权衡保密工作的利弊。现行的保密制度造成了过度保密和信息过度分拆的局面，各个机构也没有建立情报共享激励机制。信息共享可能面临多重风险（刑事诉讼、民事诉讼和内部行政处罚），却没有任何奖励。即便仅从经济方面而言，不考虑其他方面，情报过度保密的长期损失也十分巨大，但却没有人对此负责。拒绝分享情报不会受到处罚。各个机构奉行的都是"证明有共享情报的必要性"的情报保护理念，而不是"需要共享情报"的协作理念。[1]

7.5.3 夯实应急管理的网络基础设施

网络基础设施是政府应急管理有效开展的基石。通过加强网络基础设施建设，为政府应急管理提供一个高效的信息传输平台，从而保证应急信息的畅通。以工商部门为例，2006 年 10 月 17 日，全国首个"消费安全 315 预报台"在浙江省正式启动。通过该平台，全省各地消费者、食品经营主体、各类媒体、各级工商执法机关和各级政府实现了信息互通共享，消费安全信息就像天气预报一样，通过网络、电话、短信等形式直接发送给消费者、企业负责人、媒体记者和工商执法人员。这标志着工商部门产品质量监测预警、商品准入防范和消费安全监督监管三大机制实现了全新整合，是以食品安全为主的消费安全监管工作的一大创新举措，在全国工商系统首开先河。"浙江省消费安全 315 预报台"主要发挥三大功能：[2]

第一，全面信息采集功能。315 预报台有 41 000 余个数据采集点，覆盖了全省各市县工商局、589 个工商所、40 000 余个消费维权监督点（员），以及全省工商系统设置的 700 多个食品安全检测点、检测站、检测车，同时数据采集还涵盖了全省各地媒体，各地涉及食品安全的部门协调信息。

第二，自动统计分析功能。通过采取先进的信息技术手段，预报台能实现每天自动按照区域、商品类别、检测结果等指标对采集到的数据进行统计分析，形成统计报表，直观展现各种事件的发展态势，全省的食品安全情况一目了然。

第三，预警信息发布功能。根据全省监控数据和分析统计的结果，预报台可对事件发生的数量、区域、危急程度、影响程度、蔓延趋势进行警报设置，产生红、橙、蓝、绿四个等级的预警信息，并可按全省或 11 个市进行区域分层分级预警。同时根据设置，预警信息可以手机短消息、座机短信、电子邮件、互联网站发送至各有关预警对象。全省近 30 万户包括商场、超市、批发经营、餐饮、放心店等各

---

① 美国"9·11"独立调查委员会《"9·11"委员会报告》，史禹译，世界知识出版社 2005 年出版，第571 页。

② 《全国首个"消费安全 315 预报台"今日开通：浙江有了消费安全的"天气预报"》，http://www.zjaic.gov.cn/zjaicweb/homepage/gsyw/gsxw/2006-10-17/15862.htm（检索日期 2006 年 11 月 29 日）。

类食品经营主体以及消费者均可即时收到预警信息。

在电子政务环境下,尤其要充分发挥政府网站在政府应急管理中的作用,使网站能够成为公众了解突发事件真相、学习应急知识的一个重要窗口。譬如在我国的中央政府门户网站上就设立了应急管理专题。内容包括突发事件、机构设置、工作动态、应急预案、应急演练、法律法规、科普宣教、典型案例等几大方面。如图 7-1 所示。

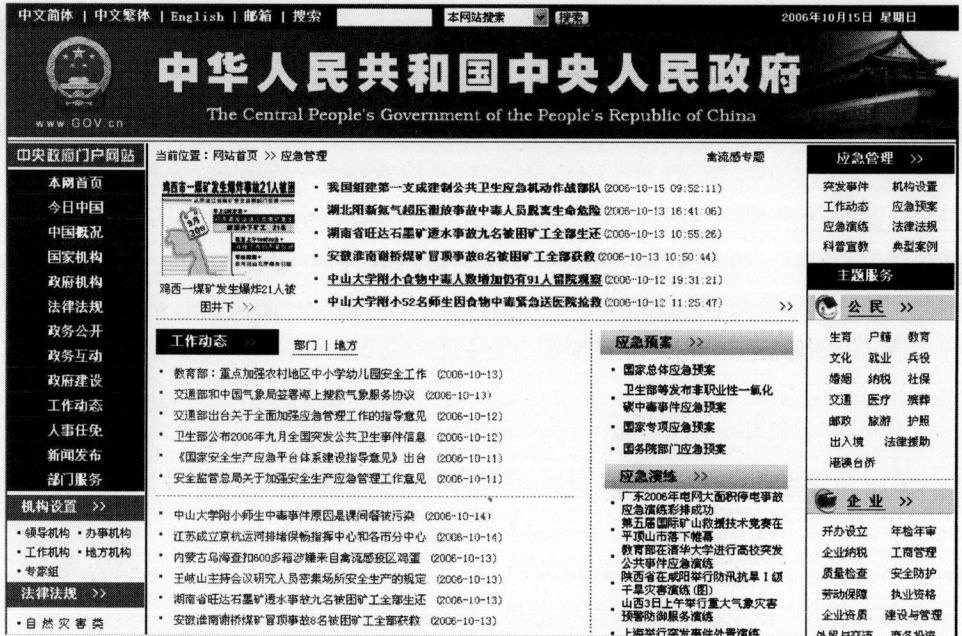

图 7-1 中华人民共和国中央人民政府网站应急管理栏目①

笔者从湖南省应急管理办公室了解到,湖南省的应急管理工作,非常注重应急网页的编发工作,积极发挥应急管理网页的宣传窗口作用,把能够公开的与应急管理有关的信息全都在网上公布,并经常进行更新,极大地丰富了应急管理网页的形式和内容。

现代信息技术是电子政务环境下政府应急管理的重要保障。为了切实提高当代政府应急管理的技术能力和科技水平,还需要高度重视现代科技手段的积极运用,加快应急管理信息系统建设,加强应急管理科学研究,夯实应急管理基础设施建设,提高应急装备和技术水平,构建政府应急管理的科技支撑体系。

---

① http://www.gov.cn/yjgl/index.htm(检索日期 2006 年 4 月 27 日)。

7.6　应急通信保障

应急通信,顾名思义,就是在原有通信系统遭到严重破坏或发生紧急情况时,为保障通信联络,采用已有的机动通信设备进行的通信。[1] 应急通信是以国家通信网为基础,以各种机动通信方式为补充,在特殊情况下以保障通信安全畅通为主要目的的一种重要通信。其主要任务是为抢险救灾、公共突发事件、重大活动以及网络发生故障时提供特殊通信保障。[2] 加强应急通信保障机制建设,提高应急通信保障能力,满足应急通信需求,确保信息安全畅通。这是政府应急管理保障机制建设的重要内容之一。

7.6.1　应急通信保障的基本原则

在政府应急管理过程中,保障通信安全畅通对于应急指挥、决策来说具有至关重要的意义。为了做好应急通信保障工作,需要坚持以下基本原则:

① 快速反应。突发事件的发生,特别是重大自然灾害的爆发,会对事发所在地的通信设施造成严重破坏。以玉树地震为例,地震发生后,该地区的通信设施受损严重。其中,电信公司:杂多、襄谦县电信固定网不通,全州 C 网基站共 44 个、22 个基站退服,小灵通基站共 218 个、209 个退服;移动公司:全州 98 个基站有 34 个正常、64 个阻断;联通公司:全州联通基站 37 座(其中 3G 基站 4 座),地震已造成 15 个基站退服(其中 3G 基站 1 座)。[3]

对于政府应急管理来说,时间就是生命,突发事件的紧迫性要求应急通信求援工作必须在事件发生后快速反应,一旦接到报警指令就得立即出警实施救援,充分利用先进的通信装备和器材,保证应急求援工作的通信联络。

② 稳定可靠。在应急通信救援工作中,还要保证通信联络的稳定可靠。这就要求在通信装备和器材的选择上,一定要保证质量,并且对所使用的通信装备和器材要加强以保护,以防止突发事件对这些装备和器材的破坏。

③ 手段多样。应急通信保障工作的开展,通信手段不能单一,应根据具体情况选择灵活多样的通信手段,要做到无线电通信、有线电通信、卫星通信、微波通信、视频通信并用,综合运用各种通信手段,建立起立体的通信网络体系,确保应

---

① 见夏随云《谈加强无线电管理在应急通信中的保障作用》,《中国无线电》2004 年第 11 期,第 27 页。

② 见杨锦炎《开创应急通信保障新局面》,《中国电信业》2008 年第 9 期,第 34 页。

③ 《玉树地震灾区通信不容乐观 多个基站退服》,http://news.ccidnet.com/art/949/20100415/2035233_1.html(检索日期 2010 年 5 月 23 日)。

急救援工作中的通信联络畅通无阻。

7.6.2 应急通信保障的预案建设

2006年1月24日,国务院发布《国家通信保障应急预案》,进一步明确了重大通信保障或通信恢复工作的响应程序、组织指挥体系、职责和有关措施,以及时有效实施应急救援,最大限度地减少损失,维护人民群众生命财产安全和社会稳定。

笔者认为,应急通信保障的预案是开展应急通信保障工作的准绳和依据。各级政府有关部门应在《国家通信保障应急预案》的指导下,加紧制订符合地方实际的通信保障应急预案,并且还要制订包括预警、监控、管制、协调和保障等内容的通信管制应急专项预案,构建一个完善的通信保障应急预案体系,以提高应对突发事件的实效性和操作性。

7.6.3 发展以卫星通信为核心的立体应急通信网络

我国幅员辽阔,地质复杂,各种自然灾害频繁发生,从2008年年初的南方冰雪灾害、5月的汶川特大地震到2010年4月玉树大地震可以看出,各种自然灾害一旦爆发,会给事发所在地的地面通信带来严重破坏,地面通信在自然灾害面前显得非常脆弱。2005年美国的"卡特里娜"飓风造成1 000多人死亡,损失惨重。灾害发生时,电力、交通、地面公众通信中断。飓风发生后,搜救小组使用休斯卫星网络系统,实时向外界及指挥中心传出现场话音、数据和图像,大大加快救援进度。2007年秘鲁大地震,公众通信设施毁于一旦,公众通信完全中断。ITU向地震灾区及时提供了50台卫星终端,帮助灾区恢复重要通信链路,所提供的海事BGAN终端,可以提供话音、数据、视频及高速数据通信业务,灾情及救援信息得以向外界传递,救援工作得以顺利开展。2008年的汶川大地震中,重灾区的公众通信设施,包括有线和无线通信系统均遭到严重破坏,地面通信完全中断,成为信息孤岛,严重影响了救灾工作的顺利展开。此时卫星移动通信发挥了巨大的作用,成为唯一的应急通信手段。玉树地震又一次告诉人们,在灾后重建中,政府部门要高度重视发展卫星应急通信,利用国内现有的卫星通信系统,结合国外卫星移动通信系统,建立一套覆盖全国,由中央、省、市、县四级平台组成的卫星应急通信系统是最现实的做法。①

与传统的地面通信相比,卫星通信具有覆盖面积大、频带宽、容量大、适用于多

---

① 见秦学寿《卫星通信是地震应急通信的最后屏障》,http://www.donews.com/tele/201005/80882.shtm(检索日期2010年6月23日)。

种业务、性能稳定可靠、机动灵活、在卫星覆盖区域内无通信盲区、不受距离和地形的限制、不依赖地面通信条件等独特优势,在没有光纤、没有无线通信条件下,或发生突发事件(重大自然灾害)地面通信网络遭受破坏时,卫星通信可确保在任何情况下及时、快速、可靠、稳定地实现视音频、数据通信,使上级部门能在第一时间获取灾情信息,并及时开展应急救助工作,从而极大地减少灾害与应急事件造成的损失,因此,成为在遭受自然灾害袭击地区保证应急通信的最后屏障。①

当然,我们国家还是一个发展中国家,经济基础比较薄弱,地区发展很不平衡,在应急通信网络建设中,不能只局限于地面通信,也不能片面追求卫星应急通信,而应实现应急通信手段的多样化,理想的模式应该是发展以卫星通信为核心的立体应急通信网络。在突发事件应急管理过程中充分发挥各种通信网络的优势,实现优势互补,形成卫星网络与移动通信网、固网、互联网相互补充和支撑的立体保障格局,为政府应急管理提供全方位、立体的应急通信保障。正如北京邮电大学教授曾剑秋所指出的那样,立体通信网络建设因其自身的独特性和重要性,在关键时刻能有效减少人民生命财产损失和提高国家战略保障能力,立体通信建设应该成为国家的长期战略。②

7.7　应急医疗卫生保障

人最宝贵的是生命,生命属于我们只有一次。而各种突发事件的爆发,往往会严重威胁到人的生命安全。以汶川特大地震为例,在这次地震中,遇难 69 227 人,受伤 374 643 人,失踪 17 923 人。③ 可见,在突发事件应急管理过程中,加强应急医疗卫生保障,是一项重要而紧迫的任务。政府应急管理坚持"以人为本"原则,一切为了人,一切依靠人,就是一切为了人民群众,一切依靠人民群众。其中,把人的生命安全放在第一位,把保障人民群众的生命安全,最大限度地减少突发事件造成的人员伤亡作为应急管理工作的出发点和落脚点。因此,最大限度地减少人员伤亡和健康危害,保障人民群众身体健康和生命安全,维护社会稳定,就成了应急医疗卫生保障的本职所在。

7.7.1　医疗卫生应急保障预案建设

预防重于医疗。对未来可能发生的各种突发事件特别是突发公共卫生事

---

① 见秦学寿《卫星通信是地震应急通信的最后屏障》,http://www. donews. com/tele/201005/80882. shtm(检索日期 2010 年 6 月 23 日)。
② 同上。
③ 统计时间截至 2008 年 10 月 8 日 12 时。

件,要建立起相应的应急医疗卫生保障预案,以提高突发事件的医疗卫生救援综合指挥能力,提高紧急救助反应速度和协调水平,最大限度地预防和减少突发事件对人民群众生命及身体健康造成的损害,消除突发事件给人民群众的正常生活带来负面影响。

目前,我国已建立起《中华人民共和国传染病防治法》、《中华人民共和国食品卫生法》、《中华人民共和国职业病防治法》、《中华人民共和国国境卫生检疫法》、《突发公共卫生事件应急条例》、《国内交通卫生检疫条例》、《国家突发公共卫生事件应急预案》等一系列有关医疗卫生保障的法律法规。地方各级政府应依据这些法律法规建立起符合地方实际的突发事件医疗卫生救援应急预案,以指导本地区的突发事件医疗卫生救援工作;各级卫生行政管理部门、疾控中心也要针对专门类型突发公共卫生事件或专门类型传染病分别制订专门的医疗卫生保障预案,以提高突发事件医疗卫生救援工作的针对性、有效性。各类型医疗卫生保障预案内容应明确具体、具有可操作性,要对应急医疗卫生救援的事件分级、医疗卫生救援应急组织机构、医疗卫生救援应急响应等作出明确的规定,并加强应急预案的演练,以增强应急医疗卫生救援的反应能力与救援水平。

7.7.2 医疗卫生应急队伍建设

SARS之后,应急体系人力资源建设有了明显进步,应急队伍明显壮大。例如一项对全国28个省级、133个地市级和460个县区级共621个地区的疾病预防控制机构进行的应急能力建设研究表明,全国疾病预防机构突发公共卫生事件应急处置队伍的平均人数,2005年较2002年增长了56.1%。尽管如此,应急相关人才储备仍显不足,且素质不高。此外,应急处置演练和培训仍显不足,这也是导致应急专业人员队伍素质不高的原因之一。[①]

医疗卫生救援水平的提高,不仅体现在正常情况下对病人的治疗、抢救过程中,在突发事件现场,在各种医疗资源极其紧张、缺少的情况下,对伤亡人员实施的救治和处置更加体现出医疗卫生的救援水平。紧急情况下的医疗卫生救援具有难度大、时间紧、任务重等特点,要求各项医疗卫生救援工作必须迅速、高效、有序地进行。为此,需要加强医疗卫生应急队伍建设。各级政府医疗卫生部门要负责组建医疗卫生应急专业技术队伍,平时加强应急处置演练和培训工作,使之具备各种常见突发事件及其处置的基本知识,具备在紧急状态下开展医疗卫生应急救援的能力。一旦突发事件爆发,医疗卫生应急专业技术队伍就能根据

---

① 见胡永华《公共卫生应急管理资源整合探讨》,《中国应急管理》2008年第9期,第9页。

需要第一时间赶赴现场开展医疗救治、疾病预防控制等卫生应急工作。

7.7.3 医疗卫生应急资源整合

在我国,SARS之后的医疗卫生工作得到了党和政府的高度重视以及社会各界的广泛关注,医疗卫生领域的"一案三制"建设成效显著,应急资源建设获得长足发展。但从全国的整体分布来看,资源分布存在地区和城乡差异,发展不平衡。有学者研究发现,北京、上海等发达地区应急机构、人力资源和物资配备基本齐全,也较为合理。而中西部部分欠发达地区的机构设置,人员配备及物资储备等方面较发达地区有明显差距。省市级的应急平台建设、人力、物资等整体情况均优于县区级。公共卫生应急物资储备在各级机构的配备不均衡,省级机构提高速度高于市级,县级最慢。①

为此,需要进一步加强医疗卫生应急资源的整合工作,以促进现有医疗卫生资源的充分利用,医疗卫生应急救援水平的进一步提高。不仅医疗卫生系统内部要加强资源整合,加强统筹规划,沟通协调,平台互联互通,实现内部资源的有效整合以促进资源共享,并且卫生系统要与其他政府部门(如地震部门、民政部门等)协调配合,按照统一规划、条块结合、布局合理的要求,充分利用和整合现有应急资源,避免资源重复建设,实现人力资源的协同处理,物资资源的充分共享。

7.8 应急队伍保障

应急救援力量的强弱是突发事件应对成功与否的关键。加强应急队伍建设,是提高突发事件应急处置能力,减少人员伤亡、降低财产损失的直接保障,是各级政府加强应急能力建设的核心。从目前我国应急队伍建设现状来看,虽然在加强应急救援队伍管理机制建设方面取得了不少成绩,但也存在不少问题,应急救援功能单一、应急救援缺乏整体合力、应急资源配置不够合理、应急救援装备量少质弱等问题。因此,亟待加强专门应急队伍建设和管理,以提高突发事件的应急处置能力。

7.8.1 制订应急队伍建设方案

《突发事件应对法》第二十六条明确规定:"县级以上人民政府应当整合应急资源,建立或者确定综合性应急救援队伍。人民政府有关部门可以根据实际需

---

① 见胡永华《公共卫生应急管理资源整合探讨》,《中国应急管理》2008 年第 9 期,第 9 页。

要设立专业应急救援队伍。县级以上人民政府及其有关部门可以建立由成年志愿者组成的应急救援队伍。单位应当建立由本单位职工组成的专职或者兼职应急救援队伍。县级以上人民政府应当加强专业应急救援队伍与非专业应急救援队伍的合作,联合培训、联合演练,提高合成应急、协同应急的能力。"

2009 年 10 月 18 日,国务院办公厅发布《国务院办公厅关于加强基层应急队伍建设的意见》(国办发〔2009〕59 号),指出各地基层应急队伍建设中还存在着组织管理不规范、任务不明确、进展不平衡等问题,并且从基层应急队伍建设的基本原则和建设目标、基层综合性应急救援队伍建设、基层专业应急救援队伍体系、基层应急队伍管理体制机制等四个方面对基层应急队伍建设进行了明确规定,是指引应急队伍建设的又一个重要的政策性文件。各级政府应积极贯彻落实《突发事件应对法》和《国务院办公厅关于加强基层应急队伍建设的意见》,加紧制订符合本地区实际的应急队伍建设方案,规范和指导应急队伍建设工作。应急队伍建设方案要明确规定应急队伍建设的基本原则和建设目标、应急队伍管理体制、应急队伍类型及其职责等内容。

7.8.2 建立健全应急救援队伍体系

为了避免应急队伍的单一性,增强应急队伍的协同处理能力,需要整合应急救援力量,重点加强综合应急救援队伍和专业应急救援队伍建设,积极推进专(兼)职应急救援队伍建设,大力发展应急管理专家队伍和志愿者队伍,形成布局合理、精干实用的网络化应急救援力量格局。

① 综合应急救援队伍。进一步加强以公安消防队伍为依托的政府综合应急救援队伍建设,主要承担综合性应急救援任务,包括地震等自然灾害、建筑施工事故等生产安全事故、恐怖袭击等社会安全事件的抢险救援任务,并协助有关专业队伍做好水旱灾害、气象灾害、地质灾害、森林火灾、矿山事故、危险化学品事故、水上事故、重大道路交通事故、环境污染等突发事件的抢险救援工作,充分发挥其作为综合性应急救援力量的骨干作用。加强军队应急救援队伍和洪涝、地质灾害多发、易发地区武警部队抢险救灾装备建设。

② 专业应急队伍。除了组建综合性应急救援队伍外,还要加强专业应急队伍建设,包括加强防汛抗旱、矿山救援、森林消防、水上搜救、安全生产、医疗卫生、动物疫情、地质灾害、环境污染监测、地震等专业应急救援队伍建设,补充完善专业装备,提高装备水平和快速机动反应能力;建立安全生产区域性专业救援队伍,增配大型、特种救援救生装备,组建区域矿山排水抢险和危险化学品应急救援队伍;进一步优化调整现有矿山救援队伍的布局,完善煤矿灾害预防与事故

应急救援体系,加强矿山救护装备和队伍建设。专业应急队伍的建设,除了依托政府职能部门以外,还可以鼓励依托社会力量,建立起各种类型的专业应急救援队伍,充分发挥社会力量在应急救援工作中的积极作用。

③ 专(兼)职应急救援队伍。专(兼)职应急救援队伍是专业应急救援队伍的有力补充。电子政务环境下的政府应急管理,需要大力推进矿山、危险化学品、民航、铁路、公路、高铁、高速公路、水运、电力、电信等企事业单位应急救援队伍建设,按有关标准和规范配备应急技术装备,提高现场先期快速处置能力;建立健全企事业单位和基层单位应急互助机制,充分发挥其应急救援队伍在区域联防和救援互助中的作用。

④ 专家应急队伍。政府应急管理是一项专业性很强的工作,需要组建一定数量的专家应急队伍,充分发挥专家学者的专业特长和技术优势。专家成员应来自自然灾害、事故灾难、突发公共卫生事件、社会安全事件等不同领域,以实现知识结构的优化与互补。专家在政府应急管理中主要发挥决策参谋的作用,他们将根据有关课题研究计划,对重特大突发事件进行分析、研判,必要时参加应急处置工作,为政府应急管理提供决策建议、专业咨询和智力支持。在专家应急队伍建设过程中,需要建立应急管理专家数据库及动态管理机制,形成分级分类、覆盖全面的应急专家资源信息网络;建立专家参与应急管理工作的机制,开展专家会商、研判、培训和演练等活动;加强应急管理专家组建设,充分发挥专家的咨询与辅助决策作用。

近年来,温州市把抓应急队伍建设当成应急管理工作的主要任务,当成应急管理工作的突破口,并通过近几年的努力,使应急救援力量,应急救援队伍管理机制,从弱到强,从无到有。全市先后建立或整合了骨干应急救援队伍 50 支,3 167 人;专业应急救援队伍 147 支,3 579 人;专家应急救援队伍 12 支,464 人;综合应急救援队伍 4 666 支,44 101 人;志愿者应急救援队伍 4 401 支,56 439 人,基本形成以骨干应急队伍为龙头,综合应急队伍为主体,专业应急队伍为支撑,社会志愿者应急队伍为协助,专家应急队伍为支援的应急救援体系。①

⑤ 应急志愿者队伍。在突发事件特别是重大突发事件面前,包括政府在内的任何一个公共组织的力量总是有限的,需要充分发挥各种社会力量的能动性,众志成城,才能有效应对突发事件。应急志愿者队伍作为专业应急队伍的有力

---

① 见黄靖《关于完善应急队伍建设,提高应急处置能力的建议》,http://www.wenzhou.gov.cn/art/2009/6/1/art_6942_658.html(检索日期 2010 年 6 月 24 日)。

补充,在突发事件应急管理过程中发挥着非常重要的作用。

为此,需要依托共青团、红十字会、青年志愿者协会、高等院校、基层社区等组织,建立形式多样的应急志愿者队伍,重点加强青年志愿者队伍和医疗志愿者队伍建设。以德国应急救援志愿者队伍建设为例,德国有 8 200 万人口,其中有170 万志愿者,占全国人口总数的 1/40,志愿者队伍是应急救援体系中的重要力量。经过专业培训的志愿者队伍在国内外救援行动中发挥着重要作用,在 2003年,全年救援队共参与各种国内救援行动 1.6 万多次,出动志愿者队员 6.2 万多人次,志愿者队员累计参加救援行动的时间上百万小时。①

在应急志愿者队伍建设方面,需要充分借鉴国外先进经验,结合实际,建立健全应急志愿者队伍管理机制,创新应急志愿服务的组织动员方式,明确其组建原则、组织形式、招募条件、工作职责、分类原则;建立健全应急志愿者管理制度;大力构筑社会参与平台,制定相关鼓励政策,逐步建立政府支持、项目化管理、社会化运作的应急志愿者服务机制;发挥志愿者队伍在科普宣教、应急救助和恢复重建等方面的重要作用;加强应急志愿者队伍的组织、管理、培训、监督与评估,促进应急志愿者队伍不断发展壮大。

7.8.3 加强应急队伍培训和演练

为了提高应急队伍的综合素质与应急管理能力,有关部门要制订起详细的应急队伍培训和演练计划,加强应急队伍的培训教育和演练工作。一方面可以通过邀请相关专家、实践经验丰富的一线应急人员,进行集中讲授和现场培训,开展相关应急管理知识、专业技能培训,以提高应急队伍的应急管理能力和水平;另一方面各级政府要依托现有的设施和条件,建立或确定应急救援训练基地,采用实战演练、跨区联合演练等多种方式,积极开展不同类型应急队伍联合参加、多部门协同配合的综合性应急演练,提高应急队伍的合成应急、协同应急能力,不断培养应急救援的实战能力。

7.9 应急交通运输保障

交通运输是经济发展的基本需要和先决条件,现代社会的生存基础和文明标志,社会经济的基础设施和重要纽带。现代化的交通运输方式主要有铁路运输、公路运输、水路运输、航空运输和管道运输五种。突发事件的发生,特别是重

---

① 见贾群林、郑荔《德国应急救援志愿者队伍 社会减灾的生力军》,《城市与减灾》2006 年第 5 期,第23－25 页。

大自然灾害的发生,会造成巨大的资源破坏,其中包括对道路交通运输特别是公路交通的破坏。例如,四川汶川发生的8.0级强烈地震对公路交通造成严重破坏。其中绵广高速全线双向因地震于12日16时开始道路封闭。此次地震造成四川阿坝州境内多条国、省道干线公路交通中断,松潘境内G213线安宏、县道松平路双河以下,小金境内S303、S210(卓小路)交通全部中断;都江堰通往汶川的公路已经完全中断,无法通行。① 可见,由于自然灾害对道路交通运输的破坏,会造成公路、铁路部门路段封闭,一些机场关闭,这就严重影响着应急物质资源的运输,严重影响救灾的速度。

7.9.1　加强应急运输预案建设

为了加强交通应急运输的组织和保障工作,规范交通应急运输处置程序,提高交通应急运输的科学性与有效性,提高交通运输行业应对和处置各类突发事件的能力,需要加强应急运输预案建设。有关部门在制订应急运输预案时,既要考虑到应急运输预案的通用性和长期性,又要注重应急运输预案的可操作性和实用性,从而真正实现应急运输预案的指导作用。笔者从交通运输部官方网站获悉,《交通运输突发事件应急管理规定》(简称《规定》)已于2011年9月22日经交通运输部第10次部务会议通过,于2012年1月1日起施行。《规定》对交通运输突发事件应急管理工作各个环节提出了统一、规范的要求,明确了交通运输行业应急管理的责任与义务,规范了交通运输突发事件应急处置行动,为交通运输突发事件应急管理提供了科学的操作指南。《规定》对应急预案的编制层次、预案内容、制定程序、修订要求等内容也进行了明确规定,有利于进一步推进交通运输应急预案体系建设。

由于应急运输涉及各种突发事件,应急运输的环境、条件和货类千差万别,导致应急运输的组织、处置技术、运输方案和车辆装备的差异性。因此,应急运输保障指挥机构应结合所辖区域内突发事件的类型与特征,制订各种可能发生的突发事件应急运输保障预案,既要保持预案的完整性,涵盖应急运输的组织机构、预测与预警、应急响应、善后处置、信息发布、应急保障、监督管理等各个方面,又要做到模拟各种突发事件的情景,并尽量地细化和明确各机构及其运输队伍的职责、权限、响应流程和时效、处置技术与手段、安全防护、应急运输保障队伍的建设等各个方面,使预案更具有可操作性。②

---

① 见林红梅《公路交通遭地震严重破坏交通运输部启动应急预案》,http://www.56885.net/new_view.asp?id=69282(检索日期2010年6月25日)。
② 见虞明远《公路交通应急运输保障机制研究》,《综合运输》2007年第1期,第48页。

应急运输预案制订后,还应定期加强应急演练工作,通过演练工作工作的开展,检验应急运输预案的科学性与有效性,发现预案中存在的问题并及时修订完善,并且随着应急运输保障技术的发展和应急运输的实践经验的积累,同样需要及时修订和完善各类应急运输预案,使其更好地满足应对突发事件的要求,提高应急运输保障的科学水平与能力。

7.9.2 加强交通运输应急队伍建设

要制定交通运输应急队伍发展规划,加强交通运输应急队伍体系建设。一是要加强交通运输应急保障队伍建设,根据交通运输部《关于加强基层交通运输应急队伍建设的指导意见》(交应急发[2010]165号)、《关于道路运输应急保障车队建设的指导意见》(交运发[2011]682号)的统一部署和要求,切实抓好道路运输应急保障车队建设。此外也要加强水上救援等专业应急保障队伍建设。

二是要加强交通运输应急救援队伍建设。以城市公交客运和轨道交通、公路、航道应急抢险保通、客货场站、港口码头、危险品运输、水上搜救和建设施工安全为重点,加强各种交通运输抢险应急队伍建设。

三是要加强交通运输应急专家队伍建设。包括建立应急专家人才库,组建交通运输专家队伍,聘请专家为交通应急处置工作提供决策咨询服务和技术支持。此外,还要加强交通运输应急志愿者队伍建设,推进志愿者参与交通运输应急管理工作。

7.9.3 加强交通运输应急装备建设

要根据《国家突发事件应急体系建设规划(2011—2015年)》和《交通运输安全生产和应急体系建设"十二五"发展规划》的有关要求,加强交通运输综合应急物资储备中心和训练基地建设,积极应用现代应急通信技术,加快推进先进交通运输装备的研发与推广应用。继续加强海上监管搜救能力和应急抢险打捞能力建设,提升水上立体搜救现代化水平。继续推进船舶溢油设备库建设,加大水上溢油处置技术和装备研发力度,提高水上溢油应急处置能力。加强应急平台应用和运维管理,做好应急平台建设的顶层设计,制定应急平台管理的标准规范,推进部省平台联网建设的试点,逐步实现应急相关信息的快速采集处理和有效共享。

7.10 应急培训教育保障

公众危机意识的强弱以及应急管理能力的高低与其具备的应急常识有着非

常密切的关系。在突发事件中,救援人员及受困人员如果懂得基本的自救和互救常识,那么将会使人员伤亡和财产损失等降至最低。

当前,应急教育已成为全社会共同面临的重要课题。联合国教科文组织为21世纪的教育提出了一个极具震撼力的口号:"Learning to be(学会生存)"。因此,加强应急培训与教育工作,普及应急知识,增强公众危机意识和应急管理能力,是政府应急管理工作一项重要而紧迫的基础性工作。

7.10.1　对政府机构工作人员的培训

应急管理知识在西方发达国家是公务员培训的必修课程。针对本国或本地区经常发生的、曾发生的、可能发生的社会矛盾、自然灾害、民族冲突等突发事件形式所采取的紧急应对的法律程序、手段等知识进行培训。

在长期的实践中,我国的突发事件管理者积累了许多处置突发事件的经验。但从总体上看,当前突发事件管理者的素质在一些方面还有待提高,譬如缺乏危机管理意识、依法行政意识薄弱、应急反应和快速处置能力不够、综合协调能力缺乏、危机决策人员素质有待提高、专家咨询队伍薄弱。

为此,首先需要加强政府机构工作人员的培训。在政府设置的应急管理部门中,应该设立专门的应急教育宣传机构,专门负责应急管理的宣传、教育和培训工作。《国务院关于全面加强应急管理工作的意见》明确指出:"各地区、各有关部门要制定应急管理的培训规划和培训大纲,明确培训内容、标准和方式,充分运用多种方法和手段,做好应急管理培训工作,并加强培训资质管理。积极开展对地方和部门各级领导干部应急指挥和处置能力的培训,并纳入各级党校和行政学院培训内容。加强各单位从业人员安全知识和操作规程培训,负有安全监管职责的部门要强化培训考核,对未按要求开展安全培训的单位要责令其限期整改,达不到考核要求的管理人员和职工一律不准上岗。各级应急管理机构要加强对应急管理培训工作的组织和指导。"①

7.10.2　对非政府组织成员的培训

加强对非政府组织的紧急救助专业培训,使非政府组织成员掌握相关的知识、技能和方法,是国际上加强非政府组织应急能力建设的普遍做法。以德国为例,目前德国共有100多个紧急救助民间志愿者组织,其中最大的是红十字会组织,大约

① 《国务院关于全面加强应急管理工作的意见》,http://politics.people.com.cn/GB/1026/4567940.html(检索日期2006年8月7日)。

有 30 多万志愿者参加,所有成员都得到过紧急救助的特殊培训。德国的经验是,民间志愿者组织成员是否经过专业应急培训,结果会大不一样。如果一个成员经过培训,在灾难下就知道应当去做什么,如何做,通常可以救助 40 个居民;反之如果没有经过培训,面对灾难就会不知道应当做什么,只能站在边上干着急。①

7.10.3　对公众的宣传教育

7.10.3.1　对公众进行应急宣传教育的必要性

社会公众是政府战胜各种突发事件不可或缺的社会力量。政府应急管理的有效开展,离不开社会公众的广泛参与、配合与支持。只有紧紧依靠群众,充分发挥群众的智慧,调动群众参与的积极性,争取群众的支持和参与,才能万众一心,众志成城,战胜各种突发事件。

人们在漫长的应急管理实践中,逐渐积累了丰富的经验和教训。其中最基本的经验和教训有两条:一是广大人民群众的预防意识、应急素质和积极参与,是国家建立应急管理体系的基础和保证;二是必须坚持预防为主、防救结合的方针,两者缺一不可。

因此,在政府应急管理工作中,还需要加强对广大社会公众的宣传和教育,对公众进行自救、互救、技能培训,使公众掌握其本的防灾、救灾知识,增强公众对各种突发事件的防范意识和应对能力。

7.10.3.2　对公众进行应急宣传教育的基本措施

国外政府应急管理的在对公众进行危机教育方面,日本政府将每年的 9 月 1 日定为国民"防灾日",每年的这一天,全国都要举行有首相和有关大臣参加的防灾演习,通过全民的防灾训练,提高防灾意识和防灾能力。

对公众的培训和教育,可以采取灵活多样的方式进行。利用各种大众媒体,对社会公众进行多种形式的应急宣传教育,普及危机防范及应对方面的知识。通过建立危机事件纪念馆,竖立纪念碑等,建立应急教育基地,定期发放防空警报信号,利用大众媒介进行宣传教育,如网站宣传、电视讲座、报纸等。广泛宣传应急管理工作的重大意义,宣传应急预案的主要内容及应急处置的规程;宣传和普及预防、避险、自救、互救、减灾等知识,增强公众的应急意识和社会责任意识,提高公众应对各种突发事件的综合素质和能力。高度重视突发事件中公众的社会心理行为的预测、疏导和控制,通过科学的心理辅导和正确的舆论引导,及时帮助社会公众梳理各种复杂信息,预防和克服危机中的恐慌心理。

---

① 见沈荣华《非政府组织在应急管理中的作用》,《新视野》2005 年第 5 期,第 43 页。

7.10.4 对在校学生的应急教育

随着社会变迁不断加剧和改革不断深化,我国各级各类学校的内外部生态环境发生了巨大变化,学校内外部环境日趋复杂,近年来发生在学校的偷盗诈骗、故意伤害、故意杀人等案件呈上升趋势。与此同时,发生在学校及学校学生身上的实验室安全、建筑物安全、火电气灾、户外安全、公共卫生安全等事故类事件也日趋频繁。各种突发事件的频繁发生,不仅直接危害到在校学生的健康成长,而且也严重影响了学校教学秩序的正常开展。加强在校学生的应急教育,增强学生的危机意识与应急管理能力,促进在校学生全面健康发展,维护正常的教学秩序,是应急教育工作需要解决的一个重要课题。

7.10.4.1 在校学生危机意识与应急管理能力的基本现状

对在校学生进行应急教育,是提高学生危机意识和应急管理能力的需要。虽然我国政府在应急管理的硬件上的投入不断加大,系统不断完善,但作为减少灾害损失的最重要的环节之一,应急教育却不尽如人意。由于缺少必要的应急教育,在校学生的危机意识与应急管理能力总体情况不容乐观,存在的问题主要表现在以下几个方面:

第一,危机意识与应急管理能力总体水平不高。为了了解当代大学生危机意识与应急管理能力的基本现状,笔者在湖南省范围内选取湘潭大学、中南大学、湖南大学、湖南师范大学、湖南农业大学等十余所高校进行了问卷调查,收回有效问卷1 000份。调查结果表明,有68%的同学危机意识一般,有69%的同学应急管理能力一般,危机意识与应急管理能力都很强的仅占少数,危机意识与应急管理能力较差或很差的为数不少,这印证了一个事实,即大学校园里发生的自杀、火灾伤害、暴力冲突等危机事件已成为一个比较严重的社会现象,凸现了在校大学生危机意识的薄弱与应急管理能力的欠缺。

第二,危机管理知识与技能掌握得太少。由于缺乏基本的危机教育,大学生应对危机的知识与技能普遍比较缺乏。据笔者调查所知,85%的学校宿舍都装备有灭火器等消防安全装置,但有91%的大学生表示都没有使用过,有67%的大学生表示不会使用灭火器。从调查问卷得知,只有11%的同学认为自己掌握了较多的应急自救常识和逃生技巧,64%的同学认为应急常识和技能掌握得不多,23%的同学认为他们掌握得很少,还有2%的同学认为自己这方面的常识和技能一点也没有。

深圳职业技术学院公布的深圳市青少年学生应急自救现状调查报告显示:青少年学生的应急自救能力堪忧,高达54.6%的受访大学生和中学生认为学校没有对他们进行应急自救教育。当问及怎样对中毒者做人工呼吸时,竟然没有一个受访学生能准确掌握人工呼吸的基本要领;对是向患者口内"吹气"还是"吸气",以及患者是从"鼻孔出气"还是从"口腔出气"两个问题,受访学生出现了49.5%和76.9%的高错误率;对于发生中毒症状应如何处置,60%以上的受访学生不知道有催吐、导泻等急救措施。问卷调查显示,学生对应急自救教育的渴求和热情,没有得到学校的积极回应。[①]

第三,缺乏基本的应急演练。以中小学安全教育为例。教育部发布的《幼儿园、中小学生安全教育管理调查报告》显示:我国中小学安全教育资源普遍缺乏、时间不足、预防演习少。近六成的教师报告每学期对学生开展主题安全教育的时间累计在10课时以下,不到四成的教师及五成五左右的学生报告学校从未开展过预防灾害的演习活动。[②]

据笔者调查所知,在湖南省范围内,还有少数高校的学生宿舍并没有安装灭火器等消防安全装置,即使已经安装了灭火器等消防安全装置的高校,经常开展应急演练的学校也仅占少数,由于没有告诉大学生正确使用的方法,没有组织专门的演习活动,导致不少大学生没有使用或不会使用这些消防安全装置。这意味着对大学生的应急演练培训工作基本上还处于空白状态,从而导致大学生的应急知识和技能非常缺乏。

7.10.4.2 对在校学生进行应急教育的基本对策

第一,应高度重视危机教育工作。当前,加强对在校学生的应急教育已成为国际社会的共识。2006年6月5日联合国教科文组织及国际减灾战略在巴黎的总部发起"减灾始于学校"的活动,以促进各国把减灾内容编入普通教育的教学大纲并改善学校安全。旨在通过此项活动的开展,提高学生校园的安全减灾意识和应对各类灾害事故的能力。此活动由联合国国际减灾战略定为2006年的国际减灾日主题。[③] 在国外许多国家,应急教育形成了"全民上课、政府资助"的模式。在一些发达国家,从幼儿园入学开始,小孩就须接受非常实用的应急教育与训练,学会在紧急情况下如何逃生,所以人们很小就有逃生常识。[④]

在关于大学生危机意识与应急管理能力的调查问卷中,笔者把大学生对高校应急教育重视程度的评价划分为1、2、3、4、5五个层级,依次分别代表:非常重视,很重视,一般,很不重视,非常不重视五种态度,调查显示,大多数同学认为大

---

① 见李翠平《深圳市青少年学生应急自救现状调查报告》,《深圳职业技术学院学报》2006年第2期。

② 《公共安全教育是最好的灾害救援》,http://www.southcn.com/opinion/soc/200511280139.htm(检索日期2006年12月20日)。

③ 《2006"国际减灾日"主题——"减灾始于学校"的启示》,http://www.bast.net.cn/kjxx/gnxx/2006/10/9/82693.shtml(检索日期2006年12月20日)。

④ 见向立文《高校危机教育的必要性与可行性》,《中国青年科技》2008年第9期。

学对应急教育的重视程度处于第三个层级,即高校对大学生应急教育重视程度一般。

学校有关部门应该高度重视应急教育工作,通过成立专门的危机管理机构,配备专职人员,通过各种有效手段,加强在校学生危机意识与应急管理能力的培养,以增强学生的危机意识与应急管理能力。

第二,严格抓好课堂教育。通过对调查问卷的分析,有55%的同学回答所在学校没有开设安全教育相关课程,没有接受到相关的安全教育,有80%以上的同学认为学校有必要开设安全教育课程,认为无所谓的同学占17%,而认为没必要的同学只占3%。这说明还有相当一部分高校没有开设安全教育相关课程,但大学生对安全教育的渴望是明显的。

笔者认为,课堂教育的开展,是增强学生危机意识与应急管理能力的最基本手段,通过丰富多彩的课堂教育,讲授实用的应急管理知识,为在校学生正确认识突发事件、积极防范和有效应对突发事件提供智力支持。

第三,进一步完善心理健康教育。为了适应快速发展、错综复杂的社会环境,不少在校学生特别是当代大学生承受的竞争压力、学习压力、经济压力、就业压力等日益加剧,在诸多压力下,大学生成为心理危机的高发人群,严重影响着他们的学习生活与健康成长。全国大学生中因精神疾病而退学的占退学总人数的54.4%。1994年国家教委对全国12.6万大学生抽查的结果显示,有20.23%的人有心理障碍。据报道,北京市对6 000名在校大学生进行心理素质和心理健康进行调查,在收回的5 220份有效问卷中,显示出北京地区的大学生心理健康状况虽然优于全国其他地方的大学生,但仍有16.51%的学生存在中度以上心理问题。[①] 可见,加强在校学生心理健康教育,提前预防、及时发现、积极疏导、有效干预在校学生中出现的各种心理危机事件,降低在校学生心理危机的发生率,减少心理危机给在校学生带来的各种伤害,也是学校应急教育的一项重要内容。

学校有关部门要通过开展各种形式的心理健康教育,培养在校学生良好的个性心理品质,促进在校学生心理素质与思想道德素质、文化素质、专业素质的协调发展,进而提高学生的心理调适能力、危机处理能力和社会适应能力。譬如:在平时加强心理健康的调查测试,通过调查与测试,了解学生的心理健康现状,对存在心理障碍等问题的学生要进行登记,建立学生心理健康档案,重点跟踪、重点帮助,有效预防学生心理危机的产生;通过印发心理健康小知识等小册

---

① 见杨冠英《从重大突发事件看加强大学生应对教育的重要性》,《经济师》2005年第2期。

子,发放到每一位学生手中,使他们学习有关知识,掌握心理健康的正确方法,学会自我控制、自我调节;开展普及性的心理健康教育讲座,普及心理健康知识,引导学生树立正确的心理健康理念,加强学校心理健康咨询中心的建设,配备专职的心理健康教育工作人员,开设心理健康咨询专线或网站,热心为有心理障碍或心理问题的学生提供个性化服务。总之,要通过全面开展灵活多样的心理健康教育方式,达到有效预防和控制学生心理危机,促进学生心理健康的目的。

第四,积极开展实践教育。据笔者调查所知,大多数大学已经制订了应对校园突发事件的各种应急预案,但是,应急预案的内容设置还比较粗线条化,可操作性不强,围绕应急预案所开展的应急演练工作还有待加强。

因此,对在校学生的应急教育,除了课堂教育形式外,同样也需要加强实践教育,积极组织一些针对性较强的训练项目和模拟演练活动,譬如,可以有针对性地开展学生消防知识应急演练、逃生训练、防震演练等实践教育活动,让学生掌握基本的应急管理技能,也可以通过参观政府部门的应急指挥中心,让学生感受信息化环境下政府应急管理工作的运作过程等等。通过开展应急演练、参观学习等各种形式的实践活动,让学生切身感受到突发事件的危害性,深刻领会到应急教育的重要性与紧迫性。

主要参考文献

图书：

[1] 佩塔克,阿特金森.自然灾害风险评价与减灾政策[M].向立云,译.北京：地震出版社,1993.

[2] 奥斯本,盖布勒.改革政府：企业精神如何改革着公营部门[M].上海市政协编译组,东方编译所,译.上海：上海译文出版社,1996.

[3] 许文惠,张成福.危机状态下的政府管理[M].北京：中国人民大学出版社,1997.

[4] 何文炯.风险管理[M].大连：东北财经大学出版社,1999.

[5] 赛佛林,坦卡德.传播理论：起源、方法与应用[M].郭镇之,译.北京：华夏出版社,2000.

[6] 希斯.危机管理[M].王成,译.北京：中信出版社,2001.

[7] 张成福,党秀云.公共管理学[M].北京：中国人民大学出版社,2001.

[8] 休斯.公共管理导论[M].彭和平,译.北京：中国人民大学出版社,2001.

[9] 巴顿.组织危机管理[M].符彩霞,译.北京：清华大学出版社,2002.

[10] 朱德武.危机管理：面对突发事件的抉择[M].广东：广东经济出版社,2002.

[11] 汪玉凯,赵国俊.电子政务基础[M].北京：北京中软电子出版社,2002.

[12] 奥斯本,普拉斯特里克.摒弃官僚制：政府再造的五项战略[M].谭功荣,译.北京：中国人民大学出版社,2002.

[13] 冯惠玲.公共危机启示录——对 SARS 的多维审视[M].北京：中国人民大学出版社,2003.

[14] 薛澜,张强,钟开斌.危机管理：转型期中国面临的挑战[M].北京：清华大学出版社,2003.

[15] 任生德. 危机处理手册[M]. 北京：新世界出版社,2003.

[16] 杨开忠,陆军. 国外公共卫生突发事件管理要览[M]. 北京：中国城市出版社,2003.

[17] 中国现代国际关系研究所危机管理与对策研究中心. 国际危机管理概论[M]. 北京：时事出版社,2003.

[18] 李经中. 政府危机管理[M]. 北京：中国城市出版社,2003.

[19] 徐伟新. 国家与政府的危机管理[M]. 南昌：江西人民出版社,2003.

[20] 沈荣华. 政府机制[M]. 北京：国家行政学院出版社,2003.

[21] 赵国俊. 电子政务[M]. 北京：电子工业出版社,2003.

[22] 苏新宁. 电子政务技术[M]. 北京：国防工业出版社,2003.

[23] 赵国庆,杨健. 经济数学模型的理论与方法[M]. 北京：中国人民大学出版社,2003.

[24] 米特若夫,阿斯戈诺斯. 危机：防范与对策[M]. 燕清联合传媒管理咨询中心,译. 北京：电子工业出版社,2004.

[25] 莱恩. 新公共管理[M]. 赵成根,译. 北京：中国青年出版社,2004.

[26] 登哈特. 新公共服务：服务,而不是掌舵[M]. 丁煌,译. 北京：中国人民大学出版社,2004.

[27] 芳汀. 构建虚拟政府：信息技术与制度创新[M]. 邵国松,译. 北京：中国人民大学出版社,2004.

[28] 郭济. 政府应急管理实务[M]. 北京：中共中央党校出版社,2004.

[29] 万军. 面向 21 世纪的政府应急管理[M]. 北京：党建读物出版社,2004.

[30] 吴量福. 运作、决策、信息与应急管理：美国地方政府管理实例研究[M]. 天津：天津人民出版社,2004.

[31] 秦启文. 突发事件的管理与应对[M]. 北京：新华出版社,2004.

[32] 刘长敏. 危机应对的全球视角——各国危机应对机制与实践比较研究[M]. 北京：中国政法大学出版社,2004.

[33] 史安斌. 危机传播与新闻发布[M]. 广州：南方日报出版社,2004.

[34] 贾康,刘尚希. 公共财政与公共危机——"非典"引发的思考[M]. 北京：中国财政经济出版社,2004.

[35] 刘茂,吴宗之. 应急救援概论——应急救援系统及计划[M]. 北京：化学工业出版社,2004.

[36] 赵国俊. 电子政务教程[M]. 北京：中国人民大学出版社,2004.

[37] 侯卫真,于丽娟. 电子政务系统建设与管理[M]. 北京：中国人民大学出版

社,2004.

[38] 吴爱明. 中国电子政务——技术与应用[M]. 北京：人民出版社,2004.

[39] 周晓英,王英玮. 政务信息管理[M]. 北京：中国人民大学出版社,2004.

[40] 刘国山. 数据建模与决策[M]. 北京：中国人民大学出版社,2004.

[41] 章祥荪,杜链. 电子政务及其战略规划[M]. 北京：科学出版社,2004.

[42] 李习彬. 电子政务与政府管理创新[M]. 北京：科学出版社,2004.

[43] 吴柏林. 信息技术及其应用[M]. 上海：复旦大学出版社,2004.

[44] 西蒙. 管理行为[M]. 詹正茂,译. 北京：机构工业出版社,2004.

[45] 李怀祖. 管理研究方法论[M]. 西安：西安交通大学出版社,2004.

[46] 雷吉斯特,拉尔金. 风险问题与危机管理[M]. 谢新洲,译. 北京：北京大学出版社,2005.

[47] 郭济. 中央和大城市政府应急机制建设[M]. 北京：中国人民大学出版社,2005.

[48] 薛克勋. 中国大中城市政府紧急事件响应机制研究[M]. 北京：中国社会科学出版社,2005.

[49] 房宁. 突发事件中的公共管理——"非典"之后的反思[M]. 北京：中国社会科学出版社,2005.

[50] 吴江. 公共危机管理能力[M]. 北京：国家行政学院出版社,2005.

[51] 赵平则,安宝善. 危机管理[M]. 太原：山西人民出版社,2005.

[52] 王绍玉. 地方政府应急体制建设理论与实务[M]. 哈尔滨：哈尔滨出版社,2005.

[53] 姚国章. 电子政务原理[M]. 北京：北京大学出版社,2005.

[54] 李绪蓉,徐焕良. 政府信息资源开发与管理[M]. 北京：北京大学出版社,2005.

[55] 姚国章,林萍. 国际电子政务案例[M]. 北京：北京大学出版社,2005.

[56] 托马斯. 公共决策中的公民参与：公共管理者的新技能与新策略[M]. 孙柏瑛,译. 北京：中国人民大学出版社,2005.

[57] 加森. 公共部门信息技术：政策与管理[M]. 刘五一,译. 北京：清华大学出版社,2005.

[58] 李希光. 全球传媒报告[M]. 上海：复旦大学出版社,2005.

[59] 张小明. 公共部门危机管理[M]. 北京：中国人民大学出版社,2006.

[60] 肖鹏军. 公共危机管理导论[M]. 北京：中国人民大学出版社,2006.

[61] 赵成根. 国外大城市危机管理模式研究[M]. 北京：北京大学出版社,2006.

[62] 万鹏飞.美国、加拿大和英国突发事件应急管理法选编[M].北京：北京大学出版社,2006.

[63] 计雷.突发事件应急管理[M].北京：高等教育出版社,2006.

[64] 黄顺康.公共危机管理与危机法制研究[M].北京：中国检察出版社,2006.

[65] 郭太生.灾难性事故与事件应急处置[M].北京：中国人民公安大学出版社,2006.

[66] 何海燕.危机管理概论[M].北京：首都经济贸易大学出版社,2006.

[67] 杨雪冬.风险社会与秩序重建[M].北京：社会科学文献出版社,2006.

[68] 王玉彬.天气预警系统技术基础及设计[M].北京：气象出版社,2006.

[69] 汪玉凯.电子政务在中国：理念、战略与过程[M].北京：国家行政学院出版社,2006.

[70] 侯卫真.电子政务的建设与发展[M].北京：中国人民大学出版社,2006.

[71] 徐晓日.电子政务概论[M].天津：天津大学出版社,2006.

[72] 樊博.政务智能：政府主动服务模式的决策支持技术[M].北京：清华大学出版社,2006.

[73] 李丹.管理研究方法与定量分析技术[M].成都：四川大学出版社,2006.

[74] 麦凯恩.博弈论战略分析入门[M].原毅军,译.北京：机械工业出版社,2006.

[75] 科兹纳.项目管理：计划、进度和控制的系统方法[M].3 版.杨爱华,译.北京：电子工业出版社,2006.

[76] 国务院信息化工作办公室.中国信息化发展报告 2006[M].北京：电子工业出版社,2006.

[77] 汪永清.中华人民共和国突发事件应对法解读[M].北京：中国法制出版社,2007.

[78] 李文正.电子政务与城市应急管理[M].北京：中国水利水电出版社,2008.

[79] 张成福.公共危机管理理论与实务[M].北京：中国人民大学出版社,2009.

[80] 张成福,唐钧.政府危机管理能力评估——知识框架与指标体系研究[M].北京：中国人民大学出版社,2009.

[81] 王宏伟.突发事件应急管理：预防 处置与恢复重建[M].北京：中央广播电视大学出版社,2009.

[82] 陈安.现代应急管理理论与方法[M].北京：科学出版社,2009.

[83] 姚国章.应急管理信息化建设[M].北京：北京大学出版社,2009.

[84] 宋英华.突发事件应急管理导论[M].北京：中国经济出版社,2009.

[85] 罗建军. 应急管理概论[M]. 湖南：湖南科学技术出版社,2010.

[86] 马怀德. 应急管理法治化研究[M]. 北京：法律出版社,2010.

[87] 王宏伟. 重大突发事件应急机制研究[M]. 北京：中国人民大学出版社,2010.

[88] 王延章. 应急管理信息系统——基本原理、关键技术、案例[M]. 北京：科学出版社,2010.

[89] 张欢. 应急管理评估[M]. 北京：中国劳动社会保障出版社,2010.

[90] 闪淳昌. 应急管理：中国特色的运行模式与实践[M]. 北京：北京师范大学出版社,2011.

[91] 姜平. 突发事件应急管理[M]. 北京：国家行政学院出版社,2011.

[92] PERRY R W. Comprehensive Emergency Management：Evacuating Threatened Populations[M]. Greenwich：JAL Press,1985.

[93] Theodore L, Reynolds J P, Taylor F B. Accident and Emergency Management[M]. New York：Wiley,1989.

[94] JR WAUGH W L, HY RONALD J. Handbook of Emergency Management：Programs and Policies Dealing with Major Hazards and Disasters[M]. New York：Greenwood Press,1990.

[95] SYLVES R T, WAUGH W L. Disaster Management in the U. S. and Canada：The Politics, Policymaking, Administration and Analysis of Emergency Management [M]. Charles C. Thomas Publisher, 2nd edition,1996.

[96] PORFIRIEV B. Disaster Policy and Emergency Management in Russia [M]. Nova Science Publishers,1997.

[97] SEYMOUR M, MOORE S. Effective Crisis Management：Worldwide Principles and Practice[M]. London：Cassell,2000.

[98] WAUGH W L. Living with Hazards, Dealing with Disasters：An Introduction to Emergency Management[M]. N. Y.：M. E. Sharpe,2000.

[99] KNIGHT U G. Power Systems in Emergencies：From Contingency Planning to Crisis Management[M]. England：John Wiley,2001.

[100] FARAZMAND A. Handbook of Crisis and Emergency Management[M]. New York：Marcel Dekker,2001.

[101] HAGMAN H C. European Crisis Management and Defence：The Search for Capabilities[M]. Oxford：Oxford University Press,2002.

[102] ANDERSON C V. The Federal Emergency Management Agency(FEMA)
[M]. NY：Nova Science Publishers,2002.

[103] LAKHA R,MOORE T. Tolley's Handbook of Disaster and Emergency
Management： Principles and Practice [M]. Croydon： Tolley
Publishing,2002.

期刊：

[1] YEE KP. Operating an Emergency Information Service Using the Internet
to Help cope with Disaster[J]. Communications of The ACM,2001(12).

[2] ATWATER K M. Pocket-Sized Book Provides Emergency Information[J].
Government Product News,2004(43).

[3] McNutt J G. Electronic Government, the Internet and Disasters [J].
Documents to the People,2006(34).

[4] 杨健. 关于国家金融风险防范体系的思考[J]. 宏观经济研究,2002(6).

[5] 唐钧. 防范电子政务的技术风险与管理误区[J]. 长春市委党校学报,2003(1).

[6] 莫于川. 我国的公共应急法制建设——非典危机管理实践提出的法制建设课题[J]. 中国人民大学学报,2003(4).

[7] 刘黎军. 建立电子政务化的公共卫生防御系统[J]. 经济与管理研究,2003(4).

[8] 薛澜. 美国危机管理体系的结构[J]. 世界经济与政治论坛,2003(5).

[9] 杨凤春. 转变观念　提高政府信息化能力应对公共危机[J]. 信息化建设,2003(6).

[10] 徐志彪. 整合资源　构建应急指挥信息网络系统——关于利用信息化手段加强公共突发事件应急处理工作的思考[J]. 信息化建设,2003(6).

[11] 张成福. 公共危机管理：全面整合的模式与中国的战略选择[J]. 中国行政管理,2003(7).

[12] 陆晓丹. 防控"非典"工作呼唤电子政务加速推进[J]. 北京经济,2003(9).

[13] 余菁. 从 SARS 危机中把握我国信息化的发展前景[J]. 中国经贸导刊,2003(11).

[14] 刘艳. 试析日本危机管理机制及其对中国的启示[J]. 中国人民公安大学学报,2004(1).

[15] 陈洪波. 电子政务网络安全事件预警与应急响应[J]. 计算机安全,2004(2).

[16] 方磊,张文卿. 电子政务环境下政府危机管理系统的框架研究[J]. 中国软科学,2004(4).

[17] 杨健. 动态更新决策理论、模型、算法及应用[J]. 中国人民大学学报,2004

(5).

[18] 万军. 新时期我国政府应急管理建设指导原则初探[J]. 理论前沿,2004(6).

[19] 骆小英."非典"带给公共卫生电子政务的思考[J]. 现代预防医学,2004(6).

[20] 孙宇. 以科学发展观指导城市应急联动系统建设[J]. 江西社会科学,2004(8).

[21] 唐钧. 建构全面整合的政府公共危机信息管理系统[J]. 信息化建设,2004(10).

[22] 范荣双. 电子政务中的突发事件应急处理空间服务架构[J]. 测绘科学,2005(1).

[23] 闪淳昌. 建立突发公共事件应急管理机制的探讨[J]. 中国安全生产科学技术,2005(2).

[24] 周春燕. 基于电子政务条件下的公共危机管理系统研究[J]. 苏州大学学报(哲学社会科学版),2005(2).

[25] 薛澜,钟开斌. 国家应急管理体制建设:挑战与重构[J]. 改革,2005(3).

[26] 姚杰,计雷,池宏. 突发事件应急管理中的动态博弈分析[J]. 管理评论,2005,17(3).

[27] 张威. 基于 GIS 的突发疾病预警控制及指挥调度[J]. 地理信息世界,2005(3).

[28] 张成福. 构建全面整合的危机管理模式[J]. 中国减灾,2005(4).

[29] 刘铁民. 突发公共事件应急信息系统平战结合[J]. 中国安全生产科学技术,2005,1(5).

[30] 范维澄. 突发公共事件应急信息系统总体方案构思[J]. 信息化建设,2005(9).

[31] 王宇翔. 基于资源整合、应急联动、平战结合的应急管理平台架构[J]. 信息化建设,2005(9).

[32] 刘铁民,李湖生. 突发公共事件应急信息系统的高端设计[J]. 数字通信世界,2006(3).

[33] 陈思. 完善应急管理机制 构建和谐社会[J]. 理论月刊,2006(3).

[34] 史培军. 加强综合灾害风险研究,提高迎对灾害风险能力——从第 6 届国际综合灾害风险管理论坛看我国的综合减灾[J]. 自然灾害学报,2006,15(5).

[35] 史培军,刘婧. 突发公共安全事件与应急管理对策[J]. 城市减灾,2006(6).

[36] 孙鉴坤,陈娟. 应急指挥决策系统的设计与分析[J]. 科技广场,2006(10).

[37] 蒋珩. 21 世纪突发事件应急管理面临的挑战[J]. 经济师,2007(1).

[38] 来红州. 2006 年我国应急救灾工作盘点[J]. 中国减灾,2007(1).

[39] 陈淑伟. 大众传媒在突发事件应急管理中的角色与功能[J]. 青年记者,2007(1).

[40] 岳大波. 完善我国应急管理信息系统建设的对策[J]. 商业时代,2007(1).

[41] 虞明远. 公路交通应急运输保障机制研究[J]. 综合运输,2007(1).

[42] 闪淳昌. 加强应急预案体系建设 提高应对突发事件和风险的能力[J]. 现代职业安全,2007(3).

[43] 华建敏. 依法全面加强应急管理工作——在全国贯彻实施突发事件应对法电视电话会上的讲话[J]. 中国应急管理,2007(10).

[44] 苏明,刘彦博. 加强应急管理的财政保障机制研究[J]. 中国应急管理,2008(1).

[45] 方廷勇. 我国政府应对突发公共事件的高效应急管理机制[J]. 中国公共安全(学术版),2008(Z1).

[46] 董克用,王宏伟. 从南方暴风雪灾害看我国应急管理[J]. 中国应急管理,2008(2).

[47] 范维澄. 国家公共安全和应急管理科技支撑体系建设的思考和建议[J]. 中国应急管理,2008(4).

[48] 薛澜. 风险治理:完善与提升国家公共安全管理的基石[J]. 江苏社会科学,2008(6).

[49] 莫于川. 从抗震救灾实践看我国公共应急法制的保障作用和完善路径[J]. 中国应急管理,2008(6).

[50] 孟建. 突发公共事件的新闻发布与舆论引导研究[J]. 中国应急管理,2008(11).

[51] 方然. 政府应急机制效能之影响因素分析[J]. 中国应急管理,2008(12).

[52] 王守兴. 完善绩效评估机制　实现应急管理科学发展[J]. 中国应急管理,2008(12).

[53] 高小平. 建设中国特色的应急管理体系[J]. 中国应急管理,2009(4).

[54] 张成福,谢一帆. 风险社会及其有效治理的战略[J]. 中国人民大学学报,2009(5).

[55] 王冬梅. 突发公共事件应急管理[J]. 改革与开放,2009(8).

[56] 史安斌. 风险社会中的大众传媒与危机传播[J]. 中国应急管理,2009(9).

论文:

[1] 赵冰. 中国公共卫生危机管理研究[D]. 北京:北京大学,2003.

[2] 王玲. 突发公共卫生事件危机管理体系构建与评测研究[D]. 天津:天津大学,2004.

[3] 唐钧. 电子政务绩效评估研究[D]. 北京:中国人民大学,2005.

[4] 黄萃. 基于门户网站的电子政务信息资源整合机制研究[D]. 武汉:武汉大

学,2005.

[5] 丁建秋. 危机管理与我国社会应急管理机制建设初探[D]. 成都：四川大学,2005.

[6] 张永刚. 构建我国政府应对危机事件机制研究[D]. 开封：河南大学,2005.

[7] 赵颖. 突发事件应对法治研究[D]. 北京：中国政法大学,2006.

[8] SCHWENDINGER C J. Oral History as a Qualitative Research Tool in the Study of Emergency Management: The Case of the Rapid City Flood[D]. The University of Oklahoma,1991.

[9] HOWARD M M. Organization and Reorganization as Manifestation of Public Policy: National Security Emergency Management[D]. Virginia Polytechnic Institute and State University,1992.

[10] MORRISSEY D H. Interpreting the Freedom of Information Act in the Age of Electronic Government[D]. Indiana University,1994.

[11] SMITH S L. Why State Emergency Management Agencies Reorganize and the Repercussions[D]. University of Southern California,1994.

[12] DUNCAN R A. In Case of Emergency... Emergency Management Coordination at the Local Level[D]. George Mason University,1995.

[13] GREEN W G. A study of Core Cunctions in Emergency Management as Reflected in Training Requirements for Professional Certification[D]. Capella University,1999.

[14] PARON J R. Adapting and Applying a Mission-focused Strategic Framework for Emergency Management[D]. University of Southern California,2000.

[15] KUSHMA J A. Preparing for Disaster: Implementing Emergency Management Programs[D]. The University of Texas at Arlington,2001.

[16] LIU SP. An E-government Readiness Model[D]. University of North Texas,2001.

[17] JR MELITSKI J. The Adoption and Implementation of E-government: The Case of E-government in New Jersey[D]. Rutgers The State University of New Jersey – Newark,2002.

[18] GRUBER D E. Emergency Management Plans: An Analysis of School District policy in the State of Florida[D]. University of Florida,2004.

[19] BREWER I. Understanding Work with Geospatial Information in Emergency Management: A Cognitive Systems Engineering Approach in GIscience

[D]. The Pennsylvania State University,2005.

[20] PATEL R K. Development of an Improved Managed Lanes Framework for Emergency Management and Homeland Security [D]. Polytechnic University,2005.

[21] LIM J H. The Impact of Urban E-government Initiatives on the Performance of Environmental Policy-making, Citizen Participation and Regulatory Enforcement in Korea[D]. University of Southern California,2005.

[22] GIL-GARCIA J R. Enacting State Websites: A Mixed Method Study Exploring E-government Success in Multi-organizational settings[D]. State University of New York at Albany,2005.

报纸:

[1] 吴江. 加强政府应急管理能力建设[N]. 人民日报,2005-12-6(8).

电子文献:

[1] 科学应对突发公共事件[EB/OL]. [2006-07-08]. http://www. cnel. cn/Article/wxhc/kpzs/200606/128. html.

[2] 突发公共事件应急管理[EB/OL]. [2006-08-09]. http://news. xinhuanet. com/ziliao/2006-01/17/content_4062615. htm.

[3] 应对突发公共事件:呼唤机制保障和共同参与[EB/OL]. [2006-09-11]. http://www. fjsme. cn/archives/2005-12/0514021. htm.

[4] 王文俊. 应急联动系统建设中的若干问题探讨[EB/OL]. [2006-10-27]. http://forumabc. net/iems911/documents/0102. htm.

[5] 美国的应急管理体系[EB/OL]. [2006-11-12]. http://www. anquan. com. cn/Article/jingyan/Class30/200608/41610. html.

[6] 陈安,赵燕. 应急管理:进展与趋势[EB/OL]. [2007-01-20]. http://emr. casipm. ac. cn/journal/应急管理:进展与趋势. pdf.

[7] 关于我国突发事件应急管理运行机制有效性的探讨[EB/OL]. [2007-01-20]. http://finance. qianlong. com/26/2005/11/15/40@2883981. htm.

[8] 朱荣春. 公共危机管理[EB/OL]. [2007-01-20]. http://www. jmdx. gov. cn/Up/200662613334416. doc.

附件 1 突发公共卫生事件信息传递与事件判定流程

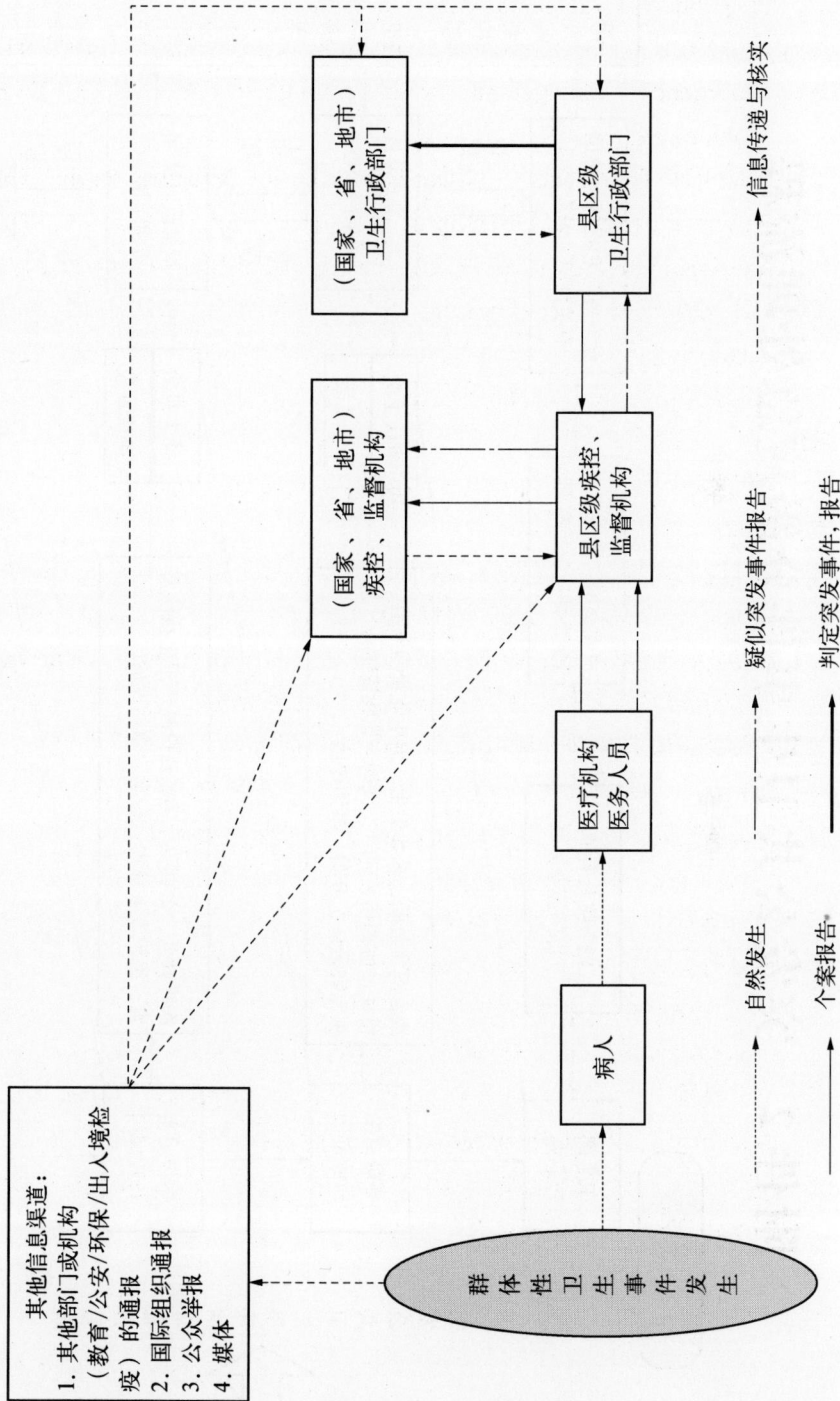

其他信息渠道：
1. 其他部门或机构（公安/环保/出入境检疫）的通报
2. 国际组织通报
3. 公众举报
4. 媒体

群体性卫生事件发生

病人

医疗机构医务人员

（国家、省、地市）疾控、监督机构

县区级疾控、监督机构

（国家、省、地市）卫生行政部门

县区级卫生行政部门

自然发生

个案报告

疑似突发事件报告

判定突发事件、报告

信息传递与核实

附件 2 突发公共卫生事件分级应急处理流程

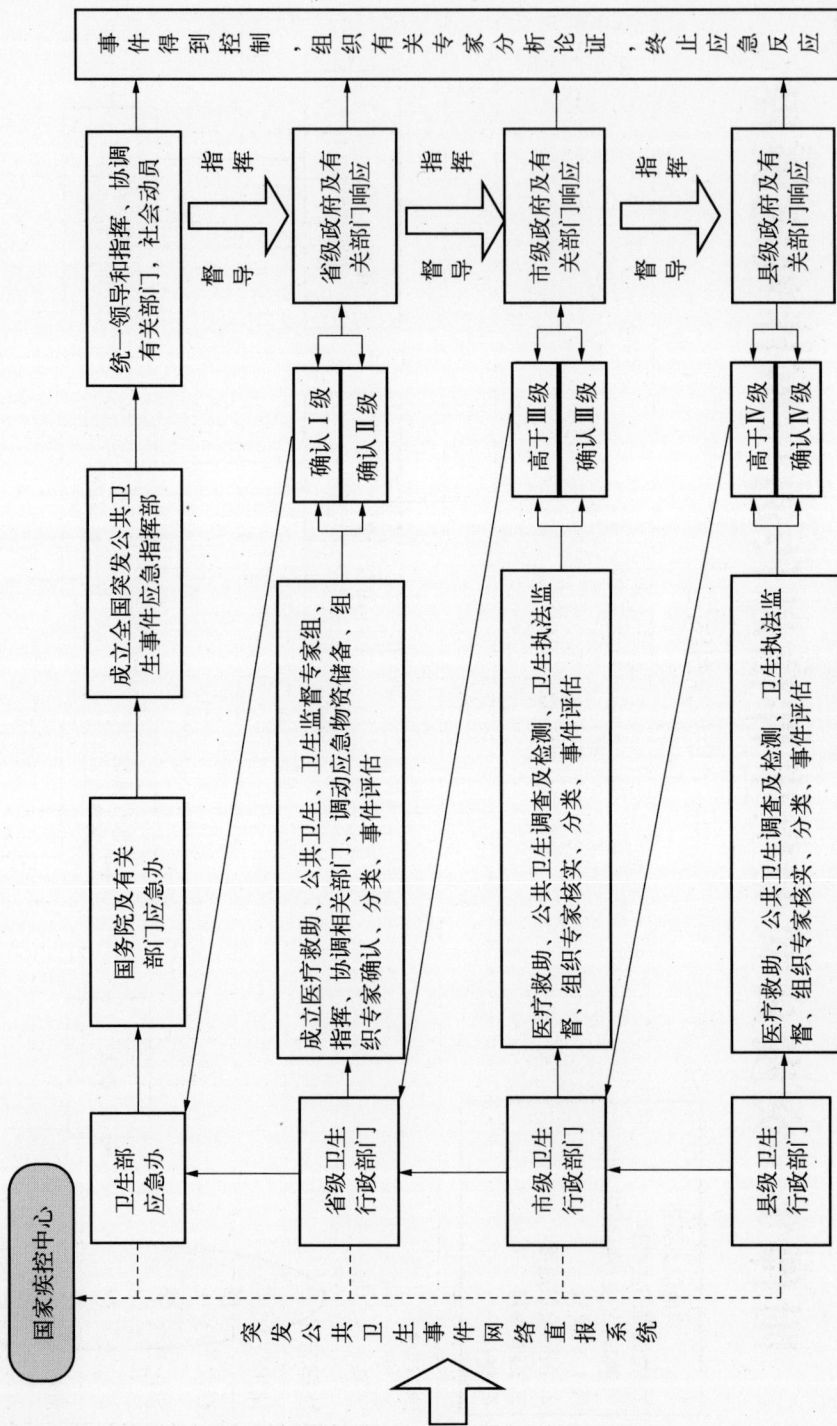

国家疾控中心

突发公共卫生事件网络直报系统

| 卫生部应急办 | → | 国务院及有关部门应急办 | → | 成立全国突发公共卫生事件应急总指挥部 | → | 统一领导和指挥、协调有关部门、社会动员 |

事件得到控制，组织有关专家分析论证，终止应急反应

省级卫生行政部门 → 成立医疗救助、公共卫生、卫生监督专家组，指挥、协调相关部门，调动应急物资储备，组织专家确认、分类、事件评估 → 确认 I 级 / 确认 II 级 → 省级政府及有关部门响应（督导 / 指挥）

市级卫生行政部门 → 医疗救助、公共卫生调查及检测、卫生执法监督、组织专家核实、分类、事件评估 → 高于 III 级 / 确认 III 级 → 市级政府及有关部门响应（督导 / 指挥）

县级卫生行政部门 → 医疗救助、公共卫生调查及检测、卫生执法监督、组织专家核实、分类、事件评估 → 高于 IV 级 / 确认 IV 级 → 县级政府及有关部门响应（督导 / 指挥）

附件3 北京市通州区突发公共事件处置分工表

"A"为应对突发公共事件主责部门; "B"为突发公共事件预测部门

部门 / 事件种类	区公安分局	区消防支队	区交通支队	区卫生局	区地震办	区农委	区安监局	区交通局	公路分局	区水务局	区教委	区环保局	区建委	区人防办	区气象局	区市政管委	区工业局	供电公司	区质监局	区外事办	区民委	区林业局	区信息中心	网通分公司	区道口办
水旱灾害										A					B										
地震灾害					AB																				
大风及沙尘暴													A		B	A									
浓雾天气			A												B										
冰雪天气			A			A									B	A									
暴雨天气			A							A					B	A									
雷电天气															AB										
冰雹天气						A									B										
森林火灾																						AB			
危险化学品事故							A																		
核事件、放射性污染				A				A				A													
建筑工程事故													A												

续表

事件种类＼部门	区公安分局	区消防支队	区交通支队	区卫生局	区地震办	区农委	区安监局	区交通局	公路分局	区水务局	区教委	区环保局	区建委	区人防办	区气象局	区市政管委	区工业局	供电公司	区质监局	区外事办	区民委	区林业局	区信息中心	网通分公司	区道口办
特种设备事故																									
道路交通事故			AB																AB						
轨道交通运营突发事件								A																	A
道路突发事故			AB						AB	AB						AB									
桥梁突发事故			AB						AB	AB						AB									
火灾事故	B	AB																							
燃气事故																A									
供、排水事故										A															
供热事故																A									
重大电力事故																	A	A							
通信线路和通信设施事故																	A	A					A	A	
城市地下管线突发事件										A				A		A							A	A	
人防工程事故																									
环境污染和生态破坏事故												A			B										
重大传染病疫情				AB																					

续表

事件种类 ＼ 部门	区公安分局	区消防支队	区交通支队	区卫生局	区地震办	区农委	区安监局	区交通局	公路分局	区水务局	区教委	区环保局	区建委	区人防办	区气象局	区市政管委	区工业局	供电公司	区质监局	区外事办	区民委	区林业局	区信息中心	网通分公司	区道口办
重大动植物疫病						AB																			
职业中毒事件				A																					
食物中毒事件				A																					
影响校园安全稳定事件											A														
重特大群体性上访事件	A																								
公共场所滋事事件	A																								
民族宗教群体性突发事件																					A				
重大恐怖事件和刑事案件	A																								
涉外突发事件																				A					

续表

后　记

　　痛并快乐着,是我在博士论文写作过程中的切身感受。由于政府应急管理的研究方兴未艾,可资借鉴的成熟理论成果和实践经验不多,命题的前瞻性对我而言是一个极大的挑战,而选题之大更令我忐忑不安。然而,论文写作期间是我求学生涯中最充实、最难忘的时光,其间的快乐是无与伦比的。导师的点拨令我茅塞顿开,学友的切磋让我柳暗花明,在结构的完善、观点的提炼、语言的优化、文字的校订等过程中,我既收获了知识,又体味了真情,这样一步一个脚印,终于可以提交论文了。借此机会,我要对所有关心、爱护与帮助我的人表示深深的谢意。

　　感谢导师杨健教授。尽管杨老师工作繁忙,但是他利用自己的研究室,创建了极富特色的"圆堡论坛",为我们提供了一个极为难得的知识交流与共享平台,每周一次,风雨无阻,教我们为人、治学、谋事和处世,听我们汇报学习情况,与我们进行心灵的沟通……尤其在对本论文的指导上,更倾注了他的大量心血,从论文选题到具体写作,从观点内容到格式规范,从语言表达到标点符号,无不悉心指导。导师严谨的治学态度、高深的理论修养、无私的奉献精神使我受益匪浅。感激之情难以用语言表达,只有永远铭记在心。

　　感谢中国人民大学信息资源管理学院各位老师的辛勤培养。感谢王传宇教授、陈智为教授等前辈老师对我学习、工作和生活上的关心与指导。感谢冯惠玲教授、郭莉珠教授、赵国俊教授、刘耿生教授、胡鸿杰教授、张辑哲教授、卢小宾教授、周晓英教授、王英玮教授、王健教授、安小米教授、张斌教授、唐跃进副教授、黄霄羽副教授、张世林博士等老师,是他们的循循善诱使我不断地完善自我,他们的谆谆教导必将使我终生受益。感谢赵国俊教授、王健教授、侯卫真教授、刘越男副教授、崔鹏博士、夏天博士等老师,感谢他们在我论文开题时所提的诸多宝贵建议。感谢李洁、霍虹等老师在学习期间给予我的关心和帮助。

感谢湘潭大学各位领导、老师的关怀。感谢学校党委书记彭国甫教授,他的鼓励与支持,激励我不断地努力。感谢管理学院陈能华教授、颜佳华教授、成志刚教授、何振教授、肖文建教授、唐艳芳副教授、仇壮丽副教授、陈艳红副教授、唐思慧博士等,他们对我学习和工作的关心与照顾,使我切身感受到"家"的温暖。感谢我的硕士生导师杨利华教授,是她引导我走上了学术研究之路,感谢她一直以来对我学习、生活、工作的关心与支持。

感谢我的同窗陈祖芬、朱兰兰、李伯富、洪华、张文波、陈伟、王协舟、徐拥军。在人大的三年学习期间,彼此之间同甘共苦,与他们在一起的日子,将成为我一生中最美好的回忆。感谢张敏师姐以及尹美京、贺军、冯湘君、李扬新、章燕华、姜海涛、蒋冠、范世清、张会超、张长海、孟祥宏、顾涛、肖强等师弟、师妹。他们对我的论文写作提出了许多宝贵的建议,对他们的关心与支持表示衷心的感谢。

感谢卫生部应急管理办公室、北京市通州区政府应急管理办公室、北京市朝阳区政府应急管理办公室、湖南省人民政府应急管理办公室、广西壮族自治区疾病预防控制中心、北京市公安局交通管理局石景山交通支队等单位的领导和工作人员,他们为我的调研提供了诸多方便,对他们的热情帮助与支持表示衷心的感谢。

感谢我的家人。感谢我的父母,他们虽已年过花甲,但还在辛勤劳作,并且一直给予我永不枯竭的鼓励和支持。感谢兄嫂,对我的学业给予了不少支持,特别是兄长,由于家境贫寒,他把跳出"农门"的希望寄托在我身上,而自年少时他就挑起了家庭重担。感谢我的岳父母,他们把我当成自己的亲生儿子,给予我悉心的关怀与支持。感谢我的爱妻,殷芬芬女士,她身怀六甲,而我未能陪伴在她的身边,她却没有半句怨言,反而时时刻刻为我着想,对我的关爱体贴入微。感谢他们对我的信任、理解与支持,我只有通过更加努力的工作,更加优秀的成绩来回报他们的爱。

感谢所引用文献的相关作者。他们的学术研究成果为论文所参考或引用,他们的学术思想和相关论述给了我许多宝贵的营养与有益的启发,是我论文的重要知识源泉。

感谢上述未能提及的专家、老师、朋友和亲人们!

向立文

2007 年 3 月 26 日

于中国人民大学品园 3 楼 318 室

补 记

2008 年 10 月,在博士毕业一年后,以博士论文为基础的书稿获得湘潭大学优秀学术著作出版资助。时隔一年,该书稿又获得世界图书出版上海有限公司的中国优秀博士论文出版资助。在本书即将付印之际,我最想说的还是"感谢":

感谢导师杨健教授! 感谢他在百忙之中为本书作序,虽然已经毕业,远离母校,但老师对我的支持和鼓励却一直在继续! 这让我备受鼓舞,备受感动。老师高瞻远瞩,把我引入了这样一个富有挑战性与高难度的学习、研究领域。虽然我的基础是"一穷二白",但我会不断努力,不辜负老师的殷切期望。

感谢湘潭大学社科处处长何振教授! 感谢他对学生的培养与关心,无论是学习、工作还是生活,他一直在无微不至的关照,一如既往的支持。

感谢湘潭大学公共管理学院院长颜佳华教授! 感谢他长期以来对我的关心和支持,给予我无穷的动力。

感谢世界图书出版上海有限公司学术图书事业部经理姜海涛博士! 他为了本书的出版,提供了无私的帮助,付出了辛勤的劳动与汗水。

一路走来,要感谢的人实在太多太多,唯有一语概之:感谢所有一直关心我、支持我的老师、领导、同事、朋友和亲人!

本书稿是在我的博士论文的基础上修改、充实、完善而成。博士毕业后的几年期间,我围绕政府应急管理研究领域不断探索,成功主持了一些相关科研项目,在研究过程中,我又获得了一些新的认识,这些感受成了书稿的新鲜血液。与博士论文相比,书稿框架结构作了较大的变动,内容也作了进一步的充实与完善,并且在写作过程中参考引用了不少国内外最新研究成果,有的注明了出处,有的可能没有注明出处,在此,谨向相关研究者表示衷心的感谢!

政府应急管理,本身是一个古老的研究领域,在当今电子政务环境下,又凸显出许多崭新的研究内容。由于作者才学疏浅，经验不足，书中肯定还存在不少疏漏和错误之处，恳请读者批评指正。

向立文

2011 年 10 月于湘潭大学中天教师公寓